Roger Dommergue

Le silence de Heidegger

et

le secret de la tragédie juive

OMNIA VERITAS

ROGER-GUY DOMMERGUE
POLACCO DE MÉNASCE

LE SILENCE DE HEIDEGGER
ET
LE SECRET DE LA TRAGÉDIE JUIVE
1994

Publié par
OMNIA VERITAS LTD

www.omnia-veritas.com

AUSCHWITZ : LE SILENCE DE HEIDEGGER 11
QUI ÉTAIT HITLER ? 58

Point de détails, assurément 74
Vive la démocratie ! 75

CE FAUX QUI DIT VRAI 84
IL NE FAUT PAS BANALISER LE NAZISME, MADAME SIMONE VEIL ? 99

MAIS ON A BIEN BANALISÉ 99

NOTE FONDAMENTALE 114
PAR DELÀ L'ANTISÉMITISME 116

LA CLEF DE LA TRAGÉDIE JUIVE : CIRCONCISION AU 8ÈME JOUR ET ÂGE DES TÉNÈBRES 116

Un exemple typique des années 90 quant aux effets de la circoncision au 8ème jour : Le financier SOROS 128
La constitution est plus importante que la nation 139
La consommation pour la consommation est une valeur en soi 140
La seule valeur régnante est celle de l'argent 141

LA VÉRITÉ SUR LES RACES ET LE RACISME 143

LE RACISME DU PSEUDO ANTIRACISME 143

LE MARÉCHAL EN « 1984 » 150

Ubu circoncis roi ! 151

APRÈS LA TENTATIVE D'ASSASSINAT DU PROFESSEUR FAURISSON : 159

LES 6-MILLIONS-CHAMBRES-À-GAZ MYTHE ET DOGME OU RÉALITÉ ? LE PR FAURISSON ENNEMI PUBLIC N°1 OU HÉROS INTERNATIONAL DU XXÈME SIÈCLE ? 159

Arguments psychologiques majeurs *159*
Preuves arithmétiques et techniques *163*
Psychologique arithmétique technique *167*

LE MYTHE DE LA PRODUCTION INDÉFINIE ET LA CANNIBALISATION DE LA NATURE 168

La surpopulation du tiers monde est un désastre *173*

STATISTIQUES ONUSIENNES 176

LE MYTHE DU PROGRÈS 176

Le véritable progrès doit être la parfaite symbiose de quatre perspectives : *177*

LE SUICIDE MONDIAL JUDÉOCARTÉSIEN 183
LE MARXISME QUI A TUÉ TUE ET TUERA ENCORE 187
TOLÉRANCE, TOLÉRANCE ! 198
LES MUSIQUES QUI TUENT 200
À PROPOS DU DR A. CARREL ET DE LA MANIE DE DÉBAPTISER LES RUES QUI PORTENT SON NOM 212
L'AHURISSANT CHURCHILL 216

Sionisme contre Bolchevisme, un combat pour l'âme du peuple Juif Par Rt, Hon. WINSTON CHURCHILL 218

ESSAI SUR LE JUDÉO-CHRISTIANISME LE JUDÉOCARTÉSIANISME ET LE DOGME DE L'HOLOCAUSTE 228
AFFAIRE TOUVIER 244

Lettre à Maître Trémollet de Villers (avocat de Monsieur Paul Touvier) 247
Affaire Touvier . Lettre au Président de la cour d'Appel de Versailles 262
Ce qu'aurait dû dire Touvier Pourquoi j'ai choisi le Maréchal 264

LETTRE AU CARDINAL LUSTIGER ARCHEVÊQUE DE PARIS 268
FOLIE ET GÉNIE 273

La mémoire 284
L'esprit génial est hiérarchisé 285
Logique et raison 286
Perte de l'attention volontaire 289
L'intelligence 290
L'aptitude au travail 290
Les divers manques d'attention chez le fou 290
Perte de la volonté 292
Perte du sens moral 294
Pertes des élaborations psychologiques supérieures 294
Les abstractions 295
Discrimination des valeurs abstraites 298
Notion d'identité 301
La synthèse 309

Méfaits de la science moderne *314*
La science moderne n'a ni frein ni finalité *321*
Et Freud ? *326*
Attention, volonté et sens moral des savants modernes *330*

RÔLE PSYCHOLOGIQUE DES ENDOCRINES DITES ORGANIQUES 337

Surrénales : *337*
Hypophyse : *338*
Thyroïde : *338*
Génitale interne : *338*

C'EST QUOI ÊTRE FASCISTE ? **343**
LE MONDE D'APRÈS DEMAIN **347**
UBU EMPEREUR **351**
VOUS AVEZ DIT ANTISÉMITE ? NON ? **356**

SYNTHÈSE ULTIME DE LA GÉOPOLITIQUE DE CES DERNIERS MILLÉNAIRES 357
AUTRES OUVRAGES DE ROGER DOMMERGUE 370

*Aux philosophes juifs
présents à l'émission télé « Océaniques »
concernant Heidegger*

Roger Dommergue

Auschwitz : le silence de Heidegger

Messieurs,

Un souci de vérité synthétique motive ce long exposé. Je vous le livre sans aucun espoir de réponse intelligente et exhaustive. En effet hormis Simone Weil, Bernard Lazare, Bergson et quelques autres congénères, je n'ai jamais rencontré de Juif intellectuellement honnête. Je ne vois que leurs mensonges et leur mauvaise foi exsuder de partout. J'aimerais ne pas être parmi les Juifs, une rarissime exception susceptible de probité et de synthèse.

J'ai suivi vos deux émissions « Océaniques » qui étaient de façon radicale, axées non pas sur Heidegger, mais sur son SILENCE.

Poser la question du silence de Heidegger est déjà inconscient en soi et je vais m'en expliquer de la façon la plus claire possible.

Personne parmi vous tous présents à cette émission, n'a mis en doute un seul instant l'intelligence supérieure de Heidegger. Alors pourquoi ce hiatus ? Pourquoi se serait-il tu de 1945 à sa mort sans que la profonde raison de son silence ne s'intégrât parfaitement dans la cohérence de son intelligence ?

Son silence est d'une parfaite cohésion. Il serait mien si la déroutante mentalité psychotique, paranoïaque, mégalomaniaque de mes congénères ne me donnait envie de hurler...

Lorsque Glucksman parle de « sa vocation à contempler la vérité », *est-il sûr en l'occurrence qu'il s'agisse de vérité ???*

Me suivrait-il pour manifester sa vocation ?

Tout ce qui suit est passé au crible implacable de la vérification et de Niagara de preuves par neuf. Je suis donc prêt à répondre à toutes les questions, fournir documents, techniciens, preuves, qui figurent toutes d'ailleurs dans les archives du fameux procès Zündel au Canada. Rappelons que ce procès a prouvé de façon irréfutable la conjuration du Bolchevisme et des banquiers Juifs U.S.A, a anéanti le mythe de l'Holocauste particulièrement par des considérations arithmétiques et techniques élémentaires, et les conclusions accablantes du rapport Leuchter, confirmées par la contre-expertise mise en œuvre par les Exterminationistes eux-mêmes. Leuchter ingénieur américain, spécialiste des gazages à l'acide cyanhydrique aux U.S.A. a démontré que jamais une exécution au gaz n'avait eu lieu à Auschwitz, Birkenau, Majdanek...

Glucksman dit qu'il apprécie toutes les manifestations de l'intelligence ! Voire ! Ne va-t-il pas taxer de stupidité ce qui ne rentre pas dans le halo flatteur de sa subjectivité ? Pire encore : ne va-t-il pas NE PAS RÉPONDRE, comme le font depuis des siècles mes congénères forts de leur toute puissance financière et politique ? Je le crains : la vérité est taxée d'injures de débilité, de nazisme. Elle est même punie par la loi et le tour est joué...

Le seul reproche fait à Hitler et sempiternellement ressassé, amplifié, martelé, orchestré même dans les films les plus populaires, et cela depuis quelques années après la fin de la 2ème guerre mondiale, est le soi-disant holocauste de 6 millions de Juifs dans des chambres à gaz au cyclon B. Auschwitz, c'est ça.

Par contre il n'est jamais question des dizaines de millions d'autres victimes de la guerre, de dizaines de millions de victimes du Bolchevisme, ni des dizaines et dizaines de millions de victimes DEPUIS la fin de la guerre. Nous y reviendrons.

Or que savons-nous désormais de ce problème si nous sommes rigoureusement honnêtes et si nous nous sommes penchés sur lui depuis 1979, date à laquelle a éclaté au grand jour d'affaire FAURISSON ?

Nous savons que :

Les « *6-millions-chambres-à-gaz* » constituent un dogme aussi bétonné que celui de la Rédemption. Qui irait chercher noise à un professeur d'université qui nous révélerait que Pol Pot a massacré 2 millions d'êtres humains au lieu de 4 ? (ce même Pol Pot qui à l'heure où j'écris se porte comme un charme et que la haute conscience internationale n'a pas fait passer devant un tribunal de Nuremberg à sa mesure).

PERSONNE.

Pourquoi diable, le fait d'annoncer l'EXCELLENTE NOUVELLE qu'il n'y a pas eu 6 millions de victimes Juives et aucun gazage au cyclon B, sinon pour l'épouillage, SERAIT UNE MAUVAISE NOUVELLE A SANCTIONNER PAR LA JUSTICE ???

Qui s'indignerait si l'on nous informait que LES BOURREAUX CONCENTRATIONNAIRES ET CARCÉRAUX SOVIÉTIQUES JUIFS (Frenkel, Yagoda, Kaganovitch, Rappaport, Jejoff, Abramovici, Firine, Ouritski, Sorenson, Bermann, Apetter et consorts) n'avaient exterminé sous le Stalinisme que 30 millions de gens au lieu de 60 comme on l'écrit... ?

PERSONNE.

En 5000 ans d'Histoire le cas est unique : il illustre le phénomène millénaire de la jérémiade. Tous ceux qui donnent preuves de cette mystification juteuse sont inculpés et condamnés.

Paul Rassinier, député socialiste, professeur d'Histoire, interné des années dans les camps allemands, qui en sortit pesant 30 kg et finit par mourir des conséquences de son internement, fut poursuivi pour les livres qu'il écrivit en vue d'une vérité qui ne lui apporta que des ennuis. Il n'avait rien à gagner, lui député socialiste, interné, enseignant laïc, dans cette manifestation héroïque de vérité et ses livres sont plongés dans la TOTALE CONSPIRATION DU SILENCE AU NOM DE LA LIBERTÉ DÉMOCRATIQUE D'EXPRESSION...

Le professeur FAURISSON qui étudia le problème pendant vingt ans, qui était tombé tout à fait par hasard sur cette mystification, fut condamné, bien que le jury « n'ait jamais contesté le sérieux de ses travaux à débattre avec des spécialistes et le Public »…

HENRI ROQUES dont la thèse sur le rapport GERSTEIN fut annulée. Incident inouï et unique dans l'Histoire. Ceci bien que le plus connu des historiens médiatiques, devenu ministre socialiste, Alain Decaux, ait attesté publiquement de l'excellence de ce travail ! Cette thèse aurait pu d'ailleurs être parfaitement inutile puisque LE RAPPORT GERSTEIN FUT RÉCUSÉ AU PROCÈS DE NUREMBERG. La thèse est néanmoins utile puisqu'on se permet d'exciper depuis un demi-siècle d'un document déclaré sans valeur par un tribunal dont par ailleurs on ne cesse de nous clamer l'infaillibilité !

Chacun se doute que les Juges d'un tribunal constitué exclusivement par les ALLIES et qui n'avait partant pas du tout le CARACTÈRE INTERNATIONAL dont on prétend le vêtir, n'auraient pas demandé mieux que d'utiliser ce rapport s'ils l'avaient pu. Celui-ci était tellement grotesque qu'ils ont dû y renoncer !

ERNST ZUNDEL dont le procès fit grand bruit au Canada, jusqu'à ce que les média aux ordres plongent l'affaire dans un silence de plomb.

Non seulement le mythe de l'Holocauste fut anéanti, les « grands spécialistes » ridiculisés (allant jusqu'à exciper de la « licence poétique »), mais il a prouvé de façon irréfutable que depuis 1917 et sans solution de continuité les financiers Juifs américains ont financé le Bolchevisme.

Malgré le bruit considérable que ce procès fit au Canada, aucune information ne transpira dans les media européens : LA MAIN MISE DE NOS CONGÉNÈRES SUR LA PRESSE EST TOTALITAIRE.

On saisit les ANNALES RÉVISIONNISTES au nom de la liberté démocratique d'expression sans aucun doute. Aucun droit de réponse pour le Professeur Faurisson insulté à l'émission de Polac.

Pendant ce temps, le même jour, 70.000 jeunes démocratiquement zombifiés, se déculottent pour imiter une poufiasse ignoble de la pseudo chanson, sorte de résidu ignare, infantile et obscène...tandis que la pornographie, la drogue, les musiques pathogènes et criminogènes se répandent TRÈS DÉMOCRATIQUEMENT.

DEPUIS QUAND LA DÉMOCRATIE NE PERMET ELLE PAS LA LIBRE EXPRESSION AINSI QUE LA RÉPONSE ET LES PREUVES QUI ANÉANTIRAIENT UN ÉVENTUEL MENSONGE ???

Faurisson demande, implore, afin qu'on mette devant lui, une armée de contradicteurs et un vastissime public : IL PEUT ATTENDRE LONGTEMPS.

On fera un jour contre lui une loi à la Orwell « pour crime de la pensée ». Elle fut bel et bien votée à la sauvette quelques temps après la première rédaction de ce livre. C'est la loi FABIUS GAYSSOT. Cette loi stalinienne porte le nom d'un Juif et d'un communiste Pas de hasard ! » On discute sur les Révisionnistes mais pas avec ». disait un Juif, faisant ainsi éclater sa parfaite bonne foi et sa lumineuse probité intellectuelle.

Que l'on me montre en 5000 ans de Judéo-Christianisme un seul menteur qui exige de parler publiquement devant un nombre illimité de contradicteurs !!! À noter en passant que tout être humain normal est révisionniste FONDAMENTALEMENT. Un être HUMAIN se doit de remettre en cause tout ce qui heurte son cœur ou sa raison et qui prend l'allure officielle de dogme ou de postulat. Tout le reste est zombisme.

La mauvaise foi, la hargne, le mensonge, les persécutions, gaz lacrymogènes, tentatives d'assassinat prouvent sans appel que Faurisson a raison avant même d'étudier les aspects arithmétique et technique du problème. De plus on le traite de « nazi », réflexe systématique envers tous ceux qui émettent le moindre doute sur la vérité du mythe sacro-saint des *6-millions-chambres-à-gaz !*

Pourtant chacun sait que Faurisson est un homme de gauche, antinazi et membre de l'Union des Athées, qui clame son démocratise mais n'aura pas le courage de le défendre...

L'absoluité *milleneufcentquatrevingtquatres* que conférée au dogme des *6-millions-chambres-à-gaz* est la preuve psychologique irréfutable de son imposture. Si Faurisson avait tort il y a beau temps qu'on se serait arrangé pour le lui prouver devant le vastissime public qu'il demande : la télévision eût été le moyen idéal de le laisser s'exprimer exhaustivement et de démontrer ensuite son imposture.

Hélas, la chose a été faite à la télévision de Lugano entièrement à l'avantage de Faurisson et *Storia Illustrata* lui a ouvert ses pages...

Quant à l'aspect arithmético-technique il est encore plus convaincant.

6 millions, (et même 4, en supposant que 2 millions de Juifs soient morts de faits de guerre, ce qui est inexact d'ailleurs) représentent un pays comme la Suisse. Ils auraient été exterminés massivement en 1943-44 dans 7 camps de concentration. On connaît le nombre exact de fours crématoires toujours en état et la durée de crémation d'un cadavre. En fait les fours crématoires perfectionnés n'ont été installés que fin 1943, comme le confirme lui-même Georges Wellers, historien exterminationiste.

Cela signifie que la crémation est devenue techniquement parfaite uniquement à partir de cette date. Antérieurement des crémations globales massives eussent été incomplètes et eussent déclenché des épidémies de typhus dans l'Europe entière. De plus si l'on fait fonctionner les fours crématoires dans 7 camps selon la durée connue de crémation holocaustienne (moins de 2 ans) et la durée individuelle connue de crémation, le résultat est que les fours continuent à tourner en l'an 2030 ! On connaît parfaitement le fonctionnement de ces fours en état comme leur finalité. Ils sont en effet absolument indispensables pour éviter les épidémies de typhus, peste, choléra et autres maladies endémiques en milieu concentrationnaire.

EN REVANCHE IL N'EXISTE AUCUNE CHAMBRE À GAZ AU CYCLON B POUR EXTERMINER 1000 OU 2000 PERSONNES À LA FOIS.

À cet égard il est divertissant de visiter la chambre à gaz du Struthof en Alsace où l'acide cyanhydrique était ventilé librement après gazage, par une simple cheminée à moins de cent mètres de la résidence du commandant ! Quant à la chambre elle-même elle fait quelques mètres carrés de surface.

Citons une phrase clef des exterminationistes : « après le gazage on ouvrait, les victimes encore palpitantes tombaient dans nos bras, on débarrassait les cadavres...

« Cela est absurde car il faut 20 heures de ventilation et des masques à 5 gaz pour effectuer une semblable opération. Chacun peut se renseigner comme je l'ai fait, sur la chambre à gaz à l'acide cyanhydrique utilisée aux U.S.A. pour exécuter UN seul condamné à mort. Sa complexité inouïe, les précautions considérables à prendre pour le gazage d'un condamné, montrent irréfutablement que le gazage de 2000 personnes à la fois avec ce gaz est INEPTIE TECHNIQUE.

Que l'on ait pu prendre le minuscule réduit du Struthof en Alsace pour une chambre à gaz pendant un demi-siècle, restera un exemple historique de la naïveté des masses qui croient n'importe quoi pourvu que ce soit ventilé par un journal ou la télévision...

Il en est de même pour toute cette histoire claironnante qui est un problème arithmétique et technique au niveau du certificat d'études primaires. Il est certain que si l'on posait le problème à un élève de ce niveau et qu'il le résolvait en concordance avec les affirmations de la propagande officielle, il aurait zéro à sa copie.

En 1949 au procès de la DEGESH, industrie qui fabriquait le cyclon B, le P.D.G. de la firme, le Docteur Héli, et le physicien le Docteur Ra, ont affirmé que les gazages dans les conditions décrites étaient IMPOSSIBLES ET IMPENSABLES ! Personne ne nous parle jamais de ce procès comme personne ne nous dit que le rapport Gerstein sur lequel Roques a fait sa thèse, fut récusé au procès de Nuremberg ! Un journal Juif américain connu, l'AMERICAN JEWISH YEAR B00K, nous précise dans son n° 43 à la page 666 (!) que dans l'Europe occupée par les Allemands en 1941, il y avait 3.300.000 Juifs ! Combien sont partis en Espagne depuis cette date ! Combien de milliers furent protégés en zone libre, comme toute ma famille. Combien de centaines de mille ont été retrouvés sous leurs noms ou sous un faux nom ! Faurisson estime à 150 000 le nombre des victimes d'Auschwitz, toutes ethnies confondues.

C'est ce que tous les gens raisonnables au fait de ces questions m'ont confirmé.

On peut admirer la conscience des Exterminationistes dans cet extrait du MONDE en date du 22.11.1979 : »Chacun est libre d'imaginer ou de rêver que ces faits monstrueux n'ont pas eu lieu. Ils ont malheureusement eu lieu et personne ne peut en nier l'existence sans outrager la vérité. Il ne faut se demander comment techniquement un tel meurtre de masse a été possible, IL A ET POSSIBLE TECHNIQUEMENT PUISQU'IL A EU LIEU (!!!).

Tel est le point de départ de toute enquête historique à ce sujet. Cette vérité il nous appartient de la rappeler simplement : Il n'y a pas, IL NE PEUT Y AVOIR DE DÉBATS SUR LES CHAMBRES À GAZ » Quelle note mettrait-on à un devoir de français d'un élève qui cheminerait suivant un tel raisonnement ??? Comment peut-on même publier texte aussi absurde ?

Il est typique du XXème siècle d'accepter le ridicule dans n'importe quelle publication, alors qu'on ne l'accepterait pas dans 6 une copie de sixième. N'ai-je pas entendu récemment que « l'instinct maternel n'existait pas » ? Il faut voir la dialectique serrée qui conduit à une pareille absurdité. Elle mènera la maternité aux mêmes goulags que la logique démâtée du marxisme...

Ce fut précisément le point de départ de l'enquête historique du Professeur Faurisson, qui tomba par hasard sur le sujet présenté à ses étudiants dans un cours sur la recherche quant à la vérité historique.

Il aurait pu choisir un autre sujet, on parlait tellement de celui-là que ce fut lui qu'il choisit. C'est au cours de l'étude que le pot aux roses fut découvert et qu'il s'en étrangla. On comprend qu'une pareille douche l'ait poussé à clamer la vérité...

Après 20 ans de travaux il découvrit donc que des chambres à gaz pour 2000 personnes n'ont existé nulle part. Il ne découvrit que les minuscules réduits à épouillage qui fonctionnaient précisément au Cyclon B !

À l'affirmation naïve, illogique, stupéfiante de bétonisme infantile et paranoïaque, dont l'absurdité éclate aux yeux de tous. (« Faut surtout pas chercher, c'est comme ça ! Compris ! », Madame Paschoud journaliste et professeur d'Histoire répond : » Les chambres à gaz ont existé, soit ! Je voudrais alors qu'on m'explique pourquoi depuis 20 ans on s'acharne à atteindre les Révisionnistes dans leur vie professionnelle ou privée, alors qu'il serait si simple de les faire taire définitivement en produisant une seule et unique de ces innombrables preuves irréfutables dont on nous parle sans cesse...

« Madame Paschoud a payé cher sa sincérité et son courage ! Or ces phrases de bon sens élémentaire répondent parfaitement au texte insane publié par le MONDE et que nous venons de citer.

Qui nous dit qu'au colloque de 1983, qui s'est tenu en Sorbonne contre Faurisson, (ET EN SON ABSENCE !!!) Raymond Aron a été contraint d'admettre qu'il n'y avait AUCUNE PREUVE, AUCUN ÉCRIT, AUCUN DOCUMENT, AUCUNE TRACE établissant la réalité des chambres à gaz homicides. ALORS QUE TOUS LES FOURS CRÉMATOIRES SONT LA EN ÉTAT.

En réalité il y a beaucoup plus d'indices quant aux extraterrestres, qu'il n'y en a quant à la réalité des chambres à gaz, qui poseraient d'ailleurs, pour 2000 personnes, un problème FINANCIER et TECHNIQUE insoluble. N'a-t-on pas vu le sommet de la grotesquerie 1984esque : »une fédération de journalistes groupant 2000 membres (y compris l'Équipe !) prie instamment le gouvernement de faire taire le Professeur Faurisson AU NOM DES DROITS

DE L'HOMME ET DE LA LIBERTÉ DÉMOCRATIQUE D'EXPRESSION (sic !) ! PAS DE LIBERTÉ DÉMOCRATIQUE D'EXPRESSION AU NOM DE LA LIBERTÉ D'EXPRESSION...

Donnez la presse, la police et la justice à Monsieur Lévy et à son assistant Mr Homais, ils ne seront plus ridicules et voilà le XXème siècle...

Mieux encore. Au nom de la liberté de pensée, les élèves de lycée ne seront protégés ni de la pouillerie vestimentaire, ni des musiques criminogènes, ni de la drogue, ni du suicide, ni du chômage, ni de la pornographie, ni de l'incitation à la débauche dès le plus jeune âge, par préservatif interposé, MAIS ILS SUBIRONT UN COURS D'INSTRUCTION CIVIQUE ANTIREVISIONNISTE.

Il n'aura jamais son baccalauréat le débile qui osera dire qu'on ne peut gazer 2000 personnes au cyclon B dans des chambres à gaz, et qu'il ne peut y avoir eu 6.000.000 de Juifs en Europe occupée. Par quelque bout que l'on prenne ce problème il éclate de mensonge.

Six millions de gazés passés au four crématoire, cela laisse des milliers de tonnes de cendres qui ne disparaissent pas intégralement. Une centaine de prélèvement de quelques centimètres cubes analysés AURAIENT RÉVÈLÉ LA PRÉSENCE D'ACIDE CYANHYDRIQUE.

Je n'ai jamais entendu dire que de telles analyses avaient été faites.

Point de détail : je croyais que la liberté avait tous les sens. Or elle n'en a qu'un et un seul, celui de la DICTATORIALITÉ ABSOLUE DE MES CONGÉNÈRES, dictatorialité d'autant plus abjecte qu'elle se cache derrière le paravent d'une pseudo-démocratie qui n'est en fait qu'une IMPLACABLE CRYPTODICTATURE.

En supposant même que Faurisson se trompe (ce qui n'est pas puisque nous avons toutes les preuves de l'imposture dont le comportement psychologique à son égard est de loin, la preuve majeure) sa thèse n'a rien de mauvaise, ni de scandaleuse, ELLE EXPRIME UNE EXCELLENTE NOUVELLE qui ne touche en rien à la souffrance trop réelle de ceux qui ont subi la douleur des camps. Existe-t-il UN SEUL peuple qui ait éprouvé le besoin de jérémier sur des millions d'entre eux exterminés par un ennemi disparu depuis un demi-siècle ? Est-il besoin d'être docteur en psychologie pour comprendre qu'un tel comportement ressortit à la psychopathologie, comme au besoin assez ignoble et typique d'assurer les assises d'une fantastique escroquerie politico-financière ? Mais comme le dit Faurisson, « si l'on apprend qu'il n'y a pas eu 6 millions de victimes juives gazées, faut-il le dire ou le cacher » ???

Question pertinente ! Nos congénères ne veulent pas que Faurisson s'exprime, qu'on le contredise à l'aide de réalités techniques et arithmétiques patentes...

On accuse Faurisson et ceux qui veulent qu'il jouisse de sa liberté d'expression démocratique, d'antisémitisme.

L'antisémitisme est ailleurs. Il était en URSS que les Juifs trouvent invivable. Ils ne prennent pas le temps de dénoncer l'antisémitisme du régime : ils ne demandent qu'une chose, partir le plus vite possible.

De plus, et la chose est énorme, ils sont pratiquement les seuls à pouvoir quitter l'U.R.S.S. L'esclavage soviétique est bon pour les autres.

90% des immigrés soviétiques aux U.S.A sont Juifs ! Point de détail ! Depuis, le Communisme soviétique s'est effondré. Cet effondrement a été calculé par la finance juive qui veut introduire en Russie l'économie de marché. SI cet effondrement n'avait pas été voulu il n'aurait pas eu lieu car l'U.R.S.S. possédait l'armée la plus forte du monde...

Est-il besoin de rappeler ce que stipulent les DROITS DE L'HOMME ?

On peut se demander s'il s'agit des droits de l'homme bafoués partout ou ces droits exclusifs du Juif... nul ne doit être inquiété pour ses opinions. La libre communication des pensées et des opinions est un des droits les plus précieux de l'homme...

S'il y a abus de ces droits pour les financiers juifs totalitaires, les pornographes à la Bénézareff, les musiques qui tuent de Gurgi-Lazarus, le Marxisme exterminateur, le Freudisme aboulisant et pornographiant, les pontes de la drogue, la Mafia, les accapareurs parasites, les pédé, IL N'Y EN A AUCUN POUR TOUT CHERCHEUR, TOUT PROFESSEUR QUI A QUELQUECHOSE A DIRE.

Faurisson a le droit de parler et chacun a le droit de le contredire par DES FAITS PRÉCIS, DES PREUVES, DES ÉTUDES FOUILLÉES, DES ANALYSES PROFONDES, DES EXAMENS EXHAUSTIFS.

Tout le reste relève d'un totalitarisme bien pire que celui de Hitler car son autoritarisme débouchait sur l'ordre, l'idéal, la virilité, tandis que l'autre débouche sur la décomposition purulente de l'humanité tout entière...

Il jouxte celui de Kaganovitch et finira par y déboucher. Les Juifs seront forcés (ce texte a été écrit UN AN avant la loi Fabius-Gayssot, d'où le futur) de faire voter par les pantins de la politique qu'ils manipulent une loi totalitaire, radicalement antidémocratique, qui vouera à la prison et à des amendes ceux qui oseront mettre en question le dogme bétonné sacro-saint des *6-millions-chambres-à-gaz*. Je l'ai écrit à PIERRE VIDAL-NAQUET, plus d'un an avant la promulgation de cette loi INÉVITABLE sur la courbe de l'hystérie juive.

UBU CIRCONCIS, ET NON JUIF, EST DONC LE ROI DE CET UNIVERS ORWELLIEN.

Personne ne peut nier que l'holocauste soit devenu une véritable religion et que le bûcher démocratique ne menace le mécréant.

Jacob Timmerman, historien Juif, nous dit : « Bien des Juifs sont choqués par la manière dont l'holocauste est exploité par la Diaspora ».

Ils ont même honte que l'holocauste soit devenu une religion civile pour les Juifs des U.S.A. Léon A. Jick, autre historien Juif, fait ce commentaire : « la boutade dévastatrice selon laquelle il n'y a pas de business qui vaille le Shoa business est, il faut le dire, une vérité incontestable ».

Pas une semaine ne se passe sans qu'on exhorte le public à « n'oublier jamais ». On assiste aux projections de films pesants, à des émissions simplistes, à la chasse haineuse et psychotique des « criminels de guerre », vieillards invalides, octogénaires, d'un régime mort depuis 50 ans. Les films populaires d'aventures ou d'actions sont bourrés de références aux méchants Allemands et aux immondes Nazis, toujours représentés comme des brutes tortionnaires. Ah quand on se souvient du comportement des Russes en Europe ! Horrible comportement, tandis que les Allemands, soldats ou officiers cédaient leur place aux dames dans le métro !

On nous parle d'Oradour-sur-Glane, cas unique en France, mais on ne nous parle jamais du CONTEXTE de cette affaire : soldats allemands mutilés par la résistance, officier supérieur les yeux crevés, et le long temps que les Allemands ont laissé aux coupables pour se dénoncer avant les justes représailles exercées d'ailleurs par des ALSACIENS ! Le mot « représailles » n'a pas été inventé par les Allemands et aucun général d'aucune armée n'aurait accepté une telle atrocité. Ne sont-ce pas les ignobles tortionnaires de soldats allemands qui, en ne se dénonçant pas devinrent LES VRAIS ASSASSINS DES HABITANTS D'ORADOUR ???

Ah si l'on connaissait les crimes de guerre alliés !!! Si les jeunes savaient comment, même après 1945, Russes et

Américains ont violé et massacré en Europe, toutes les communautés allemandes...

ALORS QU'UN OFFICIER ALLEMAND QUI AURAIT VIOLÉ EN PAYS ENNEMI ÉTAIT IMMÉDIATEMENT PASSÉ PAR LES ARMES.

Telle était la loi. Je n'ai d'ailleurs jamais entendu parler d'un officier allemand ayant violé en territoire ennemi. On a découvert le charnier de KOURAPATY dans la banlieue nord de Minsk, qui contient environ 250.000 cadavres. Ils ont péri entre 1937 et 1941, fusillés par les troupes du N.K.V.D.

On ne risque pas de voir les media nous en parler tous les jours : ils n'étaient pas Juifs ! Et ne parlons pas des cours d'enseignement unilatéraux, des apparitions hypocrites des pantins de la politique aux manifestations du culte sacré de l'holocauste.

Il faut se reporter à « la vile semence de bétail » du Zohar pour comprendre que les victimes juives ont plus de valeur que les autres.

Existe-t-il aux U.S.A des monuments commémoratifs, des centres d'études, des cérémonies universitaires, pour les DIZAINES DE MILLIONS DE VICTIMES DES JUIFS KAGANOVITCH, APPETER, OURITSKI, FRENKEL, YAGODA, JEJOFF ET CONSORTS ???

Et pourtant les 6 millions de Hitler, même vrais, sont énormément dépassés ! Quelle est donc cette arithmétique qui prétend que 6 millions sont supérieurs à 60 millions ?

Faut-il rappeler les crimes de masses commis par les Soviétiques contre les Ukrainiens, les Baltes, les Tchéchènes, les Coréens, et bien d'autres encore ? Le génocide ukrainien fit 6 à 8 millions de victimes, bien réelles celles-ci.

Faut-il oublier les centaines de milliers de femmes et d'enfants, de civils désarmés, assassinés par l'armée rouge en 1945 dans les provinces Allemandes de l'Est ? Les Russes blancs engagés dans l'armée allemande conte le bolchevisme qui, ayant eu la naïveté de croire qu'on les accueilleraient dans leur pays, furent exécutés à la mitrailleuse sur le chemin du retour...

Enfin on veut nous faire croire à l'équation absurde : RÉVISIONNISME = ANTISÉMITISME.

On veut nous faire croire que le Révisionnisme Historique, parfaitement normal (tout historien digne de ce nom est un RÉVISIONNISTE PERMANENT), est CONTRAIRE À LA DÉMOCRATIE.

Postulat curieux et qui revient à poser le postulat inverse : DÉMOCRATIE = NON RÉVISIONNISME.

Comble de l'absurde et de la sottise car cela revient à dire que : LE RÉVISIONNISME EST CONTRAIRE AUX THÈSES DU JUDAÏSME INTERNATIONAL !

C.Q.F.D : personne ne peut contredire cela !

Aïe, aïe, aïe, ceux qui affirment cela abondent dans le sens du pire antisémitisme qui de l'Action Française à Hitler affirment sans la moindre ambiguïté que :

DÉMOCRATIE ET HUMANISME MAÇON SONT DES CRÉATIONS JUIVES EXCLUSIVEMENT AU SERVICE DES JUIFS.

L'Action Française affirmait même sans ambages que cela s'étendait à toutes les institutions, Enseignement et Justice compris.

Que de personnes pourtant démocrates, me l'ont affirmé en citant par exemple les lois Pléven et Marchandeau, renforcées par l'absoluité incongrue de la récente loi Gayssot, qu'il m'était facile de prévoir.

Le mépris de la Justice éclate dans le procès Barbie.

Ce dernier condamné à mort en 1954 ne pouvait être réinculpé pour un délit analogue. Il bénéficiait de la prescription car 34 ans s'étaient écoulés depuis sa condamnation, Il faudra encore un légalisme totalitaire pour sortir de la prescription. En tant que Bolivien il ne pouvait être jugé en France sinon à la suite d'une extradition en bonne et due forme. Or il fut enlevé après d'incroyables magouilles parmi lesquelles des menaces financières au gouvernement bolivien ! Farce juridique, cirque pseudo légal, légalisé, mépris absolu des magistrats et de leur conscience, mépris de la JUSTICE.

Pourquoi ne pas inculper demain quelqu'octogénaire français qui aurait eu le malheur de suivre l'Église et le Maréchal ?

Tout est possible dans la dictature de l'horreur que nous vivons internationalement. Ces lignes furent écrites environ 15 à 20 mois avant le procès Touvier.

Nous avons donc, comme prévu, eu droit à ce cirque de la justice et des média. Outrecuidance inouïe, tandis que le monde gît dans la décomposition putrescente du JUDÉO CARTÉSIANISME, on inculpe un malheureux qui avait opté pour le dernier régime propre de la France.

Et cela pendant que des millions d'êtres sont étranglés par le chômage, détruits par l'annihilation de toutes les valeurs qui font et préservent l'homme…Et cela 50 ans après. Nous y reviendrons plus tard…

Quant à Barbie, s'il avait eu, étant officier Français, le même comportement, il aurait sans aucun doute, eu droit aux honneurs statuaires ou au moins urbanistes. Mais son procès fait surgir d'épineuses questions. Barbie condamné d'avance n'avait rien à perdre. Il connaissait les dessous les plus scabreux de la Résistance qu'il aurait pu déshonorer : Il n'a RIEN dit. Il pouvait faire l'implacable procès de ce demi-siècle Juif, justifiant son option Hitlérienne : Il n'a RIEN dit. IL POUVAIT ÉCRASER LE PRÉTOIRE ET SUPRÊME TRIOMPHE SE FAIRE CONDAMNER QUAND MÊME ET IL N'A RIEN FAIT.

Il a gardé le silence ! Pourquoi ?

Ne faisait-il pas partie lui-même d'un cirque concocté soigneusement pour mystifier les masses dans lesquelles gronde l'antisémitisme ?

Ce ne sont pas ces cirques à la Barbie et à la Touvier, qui vont détourner les masses du chômage, de leur mécontentement aigu, pas plus que de l'antisémitisme que ce genre de spectacle exacerbe encore quoi qu'en pense la paranoïa juive...

Quoiqu'il en soit la politique menée contre Faurisson si elle continue, ET L'HYSTÉRIE DE MES CONGÉNÈRES LA FERA CONTINUER, va donner raison aux pires affirmations antisémites de l'extrême droite et CE SONT DES GENS DE GAUCHE QUI VONT METTRE EN RELIEF CES DÉMONSTRATIONS... !

On oublie trop souvent que Hitler voulait échanger tous les Juifs d'Europe contre un nombre raisonnable de camions. Ce sont les gouvernements Juifs d'Angleterre et des U.S.A qui ont préféré les camions à nos congénères, lesquels leur seront bien plus utiles comme martyrs inflationnés des camps. Le malheur est que le chiffre de 6 millions est une ineptie arithmétique. Dans « Jours de France » Bloch-Dassault nous a précisé que la vie dans les camps allemands n'était pas pire que celle des Goulags dirigés par une cinquantaine de Juifs dont on peut voir les photographies dans le tome II de l'Archipel du Goulag » de Soljenitsyne et qui ont à leur passif des dizaines de millions de massacrés.

Cette réalité n'est contestée par personne, pas même par les historiens communistes ! Je ne mentionne que pour mémoire, les dizaines de millions exterminés à la révolution de 1917, sans oublier le tsar et sa famille, révolution où toutes les équipes gouvernementales comme tous les financiers qui subventionnaient ce délicieux régime d'épanouissement de l'homme, ÉTAIENT JUIFS.

Il faut le répéter : ces dizaines et ces dizaines de millions de massacrés, sont-ils numériquement inférieurs aux 6 millions, MÊME VRAIS, que l'on fait médiatiquement bourdonner sans cesse à nos oreilles fatiguées ? Et ceux-là ne furent pas exterminés parce qu'ils détenaient tous les leviers de la finance, de la spéculation parasitaire, de système et idéologies suicidaires, mais parce qu'ils étaient de braves nationaux russes et anticommunistes...

Ces dizaines de millions il est inutile que les media en parlent tous les jours, il n'est pas nécessaire que « la haute conscience internationale » s'en préoccupe, il n'est pas nécessaire de faire un film intitulé « SUPERHOLOCAUSTE » : Ils n'étaient pas Juifs !

Aussi n'ont-ils pas plus d'importance que les boat people, les Biaffrais, les Erythréens, les Palestiniens, les Chrétiens du Liban...

En revanche, c'est pour le monde entier la nuit et le brouillard éternels ces morts de faim et de typhus pendant les 3 mois où l'Allemagne s'effondrait. On oublie de nous dire que, de par les bombardements alliés, la situation était la même dans les grandes villes allemandes réduites en cendres. Les civils mouraient là comme des mouches et un seul bombardement pouvait faire 150.000 à 200.000 victimes.

De ces cités martyres, pas de photos d'enfants agonisant parmi les ruines ou sous les décombres. Par contre des photos des camps sur toutes les coutures, avec des légendes totalement étrangères à la réalité : les bombardements alliés interdisant toute possibilité de nourrir les internés, il était fatal qu'ils meurent de faim ! QUI peut croire un seul instant que les Allemands voyant venir leur défaite, aient pu laisser derrière eux une telle image de marque ???

A-t-on de telles images des horreurs des goulags ???

N'est-il pas évident que les squelettes vivants que l'on nous montre à foisons de photographies et de films, n'ont rien à voir avec des chambres à gaz ? Comment ne pas constater de façon évidentissime que la famine et le typhus sont la cause de ces images navrantes ?

L'IMPOSTURE DES 6 MILLIONS CHAMBRES À GAZ EST DÉCIDÉMENT CRIARDE : ELLE EST PSYCHOLOGIQUE, ELLE EST ARITHMÉTIQUE, ELLE EST TECHNIQUE.

En supposant que les « *6millionsdeJuifsgazés* » soient vrais. Que constatons-nous dans le monde libéralo-socialiste entièrement « encirconcisé » ?

C'est à dessein que je n'utilise pas le terme « JUIF » CAR TOUT CE QUI RESSORTIT AU MONDE MODERNE EST HÉRÉTIQUE ET CRIMINEL DEVANT LA THORA.

L'utilisation du terme Juif est un abus sémantique. Le mot n'a qu'une seule acception et elle est religieuse. On ne peut reprocher aux JUIFS que leur silence devant les méfaits de ces imposteurs QUI NE SONT AUCUNEMENT JUIFS : Il s'agit de la « secte internationale des circoncis au 8ème jour athée et spéculative ». Nous y reviendrons.

Examinons quelques points de détail :

1. Tous les pays sont soumis à la dictature féroce du dollar et écrasés par d'énormes et impayables dettes. La ruine internationale est à nos portes et elle sera définitive lorsque l'hégémonie des banquiers et de leurs séides technocrates sera accompli par de spécieux traités tels que ceux décrits dans ce faux que sont les PROTOCOLES DES SAGES DE SION, Ces traités du type MAASTRICHT, LE G.A.T.T.[1] et ceux qui suivront, auront pour effet d'assassiner définitivement la classe paysanne et de réduire l'Europe au chômage. Hitler, comme le Maréchal Pétain, ÉTAIENT FONDAMENTALEMENT CONTRE CE SYSTÈME SUICIDAIRE QUI DÉTRUISAIT TOTALEMENT L'HOMME TRADITIONNEL EN ÉQUILIBRE AU SEIN D'UNE NATURE NON POLLUÉE.

Il était contre le libéralisme pollueur du sol, des corps et des âmes comme il était contre le Bolchevisme exterminateur de dizaines de millions d'êtres, réduisant les vivants à l'état d'unité statistique matriculaire élémentaire. C'EST LÀ ET NON AILLEURS QUE SE SITUENT LES VRAIES CAUSES DE LA GUERRE DE 1939-1945.

Tout le reste, et nous en reparlerons, n'est que prétexte pour se jouer des masses que l'on mènera par 60 millions à la boucherie.

2. Le chômage est un fléau mondial. Le club de Rome de Rockfeller prévoit un milliard de chômeurs à brève échéance sur la planète. Hitler comme le Maréchal ont

---

[1] Qui deviendra plus tard l'Organisation Mondiale du Commerce.

supprimé le chômage dans les deux pays en encourageant la natalité qui fut exceptionnelle en Allemagne.

3.   Les sites, le sol, les forêts, l'eau les espèces animales et végétales sont détruits par l'industrie et la chimification. 5000 lacs sont biologiquement morts au Canada, 2000 en Suède. Les forêts disparaissent dévorées par la publicité et les bulletins de vote quantitativement monstrueux. L'acide émis par les automobiles et les usines font le reste.

Le Rhin était récemment un fleuve mort, et la Méditerranée est affreusement polluée. L'industrie n'existe que par la finance RADICALEMENT CIRCONCISE.

Il n'existe pas de financiers de type Warburg, (qui finança simultanément en 1914-18, les Alliés, les Allemands et la Révolution Bolchevique), Hammer (qui possédait à lui seul en 1941 autant de pétrole que les 3 puissances de l'Axe), Soros, (qui déstabilise une monnaie d'un coup de téléphone), Bronfmann, chantre de l'Holocauste, roi de l'alcool, et possédant 3 milliards 600 millions de dollars, qui ne soient pas « circoncis au 8ème jour ». Ceux qui ne le sont pas ont, à l'analyse, un « rayon d'action » dérisoire.

4.   L'exploitation de l'énergie atomique menace l'humanité de mort.

Bombes atomiques, Tchernobyl, atteintes génétiques, déchets non neutralisables et instockables.

Personne ne nie l'importance des physiciens circoncis Einstein, Oppenheimer, dans l'élaboration de la bombe atomique, ni de celle de S.T Cohen dans celle de la bombe à neutrons.

Or la philosophe Irène Fernandez, à l'émission de FR3, le 15 février 1988, nous a informés que Hitler aurait refusé pour des raisons humanitaires d'utiliser la bombe atomique. Il l'aurait utilisée de façon dissuasive ce qui eût évité Hiroshima et Nagasaki !

La presse nous a révélé récemment que les recherches atomiques effectuées par le Nazisme étaient inexistantes.

Tout cela correspond bien au projet de traité soumis par Hitler à l'Angleterre et aux U.S.A, aux termes duquel les populations civiles ne devraient pas être bombardées en cas de guerre. Ce traité fut refusé !!!

IL EST ABSURDE DE LAISSER CROIRE QUE DE TELLES SPÉCULATIONS SONT DU RESSORT DE L'INTELLIGENCE ALORS QU'ELLES NE RESSORTISSENT QU'À DES DONS SPÉCULATIFS CE QUI EST TOUT À FAIT DIFFÉRENT. La Science comme la finance dépourvues d'autorité spirituelle NE PENSENT PAS.

5. On ne trouve quasiment plus d'eau potable.

Or Hitler avait le plus grand souci de l'écologie. Il connaissait parfaitement les dangers de la surindustrialisation à laquelle il fut contraint pour raisons de dangers de guerre, et à son corps défendant.

Il devait faire face à la conjoncture.

La pilule de Djérassi et de Aron Blum (dit Beaulieu), l'avortement de Simone Veil, et Rockefeller (avec ses véritables usines avorteuses), la pornographie de Bénézareff, les musiques pathogènes et criminogènes de Gurgi-Lazarus, avec ses chanteurs infantiles, règnent dans tout l'Occident dit, grotesquement, démocratique.

Ce niagara suicidaire de la planète se fait AU NOM DE LA LIBERTE, sans que personne ne rigole : le zombisme règne, comateux et apparemment irréversible.

Mais un professeur d'université n'a pas le droit d'exprimer le résultat d'apaisantes recherches, (dont la réalité devrait réjouir tout un chacun) car le sujet déplaît à la circoncisocratie mondialiste !!! La liberté curieuse liberté n 'existe que pour les financiers bolchevisants, les pilulo-avorteurs, les physiciens suicidaires, les pornographes, les chimifieurs alimentaires et thérapeutiques et en général pour tous les pollueurs circoncis et les goys qui les suivent ...

6. Le **FREUDISME**, dont les réalités physiologiques et particulièrement endocrinologiques démontrent la fausseté et la perversité, s'attaque à la famille, aboulise, pornographie, déflore nos sentiments les plus sacrés, le respect des parents, de la mère, de l'enfant, de son innocence.

Car Freud n'a jamais pu comprendre que l'homme normal n'est pas dégagé de sa fameuse « libido », mais qu'il l'encadre étroitement dans un ensemble de règles de conduite et de pensée qui ne lui permettent pas d'envahir les sphères nobles de l'existence : la famille, l'esprit de sacrifice, et d'amour, qui en est le moteur, la connaissance, la pensée...

7.   Le **MARXISME** se répand comme les tentacules d'une pieuvre sur la planète entière. L'Enseignement est désormais une pépinière de voteurs-consommateurs souvent ignares, parfois illettrés ou analphabètes, de drogués, de clients disco, de délinquants, de pouilleux vestimentaires décérébrés...

Sous le masque doucereux de la neutralité et de la tolérance, le laïcisme a depuis longtemps barricadé toutes les issues vers le Spirituel. J'ai pu constater cette chute verticale en quarante années d'enseignement secondaire et supérieur. Le laïcisme a livré l'enfant au zombisme, au fanatisme révolutionnaire, à l'athéisme. Il s'agit de l'athéisme non militant, indifférent, le véritable athéisme, celui de l'australopithèque ou du chimpanzé. L'athéisme militant est une religion fanatique, une participation négative au Sacré. On ne nie pas ce qui n'existe pas on ne manifeste rien. Le véritable athée n'exprime rien : le concept de Dieu lui est étranger. Athée est un révolté contre Dieu. Il a hélas, au niveau de son intelligence, de bonnes raisons pour se justifier. Il n'y a aucune neutralité à la déséducation internationale, fabricante de voyous de toutes natures, du drogué au politicien serpillière, et les enseignants distillent le Saint Évangile de Karl Marx, et les fantasmes freudiens.

Même les films que l'on propose aux enfants, y compris les dessins animés, ne sont qu'exemples et encouragements à la violence. La télévision inculque la supériorité du criminel paré de toutes les vertus, victime de la société (il est vrai qu'elle le fabrique en série).

Une musique débile pathogène en général, psychopathogène et criminogène en particulier, est omniprésente, Les sonorités frénétiques et hystériques qui potentialisent vandalisme et meurtre, des Michaël Jackson, et Madona, sont offerts en pâture à une jeunesse suicidaire, zombifiée, sans idéal et sans espoir...

L'incitation à la débauche est désormais le fait de ministre circoncis lui-même. Ceci par le truchement insidieux du S.I.D.A. et du préservatif. Et cela même dans les collèges. JAMAIS ON NE DIT AUX JEUNES QUE LA SEULE PRÉVENTION DU S.I.D.A. EST L'AMOUR

ET LA FIDÉLITÉ DU COUPLE. Jamais on ne leur dit que l'absence totale de préoccupations sexuelles avant dix-huit ans est une règle absolue. Non respectée elle entraînera des déséquilibres neuro-endocriniens, souvent un état d'amorphisme légumineux, la dégénérescence, l'aboulie, et bien entendu la FACILITÉ D'ÊTRE SUGGESTIONNÉS NOTAMMENT PAR LES MEDIA. En un mot une désintégration physique et psychique.

Cela n'empêchera pas un de ces dégénérés naturellement fort en mathématiques de sortir de polytechnique et de devenir... un de nos ministres esclave de tous les Maastricht...

L'homosexualité est devenue une vertu et l'on n'hésite pas à inculquer l'idée que ceux qui n'ont pas eu la chance de naître inverti (c'est à dire malades glandulaires !) sont bien coupables !!!

La pouillerie vestimentaire est encouragée. Nos écoliers ressemblent à des sacs de patates bariolées, deviennent souvent des sortes de clochards ambulants, avec jeans troués sur les genoux, et on leur inculque l'ignorance ou la honte de l'élégance...

L'éducation devient partout un alibi pour faire passer le message de la drogue, de la voyoucratie, de la pédérastie, du porno, du terrorisme.

Les manuels scolaires parachèvent cette œuvre de destruction ignoble : manichéisme politique, masochisme racial antifrançais, condamnation des historiens qui tentent de mieux scruter les réalités de l'Histoire.

Surtout bien sûr s'il s'agit DU MYTHE SACRO SAINT DES 6 MILLIONS CHAMBRES À GAZ ! Aussi 85% des drogués sont-ils des jeunes de 16 à 25 ans. Il est intéressant de noter en passant que 80% des délits sont perpétrés par des extra-Européens dont un très important pourcentage d'Africains.

On a institué non pas l'abolition de la peine de mort, mais LA PEINE DE MORT GÉNÉRALISÉE POUR LES INNOCENTS ET LES POLICIERS.

Et pourtant 65% des Français la refusaient !

La majorité des violeurs et meurtriers de petites filles et petits garçons sont des récidivistes. Aux U.S.A. la récidive des meurtriers libérés constitue un énorme dossier. Dans UN seul état qui ne pratique pas la peine de mort, 72 policiers ont été assassinés par des gangsters en une seule année !

C'EST CE QUE L'ON APPELLE LA SUPPRESSION DE LA PEINE DE MORT ! » La peine de mort n'est pas dissuasive » nous ressassent bêtement les thuriféraires du régime sacré de la démocratie. Là n'est pas le problème d'ailleurs : il s'agit de purger la société d'êtres particulièrement dangereux. Le concept de vengeance comme de Justice n'a rien à voir là-dedans : on ne peut laisser vivre des êtres qui risquent à tout moment de violer et d'assassiner votre enfant !

De plus comment peut-on dire que la peine de mort n'est pas dissuasive ?

Comment pourrait-on détourner un avion de 200 passagers avec un petit révolver, si la peine de mort n'était pas dissuasive ?

On s'appuie sur l'alibi spécieux des statistiques, « cet art officiel du mensonge » comme disait Marc Blancpain. Mais depuis quand les statistiques ont-elles interdit de penser ???

Hitler n'aurait jamais toléré l'ombre de l'ombre d'une seule de ces horreurs. Belle liberté que celle interdite au Professeur Faurisson et permise à la pornographie, aux assassins de vieilles dames, aux violeurs et meurtriers de petites filles, aux chanteuses ignares et régressives faisant se déculotter 70.000 zombies judéo-cartésianisés... !

Le totalitarisme pseudo-juif va prendre des proportions tentaculaires : tous les pays occidentaux sous férule circoncise, feront voter une loi qui interdira à quiconque de proférer le moindre doute sur les *6millionsgazés* d'Auschwitz, sous peine de prison : « *Le meilleur des mondes* » d'Huxley, et « 1984 » de George Orwell seront dépassés !

Tremblez aussi, les octogénaires allemands qui avez tenté de sortir votre pays de la pourriture de Weimar et l'Europe de la dégénérescence judéo cartésienne abjecte dans laquelle, figés, nous nous survivons en cette fin du XXème siècle. Demain l'hystérie « juive » ira vous chercher au fin fond de l'Amérique du Sud, dans quelque bourgade perdue pour vous juger à grand son de trompe médiatique...

8. La drogue se répand librement, COMME NOUS L'A RÉVÈLE LA TÉLÉVISION pourtant « juive » dans son essence, elle profite et est gérée par la Haute Finance dont l'identité n'a d'ambiguïté pour personne.

On me confiait, en loge, du temps où j'avais la naïveté d'être franc-maçon, qu'un pourvoyeur de drogue à l'échelon européen était intouchable car il avait rang de ministre ! C'est beau la démoncrassie !

Je pensais au temps où un Maréchal de France, tout compagnon de Jeanne d'Arc qu'il eût été, était pendu publiquement et brûlé pour pédophilie et meurtres d'enfants.

Curieuse justice démocratique où tout le monde est égal, mais où comme disait Coluche, « les Juifs sont plus égaux que les autres »...

Armand Hammer fils et consorts (qui financent le bolchevisme depuis 1917, avec Warburg, Sasoon, Lœb etc) qui créa le parti communiste aux U.S.A et ne fut jamais inquiété pendant le Mac Carthysme, ne seront jamais pendus pour ce crime suprême qui causa la mort de dizaines de millions d'êtres. LES GRANDS CRIMINELS NE

SONT PAS DANS LES PRISONS MAIS AU FAÎTE DE LA SOCIÉTÉ LIBÉRALE, disait Carrel.

On saisit parfois un peu d'héroïne, pour faire croire que l'on fait quelque chose, mais l'essence même de cette pseudo démocratie interdit que l'on puisse mener une politique efficace quant à l'éradication des pontes de la drogue et de la production.

On s'arrange même pour faire en sorte que des pays en vivent afin de rendre ce processus mortuaire irréversible.

Pourtant il suffirait de pendre publiquement, place de la Concorde AU NOM DES DROITS DE L'HOMME ET DU CITOYEN, deux pourvoyeurs de drogues internationaux ou même nationaux et l'affaire serait réglée.

Les vieilles dames pourraient alors faire leurs courses sans risquer leur vie, et les mères ne mourraient plus d'inquiétude pour leurs fillettes ou leur petits garçons.

On a décapité Louis XVI place de la Concorde, on y pendra pas un gros trafiquant de drogue ! Dans cette courte phrase se trouve le symbole de la mystification de la masse mondiale, menée à deux et sans doute trois guerres mondiales, une pollution généralisée des âmes et des corps, une dégénérescence inouïe noyée dans la sauce socialo-pornographique.

9. La délinquance ne cesse de croître. Comment pourrait-il en être autrement parmi les jeunes sans assises spirituelles, morales, gavée de sonorités hystériques menant au crime, à la drogue ou au suicide. Dans de telles conditions

les ruptures de couples, la misère des enfants ne peuvent que croître en progressions géométriques.

Il y a à New-York, la ville la plus « circoncise » du monde, 600.000 drogués RÉPERTORIÉS. Ce qui veut dire qu'on peut doubler ce chiffre.

Le suicide est la seconde cause de mortalité chez les jeunes, enfants et adolescents, ceci après la déesse mécanique à qui l'on offre tous les ans en holocauste, des milliers de jeunes...

POINTS DE DÉTAILS QUE CELA ASSURÉMENT.

Qui oserait prétendre que Hitler AURAIT TOLÉRÉ UN SEUL DE CES CRIMES ???

C'EST LÀ ET NULLE PART AILLEURS, QUE SE TROUVENT. LES IMMENSES CRIMES DE LÈSE-HUMANITÉ ET NON DANS LA RECHERCHE HYSTÉRIQUE ET PARANOÏAQUE DE PSEUDO CRIMINELS DE GUERRE QUI ONT TOUT FAIT POUR LES EMPÊCHER !!!

CES CRIMES SONT TOUS ENGENDRÉS PAR LE SYSTÈME LIBERALOSOCIALISTE, SOROSMARXISTE CIRCONCIS.

10.   Un écrivain. Yann Moncomble, publie un livre LES RESPONSABLES DE LA TROISIÈME GUERRE MONDIALE.

Inculpé par le truchement de ceux qu'il mettait en cause (on devine lesquels), IL EST RELAXÉ EN PREMIÈRE INSTANCE ET EN APPEL !

Ce qui prouve qu'il reste encore un vestige de justice qui finira d'ailleurs par être détruit.

11.   Une médecine chimique aux effets iatrogéniques et tératogènes, règne sur la planète entière, avec un progrès très réel de la chirurgie qui s'utilise pour les plus affreuses abominations (vols d'organes d'enfants des pays du Tiers Monde, trafics effroyables de greffes etc., trafics et expériences sur des enfants « réputés non nés » (voir « Bébés au feu »-Apostolat des éditions, rue du Four 75006 Paris).

La dégénérescence biologique devient abominable à contempler, comme une surpopulation incontrôlée qui faisait dire judicieusement à COUSTEAU, qu'il faudrait que 300.000 personnes disparaissent quotidiennement, pour rendre son équilibre à la planète.

LA POPULATION MONDIALE CROÎT QUANTITATIVEMENT MAIS ELLE A DISPARU QUALITATIVEMENT.

« Les concepts de santé et de médecine sont radicalement étrangers l'un à l'autre » disait le Docteur Henri Pradal, expert à l'Organisation Mondiale de la Santé. Il gagna 17 procès contre les trusts fabricants de médicaments chimiques, qui couvrent majoritairement la thérapeutique.

Il suffit d'ailleurs de jeter un coup d'œil au VIDAL pour mesurer le niagara des « effets secondaires », qui sont souvent

« plus graves que la maladie qu'ils prétendent traiter » ont dit de nombreux médecins eux-mêmes dans des revues médicales spécialisées. Par exemple les Œstrogènes de synthèse administrés pour une tumeur bénigne de prostate, infligent un cancer mortel et en prime, avant le décès, un ulcère de l'estomac...Ce n'est qu'un exemple parmi une foule d'autres.

12. L'antiracisme qui CRÉE LE RACISME SYSTÉMATIQUE règne. Il consiste à imposer le mélange d'ethnies très différentes ce qui est un CRIME PHYSIOLOGIQUE ET PSYCHOLOGIQUE. Cela se fait au seul profit DU RACISME SIONISTE, qui se moque pas mal d'ailleurs de massacrer les Arabes qu'ils imposent en Europe, à Dir Yassim, à Sabra, à Chatilla, dans la bande de Gaza, en Cisjordanie et ailleurs si cela leur convient.

On sait que la majorité des « dealers » de la région parisienne sont Maghrébins ou des Noirs, sans oublier leur ahurissante délinquance, viols, vols...

Un mulâtre homosexuel atteint du S.I.D.A. avoue 21 meurtres de vieilles dames. Un nègre viole 32 fillettes.

La France se transforme en Liban et nombre de Communistes votent... Le Pen !

13. Les mass media et la télévision répandent « racisme antiraciste », toujours antinational, marxisme, freudisme, porno, laideur, violence, immoralité, musiques pathogènes...

ET CECI SANS LA MOINDRE INTERVENTION DES GOUVERNEMENTS DIT, Ô LE MENSONGE, DÉMOCRATIQUES !

14. Depuis 1945 ET SANS LA MOINDRE RESPONSABILITÉ DES NAZIS NI DE VICHY, DANS L'ORBITE LIBÉRALE BOLCHEVIQUE 150 GUERRES ONT EU LIEU ! ! !

Tout le monde connaît ces horreurs : Inde, Corée, Hongrie, Cuba, Congo, Irak, Indochine, Algérie, Biaffra, Erythrée, Liban, La circoncisocratie mondiale a pu en une nuit mobiliser toutes les nations pour DÉFENDRE LEUR PÉTROLE DU KOWEÏT...

Quelques jours auparavant on a laissé massacrer les Chrétiens du Liban sans bouger le petit doigt ! ! !

On ne mobilise les nations que pour le fric et le pétrole.

A l'heure où j'écris ces lignes L'ancienne Yougoslavie est à feu et à sang. L'idyllique Europe du traité de Maastricht n'est pas capable d'arrêter cet affreux massacre : IL FAUT DIRE QU'IL N'Y A NI PÉTROLE NI JUIF LA BAS...

Disons quelques mots sur la suavité de la sainte décolonisation.

Le Viêt-Nam est un enfer d'où des millions de personnes ne songent qu'à s'enfuir au risque de leur vie. Le Laos a sombré dans une indescriptible anarchie, le Cambodge a connu le plus cruel des génocides, INCONTESTÉ CELUI-LÀ, et connaît l'occupation vietnamienne qui fait regretter n'en doutons pas, notre colonialisme.

En Afrique les colons ont disparus, mais les malheureux noirs sont privés de tous leur droits livrés au massacres et à la famine, et l'Afrique du Sud « libérée » va connaître demain les massacres interethniques et la famine. A-t-on jamais vu dans ce continent un colonialisme plus atroce que celui des Soviétiques et des Cubains ? Naguère on volait peut-être les richesses naturelles de ces pauvres nègres incapables de les exploiter, mais nous avions apporté calme et aisance générale.

Maintenant une clique de politiciens locaux et de truands du capitalisme exploitent ces peuples à leur compte et leur fait oublier leur faim en excitant les haines fratricides.

On parle de 200.000 morts au Rwanda... Où en est l'Algérie aujourd'hui ?

Nous l'avons vu en automne 1988, et les années qui ont suivi. Le bonheur devait y régner si nous la quittions. Hélas ! La révolte règne là comme dans tous les pays décolonisés. Quand L'Algérie tente de retrouver une tradition PAR DES ÉLECTIONS DÉMOCRATIQUES, ON FAIT ANNULER LES ÉLECTIONS TRÈS DÉMOCRATIQUEMENT... la démocratie étant une crypto-dictature sans valeurs, n'accepte qu'elle-même.

ON N'A JAMAIS LE DROIT DE CHOISIR DÉMOCRATIQUEMENT UN AUTRE RÉGIME QUE LA SOI-DISANT DÉMOCRATIE. CELA DOIT ÊTRE PARFAITEMENT CLAIR POUR TOUT LE MONDE.

EN DÉMOCRATIE ON ANNULE LES ÉLECTIONS POUR VOTRE BIEN ; EN URSS POUR VOTRE BIEN ON VOUS EXÉCUTAIT.

(6 à 8 millions d'un coup comme en Ukraine, si nécessaire)...

En Algérie nous avons trahi un million d'Européens et neuf millions de Musulmans. Nous avons abandonné une agriculture prospère, des villes modernes, des équipements enviables, des milliards de francs de gaz et de pétrole que nous avions découverts et que nous n'avons pas exploités.

La misère marxiste règne désormais en Algérie comme elle régnera demain en Nouvelle Calédonie, et ce seront les victimes elles-mêmes qui seront à la dynamique de leur suicide.

L'AFRIQUE ENTIÈRE EST EN TRAIN D'AGONISER COINCÉE ENTRE LA SPÉCULATION CAPITALISTE ET LE MARXISME MEURTRIER.

AUCUN ESPOIR POUR CES PAYS DANS LA CONJONCTURE HAMMEROMARXISTE...

Quand vous connaissez la responsabilité des circoncis au 8ème jour (et non des Juifs, qui ne sont coupables que du péché majeur de se taire hormis quelques Juifs honnêtes qui, comme le Professeur Henri Baruk ne cessent de clamer que « Freud et Marx ne sont pas Juifs »), libéraux et marxistes dans le massacre mondial que je viens de décrire, vous pouvez alors prendre une balance peser d'un côté le magma mondial putrescent et de l'autre les *6-millions-chambres-à-gaz*, supposés vrais.

VOUS CONSTATEREZ ALORS DE QUEL CÔTÉ PENCHE L'HORREUR MAXIMALE.

Cette synthèse d'horreurs maximales n'est guère conceptualisable au niveau du cerveau de l'homme moyen.

C'est pourquoi il suffit de lui montrer le film « Nuit et Brouillard » ainsi que tous les autres succédanés qui jaillissent périodiquement martelés et hypnotiques, pour convaincre la masse zombifiée.

Pourtant dans ces films, on ne voit aucun gazé, aucun dispositif vraisemblable de gazage, mais des détenus morts de faim, de misère et de typhus du fait, comme je l'ai dit, de l'impossibilité de ravitailler les camps alors que le IIIème Reich s'écroulait.

Mais le spectateur, le malheureux téléspectateur, SANS RÉALISER QUE DANS CES FILMS DE PROPAGANDE OUTRECUIDANTE, NE SONT ENGAGÉS QUE DES CAPITAUX JUIFS, réagit alors comme un chien à qui l'on donne une boulette de viande pour lui faire digérer une pastille d'arsenic. Je répète que chacun ignore, on se demande pourquoi et comment d'ailleurs, que les mêmes visions d'horreurs étaient présentes dans toutes les grandes villes allemandes réduites en cendres par les Alliés.

La synthèse affreuse exposée dans ce livre EÛT ÉTÉ IMPOSSIBLE SOUS LE TROISIÈME REICH CAR

ELLES EN SONT L'ANTITHÈSE RADICALE ET ABSOLUE.

Il suffit de lire MEIN KAMPF AU REGARD DE L'ACTUALITÉ DE CE DEMI-SIÈCLE POUR EN ÊTRE PARFAITEMENT CONVAINCU.

Voilà sans doute la raison pour laquelle ce livre est très démocratiquement interdit.

Hitler voulait précisément EMPÊCHER DE NUIRE tous ceux qui allaient mettre en œuvre ces horreurs mortifères et suicider l'homme et la planète.

ON COMMENCE À COMPRENDRE POURQUOI HEIDEGGER S'EST TU.

Il commençait déjà se taire en 1936. L'avènement de Hitler lui rendit l'espoir. L'espoir s'écrasa, IL SE TUT DÉSORMAIS.

En 1936 déjà, Heidegger prévoit « l'ultime ensorcellement » de la modernité dans le « gigantesque » d'une « pensée planificatrice et calculante » oublieuse de l'Être, qui se déploie à travers la technique, la science et l'économie moderne, assure sa volonté de puissance à partir du concept cartésien de subjectivité qui « centre la connaissance sur la raison humaine considérée comme instrument de mesure universel et systématique. L'animal rationnel se technicise, « l'expansion cancéreuse de l'homme et de l'économie machiniste » désertifie la planète, engendre la massification, le déracinement, l'ennui, la monotonie, et le Sujet devenu Objet de sa domination, cherche à vaincre son angoisse, à combler son vide intérieur, par des « expériences vécues », dans l'affairement culturel la poursuite de la vitesse, de la performance et de toutes les formes de DROGUES ».

La drogue elle-même y compris...

Résumons pour mieux comprendre et répétons si nécessaire.

On se demande comment les Humains ont pu se laisser porter jusqu'à un tel degré d'abrutissement.

TOUT CELA EST POURTANT LUMINEUX COMME LE SOLEIL. TOUT CELA CREVE LES YEUX.

Toutes les preuves sont là devant nous. Une semaine de presse, de télévision, d'observations alentour, peuvent convaincre même un imbécile.

Les humains sont-ils désormais des sous-imbéciles, des animaux de basse-cour. Il est vrai que quand on voit que des films abjectissimes tels que LES VALSEUSES, ou ORANGE MÉCANIQUE peuvent avoir du succès auprès des masses, on se dit que TOUT EST PERDU. Ni sous Hitler, ni sous le Maréchal Pétain (« je veux libérer les Français de la tutelle la plus honteuse, celle de la finance ») nous n'aurions connu L'ESCLAVAGE TOTAL DE L'ARGENT, les ventes d'armes à tout ce qui s'extermine le chômage croissant en progression géométrique et qui NE CESSERA DE CROÎTRE CAR IL EST LE PRODUIT DU SYSTÈME, la chimification alimentaire et thérapeutique systématique, qui touche l'homme au niveau chromosomique, les jeunes qui se droguent et se tuent par milliers, l'avortement self-service, la pilule pathogène et tératogène (Pr Jamain), le trafic effectué sur des bébés réputés non-nés, servant à la vivisection et aux expériences de laboratoire, et jetés à 7 mois « quand ils commencent à marcher » dans des incinérateurs...

La pilule n'est pas seulement pathogène en général, elle provoque chez les adolescentes des blocages ovariens, des arrêts de croissance, la stérilité, la frigidité et bien entendu, un accroissement exponentiel des maladies vénériennes, débouchant actuellement sur le S.I.D.A., et autres maladies virales qui tueront sans appel, l'aboulisme désintégrateur freudien, le pornographisme et le nombrilisme, l'encyclopédie sexuelle de Kahn-Nathan, (assistée d'une dizaine de circoncis : Lwoff, Simon, Berge, etc.), des terroristes qui tuent symboliquement d'ailleurs, le chef de l'état italien, le chef de l'industrie allemande, l'ex vice-roi des Indes, l'emprise marxiste qui extermine les gens pour leur bien, la fabrication en série par le laïcisme d'amalgames physico-chimiques qui voteront demain pour les goulags qui chantent ou tout autre imposture, sous le prétexte de « changement » seriné par politiciens débiles interposés, une montée volcanique de déments, caractériels délinquants, homosexuels, asexués, drogués par chimification, carences vitaminiques, deséducation, masturbation encouragée par TORDJMANN (alors que nous savons que les schizophrènes sont tous des masturbateurs et que la masturbation abrutit irréversiblement ce qui n'empêchent pas des cas d'espèces de devenir polytechniciens), des petites filles de classes de cinquième enceintes, (6800 de 13 à 17 ans dans la seule année 1978), un petit garçon de 11 ans qui viole et tue une petite fille, et combien d'autres cas analogues qui augmentent avec le temps qui passe !

Des cas d'exception ? Telle n'est pas la réalité. Il s'agit bien du symptôme d'un état global : le lamentable état de l'Occident Judéo-cartésien.

Ajoutons que la fameuse affaire du sang contaminé eût été impossible sous le Nazisme. (S'il avait eu lieu la circoncisocratie mondiale en parlerait encore dans 3000 ans !).

D'abord parce que intrinsèquement considéré, Hitler aurait châtié les responsables avec la dernière rigueur. Ensuite parce que la propreté du régime eût empêché qu'elle germât. JAMAIS SOUS HITLER LE TERRORISME, LE PORNOGRAPHIAGE DE LA SOCIÉTÉ PAR LA PILULE ET LE PRÉSERVATIF N'EÛT ÉTÉ POSSIBLE : IL AVAIT TROP LE SENS DE LA BEAUTÉ ET DE LA PURETÉ DE SA JEUNESSE POUR LA DÉGRADER

AINSI. Seuls les circoncis au 8ème jour et les Goys abrutis qui les suivent pouvaient mettre en œuvre une immondité aussi consommée.

TOUT CELA EST L'EXPRESSION MÊME DU LIBÉRAL-BOLCHÉVISME.

Les masses « quantitatives » vont sombrer dans leurs ordures ménagères, le nucléaire, l'amalgame psychologique des sexes et la mort de la maternité (Gurgi-Eliachev, dite Françoise Giroud et Élisabeth Badinter) le porno, l'hypnose médiatique, avec son océan de mensonges et de conditionnement permanents, tous les films à la « HOLOCAUSTE », alors que toute cette destruction jaillit du judéo-cartésianisme.

Plus de jugement, de culture, un système politique et universitaire qui ne peut recruter que des zombies puisqu'il est basé sur la farce du suffrage universel et du mnémonique...

Hélas, ces malheureux peuples zombifiés ne peuvent même plus comprendre ce qui les détruit, étant totalement privés d'esprit de synthèse. Ils mourront de leur S.I.D.A., sur les ordures ménagères, se piquant de chimie ou se droguant, en criant « vive la démocratie »...

L'économie nationale sera liquidée, tous les pays placés sous la férule de la haute finance qui a anéanti petit commerce, artisanat, paysans...

À COUP SUR TOUT CELA NE FIGURE AUCUNEMENT AU PROGRAMME DE MEIN KAMPF.

Au cours de votre émission « Océaniques » un participant a dit : « parler de spiritualité au sein du Nazisme est d'une rare inconscience ».

Je réponds au naïfissime qui a prononcé cette ânerie qu'il est, lui, d'une inconscience mamouthesque s'il ne trouve pas dans ce régime où propreté, famille, honneur, travail, idéal étaient restaurés LES PRÉMICES FONDAMENTAUX D'UNE VÉRITABLE SPIRITUALITÉ TOTALEMENT ISOLÉS DE TOUS LES CONCEPTS MATÉRIALISTES QUI NOUS ONT DÉJÀ EXTERMINÉS.

Aucune spiritualité ne peut germer au sein du magma putrescent du matérialisme libéralo-socialiste dont je viens de tracer l'essentiel de l'aberrante synthèse suicidaire.

Hitler savait que la GRANDE DOGMATIQUE gisait dans le respect de la nature et non dans des dogmes culculesques. Il ne mangeait pas de viande car il savait qu'on ne parle pas à Dieu la bouche pleine de sang...

L'Église elle-même a perdu toute lucidité, tout sens moral. Le Droit Canon purement formel, est aussi suicidaire que le Droit Public et ses références tartes à la crème aux Droits de l'Homme bafoués sans cesse pour tout le monde SAUF POUR LES CIRCONCIS AU 8ème JOUR, MONTRE ASSEZ L'ÉTAT D'EFFONDREMENT CARICATURAL DANS LAQUELLE ELLE SE SURVIT...

Qui était Hitler ?

Si vous posez cette question à n'importe qui, quel que soit son niveau social, ou ce que l'on appelle par inflation sémantique, son niveau culturel d'instruction officielle, vous vous apercevrez qu'il n'a JAMAIS lu « Mein Kampf », et à fortiori qu'il n'a jamais confronté son texte à l'actualité de ces dernières soixante années du XXème siècle.

En plus vous constaterez que, comme une machine à sous, il vous sortira exactement les mêmes choses que n'importe qui d'autre, et le plus souvent dans LES MÊMES TERMES.

On est stupéfié de constater sans appel que l'effet du conditionnement par l'édition, les média, l'enseignement EST D'UN EFFET SUBLIMINAL INOUÏ SUR TOUT LE MONDE. Voilà un exemple flagrant de l'éradication totale de TOUTE LIBERTÉ.

EN FAIT PERSONNE NE SAIT QUI EST HITLER.

Nous savons qu'en 1917, les banquiers circoncis américains Warburg financèrent simultanément les Alliés, les Allemands et la Révolution Bolchevique. Ils arrivèrent ensuite en Europe en 1919 comme négociateurs de la paix.

L'ensemble des banquiers circoncis Warburg, Schiff, Lœb, Sasoon, et consorts financèrent les équipes politiques circoncises qui firent la révolution bolchevique. Ce processus de financement, capitaux et usines clefs en main, s'est perpétué jusqu'à nos jours sans solution de continuité. (Voir article du POINT, et de l'EXPRESS sur « LE MILLIARDAIRE ROUGE HAMMER »). Nous avons également mentionné que sous le stalinisme, 50 bourreaux carcéraux et concentrationnaires Juifs ont exterminé des dizaines de millions de Goys, comme en témoigne d'ailleurs Soljenitsyne dans le tome II de *L'Archipel du Goulag*.

En 1918 l'Allemagne est étranglée par le TRAITÉ DE VERSAILLES : c'est de « ce projet de rapines » comme disait le ministre anglais Lloyd George, qu'émergea la vocation ABSOLUMENT SINCÈRE ET DÉSINTÉRESSÉE DE HITLER.

Il me revient à l'esprit une anecdote tout à fait significative, s'il en est besoin, et qui me fut rapportée par un de mes oncles, médecin juif.

Avant que Hitler ne soit incarcéré à Nuremberg où il écrivit *Mein Kampf*, au cours de son procès un juge lui avait demandé : « Que voulez-vous Monsieur Hitler, un poste de ministre ? ». Ce à quoi Hitler avait répondu : « JE SERAIS BIEN MÉPRISABLE MONSIEUR LE JUGE, SI JE NE DÉSIRAIS QU'UN POSTE DE MINISTRE »...

Hitler voulait en fait libérer son pays de la misère affreuse de Weimar, il voulait libérer son pays et le monde de la dictature du dollar, auquel tous les MAASTRICHT nous ont à ce jour définitivement asservis. IL NE VOULAIT PAS que l'Europe soit réduite à la servitude, croulant sous le fardeau de dettes monstrueuses. Il ne voulait pas que cette dictature détruise les agricultures nationales qui sont la richesse fondamentale des pays. Hitler fut défait par le pouvoir circoncis Rothschildo-Marxiste qui lui avait ouvertement déclaré la guerre DEPUIS 1933 COMME EN TÉMOIGNE SANS CONTESTE LA PRESSE U.S.A.

C'est en effet depuis 1933 que la presse américaine témoigne du fait que les « Juifs » étaient en guerre contre Hitler, dont le système AUTARCIQUE (seul système valable pour tout pays qui doit toujours pouvoir vivre de ce qu'il produit lui-même. D'ailleurs seuls les aliments qui ont poussé à l'endroit où vit une ethnie, ont une valeur physiologique, une garantie de santé, pour cette ethnie. Encore une loi de la nature que Hitler avait parfaitement comprise) était pour eux un cauchemar. Un livre connu a même préconisé le génocide des Allemands auquel d'ailleurs Lech Walesa a fait récemment une allusion potentielle, dans le silence de la HAUTE CONSCIENCE INTERNATIONALE...

(S'il avait parlé de la possibilité de massacrer les « malfaisants » Juifs au lieu des « malfaisants » Allemands, on aurait entendu la dite HAUTE CONSCIENCE INTERNATIONALE hurler du pôle Nord au pôle sud...

Mais là, PAS UN MOT DE BERNARD HENRY LEVY, ce chantre de l'humanité...

Qui connaît ce livre ? On en trouve les références dans les travaux de Faurisson et les Annales révisionnistes en particulier.

Nous avons déjà mentionné le fait que lors de l'occupation de l'Europe en 1945 Russes et Américains ont érigé le viol et le massacre en institution dans les communautés allemandes. Nous savons que les troupes allemandes avaient pour règle absolue de ne pas violer en territoire ennemi sous peine d'être fusillé sur le champ, que vous fussiez soldat ou officier.

LA GUERRE FUT DÉCLARÉE A HITLER PARCEQU'IL VOULAIT INSTAURER UN NOUVEL ORDRE EUROPÉEN D'OU LE SPÉCULATIONISME PARASITAIRE CIRCONCIS SERAIT RADICALEMENT BANNI.

La seule valeur serait LE TRAVAIL, et non L'ARGENT.

LÀ EST LA SEULE VÉRITABLE CAUSE DE LA GUERRE DE 1939.

Officiellement on lui déclara la guerre parce qu'il voulait Dantzig, territoire allemand, la Posnanie territoire allemand en Pologne où les Allemands étaient maltraités voire assassinés, l'Autriche qui désirait être rattachée au Reich et qui ne s'en est jamais cachée...

L'Allemagne n'avait plus aucun empire colonial tandis que les U.S.A imposaient depuis longtemps leur hégémonie mondiale et que l'Angleterre avait un empire colonial « sur lequel le soleil ne se couchait jamais » et que les terres de langue et ethnie allemandes étaient intégrées dans des pays étrangers. C'était le cas des Sudètes en Tchécoslovaquie dont le gouvernement maçonnique était une véritable épine mal placée dans le corps du IIIème Reich. Tel fut son crime analysé par n'importe quel honnête homme, fût-il Juif. Mais lorsque Staline était en Pologne Orientale et exécuta d'une balle ALLEMANDE (!) dans la nuque ou dans des vaisseaux coulés à dessein dans l'Antarctique, TOUS LES OFFICIERS POLONAIS, la chatouilleuse conscience internationale,

CETTE PRODIGIEUSE PUTAIN, que je n'ai jamais vu pleurnicher que sur mes congénères, ronflait, probablement pour ne pas entendre le bruit des balles.

Je n'ai JAMAIS vu un seul président de la Ligue des Droits de l'homme s'insurger répétitivement contre ce crime de lèse-humanité (et combien d'autres depuis 50 ans !) qui, lui, ne souffre pas la contestation du mythe sacrosaint des *6-millions-chambres-à-gaz* !

D'ailleurs l'arithmétique des Droits de l'Homme est simple : 60 MILLIONS (NON CONTESTES) EXTERMINES PAR KAGANOVITCH ET CONSORTS (JUIFS) SONT INFÉRIEURS À 6 MILLIONS (CONTESTES) DE JUIFS PAR HITLER.

Ce postulat ubuesque résume l'hystérie paranoïaque de ces 50 dernières années dans tous les domaines.

Henri Bergson, philosophe « Juif » admonesta les Juifs Allemands en 1921.

Il leur dit que leur nombre était hors de proportion que leur puissance amorale et asynthétique était dangereuse pour eux et que s'ils ne changeaient pas de comportement, ils allaient déclencher une vague terrible d'antisémitisme...

Ceci douze ans avant l'avènement du Nazisme.

Le Professeur Baruk, le psychiatre Juif, me disait souvent que « Hitler avait été l'instrument de Dieu pour châtier les Juifs qui n'étaient plus Juifs ». Combien de fois ne m'a-t-il pas dit : « FREUD ET MARX NE SONT PAS JUIFS. »

Il les considérait à juste titre, comme des monstres extra-dimensionnels, de gravissimes malades mentaux.

Je me souviendrai toujours des Allemands présentant les armes devant Henri Bergson, ce philosophe « Juif » pendant l'occupation.

Les Allemands savaient reconnaître les valeurs même chez les Juifs et je ne doute pas que mon esprit de synthèse m'ait valu le titre d'Aryen d'honneur… !

SOUS LA RÉPUBLIQUE DE WEIMAR TOUT ÉTAIT POURRI ET LES CIRCONCIS AU 8ème JOUR MANIPULAIENT TOUT.

CELA EST UN FAIT.

AUJOURD'HUI LE PHÉNOMÈNE EST IDENTIQUE MAIS INFINIMENT PLUS GRAVE CAR LA RÉPUBLIQUE DE WEIMAR EST AUX DIMENSIONS DE LA PLANÈTE.

Je vois mal qu'à cette émission Océaniques, aient été invité Louis Rougier, Gustave Thibon ou moi-même. Même Maurice Bardèche n'aurait pas été invité et pourtant il n'y avait aucun risque : il se serait écrasé devant les lois Pléven et Marchandeau consolidée désormais pas la loi FabiusGayssot totalement dictatoriale, radicalement RACISTE, et antidémocratique.

Cette loi comprend d'ailleurs un grave VICE DE FORME (voir lettre au Président du Sénat, ci-contre). En effet le tribunal de Nuremberg n'a jamais été INTERNATIONAL mais INTERALLIÉ, ce qui est fondamentalement différent. Un tribunal de vainqueurs qui juge les vaincus !!! Quelle peut être la valeur objective et morale d'un tel tribunal ???

Personnellement ces lois m'indiffèrent : il n'existe encore aucune loi que je sache, qui interdise à un Juif ou à un Patagonais de dire ce qu'il pense des siens devant la réalité fulgurante des FAITS.

Il y avait donc en Allemagne 6 millions de chômeurs auxquels Hitler rendit pain, idéal et dignité.

Quand on voit l'horrible dégénérescence biotypologique, bluejeaneuse en France, aux USA (en mai 1994, une femme écrivain américaine » proféra cette expostulation : « vous connaissez un Américain qui ait un orgasme ? » !) en Italie, en Allemagne, en Angleterre, en Espagne, on sent un pincement au cœur de constater que le SEUL qui avait presque réussi à extirper la pourriture de son pays, est traité de CRIMINEL, POURSUIVI 50 ANS APRÈS EN LA PERSONNE DES OCTOGÉNAIRES QUI L'ONT SERVI ALORS QUE CEUX QUI ONT RÉDUIT L'HOMME A L'ÉTAT D'HOMONCULES ATROCES PAR UNE IGNORANCE FONDAMENTALE DES LOIS DE LA NATURE ET DE TOUTES LES RÉALITÉS, TIRENT TOUTES LES FICELLES DE LA FINANCE, DES GOUVERNEMENTS, DE LA JUSTICE ET DES MEDIA...

Il me revient à l'esprit cette phrase de Nietzsche :

« *L'Histoire d'Israël est inappréciable et typique en ce qui concerne la dénaturation des valeurs naturelles. Les Juifs ont un intérêt vital à rendre l'humanité malade, à renverser dans un sens dangereux et calomniateur la notion de bien et de mal, de vérité et de mensonge...* »

La presse, la télévision, les média, l'enseignement et l'édition entre leurs mains nous fournissent chaque jour des Niagara d'exemples de ce que nous dit Nietzsche, comme Dostoïevski d'ailleurs. (« Dans cent ans il ne restera que la banque juive et le désert »)...

George Steiner, présent à cette émission océanique, va d'ailleurs encore plus loin. C'est pourquoi je comprends mal sa solidarité à cette émission. Dans son livre « le transport de A.H » (Adolphe Hitler) Steiner est d'une lucidité absolue. Le chapitre XVII est un suprême résumé de la tragédie juive et quelque part dans le livre on heurte cette formule éclatante :

« DEPUIS 5000 ANS NOUS PARLONS TROP, PAROLES DE MORT POUR NOUS ET POUR LES AUTRES... »

***

Il y avait en Allemagne un parlement élu par la nation.

Des référenda prouvaient que des millions d'Allemands étaient aux côtés de Hitler. Les 6 millions de chômeurs retrouvèrent leur liberté véritable et leur dignité humaine dans un travail heureux.

JAMAIS l'ouvrier européen n'a trouvé avant 1940 (interrogez les Allemands de cette génération, la mienne) de meilleures conditions de vie que celles du IIIème Reich :

logements décents, (pas les poubelles à peuple des HLM) bibliothèques remarquables, équipements d'hygiène et de sécurité ultra modernes.

A la même époque des millions d'ouvriers Français et Belges, se pourrissaient les poumons dans des hangars industriels et abritaient leurs familles dans des logements insalubres quand ce n'étaient pas des taudis. Les usines du IIIème Reich avaient leurs jardins de repos, leur piscine, leur personnel libéré de la tyrannie des politiciens et des syndicats. Ils avaient la sécurité sociale plus que partout ailleurs et des vacances payées.

LA FAMILLE ALLEMANDE DEVINT UNE CELLULE DE LA SOCIÉTÉ.

Elle est totalement brisée dans le monde dit « démocratique » en cette fin de siècle. La femme avait le droit de s'occuper de son foyer et de ses enfants. Pas de drogue, d'enseignement laïc marxiste immoral, de préservatifs, de S.I.D.A., de Madona, de Michael Jackson, de pouillerie vestimentaire, de bluejeans LEVIS...

Pas de mariages débiles pas de divorces imbéciles, pas d'enfants déchirés voués à la douleur, au chômage, à la drogue et au suicide.

Aujourd'hui le professeur Heuyer nous a révélé que tous les enfants passant devant les tribunaux étaient issus de couples séparés, soit par le divorce soit par le travail intensif de la mère hors du foyer.

N'importe qui peut vérifier cela lui-même autour de lui même dans les milieux non démunis financièrement.

LES ENFANTS ÉTAIENT DONC ENTIÈREMENT PRÉSERVÉS DE L'ABÎME DE DÉGÉNÉRESCENCE OU ILS SONT PLONGES : DROGUE, PORNO, TERRORISME, SUICIDE, ALCOOL, CHÔMAGE, EPAVISME dans lequel les incarcèrent la liberté des droits de l'homme de la circoncisocratie mondialiste.

Je ne dis pas « judéocratie » car je le ne le répéterai jamais assez, toute la spéculation ROTHSCHILDO-MARXO-FREUDO-EINSTEINO-PICASSISTE EST HÉRÉTIQUE ET CRIMINELLE DEVANT LA THORA. Je ne reproche aux vrais Juifs que de NE PAS LE HURLER.

Ainsi en Allemagne Nazie, être la mère de nombreux enfants était un honneur et non un pénible fardeau Aujourd'hui les immigrants Africains essaiment en France et se reproduisent. Ils y violent et volent souvent et vendent de la drogue aux abords des lycées, tandis que nos adolescentes se font avorter et prennent une pilule pathogène en général, cancérigène et tératogène en particulier.

La natalité allemande atteignit 1.800.000 alors que la natalité française était de 600.000. Hitler avait conçu la coccinelle Volkswagen qui devint la voiture la plus populaire d'Europe. Nous la voyons encore partout aujourd'hui et elle devint même star de films américains !

L'ouvrier se sentait respecté et les 6 millions de communistes allemands devinrent les supporters du Führer. La réforme sociale et morale que Hitler réalisa en quelques années en libérant son peuple de tous les conditionnements libéralobolchevique est stupéfiante.

N'importe qui de bonne foi, qui a étudié le problème en conviendra avec moi, Seule la négation délibérée de la vérité, seul le conditionnement d'esprits incapables de probité, peuvent ne pas reconnaître cette évidence évidentissime.

Pour bien comprendre il faut étudier ce qu'a voulu faire Hitler et ce qu'il a fait contre vents et marées. Il faut avoir lu MEIN KAMPF qui aujourd'hui vous laisse pantois quant à sa lucidité devant les réalités nationales et internationales, il faut aussi avoir lu le MYTHE DU XXème SIÈCLE de Rosenberg, constater la putrescence circoncise mondiale des 50 années qui ont suivi la guerre...

C'est alors qu'on pense à cette phrase du ministre de Hitler qui se suicida avec sa femme et ses enfants disant : » Il ne faut pas laisser vivre nos enfants dans le monde horrible que les Juifs vont leur préparer désormais »...

Sans cette connaissance AUCUN DIALOGUE n'est possible sur le Nazisme.

À cette synthèse élémentaire d'informations que rien sinon la probité ne me préparait à recevoir, doit se rajouter l'essentiel des travaux des historiens révisionnistes. Ce qui est révélateur dans ces travaux, ce ne sont même pas les travaux eux-mêmes, MAIS L'INCROYABLE HYSTÉRIE QUE DÉCHAÎNE LA SIMPLE NÉGATION DES CHAMBRES À GAZ ET LE CHIFFRE BOURSOUFLÉ DE 6 MILLIONS. LA MAUVAISE FOI, COMME HYSTÉRIE, LE REFUS CATÉGORIQUE DE DIALOGUE SONT

BIEN PLUS CONVAINCANTS QUE LES DONNÉS TECHNIQUES ET ARITHMÉTIQUES QUI ELLES, NE LAISSERONT AUCUN DOUTE.

Comme l'essentiel hitlérien est unique dans l'Histoire d'un redressement(ce qu'a d'ailleurs exprimé le Président du Bundestag, Jenninger qui l'a payé de son poste offert immédiatement à une Juive !), comme tous les paramètres de la circoncisocratie de ces 50 années démontrent que Hitler avait raison dans tout ce qui est essentiel, il reste aux média et aux éditeurs à la botte circoncise d'accuser Hitler de satanisme et de trombonner le pseudoholocauste sous les formes les plus diverses et les plus outrecuidantes. Si encore les « Juifs » en faisaient autant pour les 60 millions de Russes exterminés par Frenkel, Yagoda, Firine, Jejoff et la cinquantaine de « Juifs » du système carcéral et concentrationnaire soviétique, il y aurait un équilibre et on pourrait supporter ces obscènes clameurs « monumentales », télévisuelles, cinématographiques, « célébratives » etc...

Mais tel n'est pas le cas.

Dans le flot de la première accusation, en conjoncture rationaliste, on ne peut rien démontrer. Quant à la seconde la force de la clameur agit de façon hypnotique et subliminale et le conditionnement des masses est parfait...

Il commence néanmoins à sa fissurer diablement...

Pour l'heure, Hitler sera désormais pour l'homme de la masse parmi lesquels s'incluent au premier chef les universitaires et les politiciens, ce que la viande de porc est au Musulman.

Il me souvient avant la guerre, en Allemagne, on pouvait laisser sa bicyclette contre un mur, sans cadenas, et la reprendre le soir : on la retrouvait intacte. Que l'on essaie aujourd'hui de laisser sa voiture même verrouillée dans certaines villes, en Italie par exemple, mais ailleurs aussi, et l'on verra ce qui va arriver !

***

Le Pape a condamné le Nazisme dans l'encyclique MIT BRENNENDER SORGE. Quels sont les chefs d'accusation pour le prononcé de cette condamnation ?

Apostasie orgueilleuse de Jésus Christ, négation de sa doctrine et de son œuvre rédemptrice, le culte de la force, l'idolâtrie de la race et du sang, l'oppression de la liberté et de la dignité humaine.

Qu'en est-il réellement de ces accusations DEVANT LES FAITS ?

Certes Hitler ne croyait pas à la doctrine Christique qui lui a toujours semblé être un platonisme avorté et perverti. La morale éternelle lui semblait être dénaturée par la doctrine évangélique qui allait distordre la notion de charité et d'honneur, livrer les hommes à la spéculation juive athée, au chouchoutage des débiles, à l'extermination dans l'œuf des génies authentiques (esprits de synthèse et de sens moral).

La Rédemption lui semblait la plus absurde des croyances d'autant que l'homme n'a jamais été aussi méchant et régressif que depuis 2000 ans. En quoi le fait, pour les méchants, d'accomplir le pire des forfaits, c'est à dire CRUCIFIER DIEU, pouvait-il les racheter ???

On a commis au nom du Christ, les pires exterminations que le Paganisme avait ignoré, comme il ignorait totalement la notion raciste qui nous a été léguée précisément par les Juifs qui n'appartiennent à aucune ethnie et à fortiori à aucune race, puisque celle-ci n'existent pas, comme me l'a démontré sans appel l'endocrinologie.

Hitler avait le culte de la force morale et spirituelle et non de la force brutale qu'il exécrait. Sa notion de force était de nature spirituelle et ce n'est pas lui qui a dit, parlant du Vatican, « combien de divisions », c'est Staline !

Il a voulu EXACERBER le concept de protection ethnique de la « race » blanche (ce mot peut s'utiliser pour les 4 couleurs de peau différentes mais ne doit pas avoir d'autres acceptions). On comprend pourquoi aujourd'hui où le métissage est institutionnalisé. Ce métissage qui va déterminer les plus affreux racismes, crées par les pseudoantiracistes.

Son racialisme était un réflexe de défense contre le prodigieux racisme juif qui nous investit sans relâche depuis 5000 ans et nous impose maintenant l'immigration massive de Musulmans, Noirs, Asiatiques etc.

Quant à la liberté et à la dignité, il les a rendues à tout un peuple qui lui en était reconnaissant. Il faut voir dans les documentaires de l'époque, le clair regard des Jeunes Allemands ayant retrouvé idéal, dignité, finalité.

Regardez nos bluejeaneux unisexe, pouilleux, crépus, effondrés, disco, drogués, VOUS NE VOYEZ PAS LA DIFFÉRENCE ???

EN RÉALITÉ TOUT CE QUI SE TROUVE DANS L'ENCYCLIQUE MIT BRENNENDER SORGE CONCERNE PARFAITEMENT LE BOLCHÉVISME ET NON LE NAZISME. HITLER A DIT : « C'EST L'ÉGLISE ET LES PRINCES QUI ONT LIVRÉ LES PEUPLES AUX JUIFS ».

Il faisait surtout la critique du Christianisme bimillénaire et non de la RELIGION ; Il n'était pas athée comme les dirigeants et idéologues bolcheviques.

Points de détails que tout cela !

Pie XII, fut parfaitement conscient de tout cela lorsqu'il disait : « Seuls l'Allemagne et le Vatican peuvent sauver la civilisation, la première militairement, la seconde spirituellement ». Et plus tard : « L'Allemagne se bat pour ses amis ET POUR SES ENNEMIS, car si le front de l'Est s'effondre, le sort du monde est scellé ».

Il s'est effondré et voyez dans quel cloaque LibéraloMarxiste nous gisons... Quant à l'Église, Elle n'a pas survécu à PIE XII et s'est effondrée en 1945.

Elle a éclaté comme une pomme pourrie. PAS UN MOT pour sauver du peloton d'exécution les derniers Chevaliers de l'Europe qui s'étaient engagés dans la L.V.F et la Milice du Maréchal, pour lutter contre le Bolchevisme et préserver les valeurs humaines essentielles. Désormais ce fantôme d'Église va se mettre à la botte comme les politiciens serpillières et draper Israël du manteau de l'innocence.

Le pape bisoutera les gencives du grand Rabbin tandis que le Rothschildo-Marxo-Freudo-Einsteino-Picassisme finira d'exterminer toutes les valeurs Christique, et cela avec la bénédiction vaticane...

Seul un débile mental peut affirmer que Hitler n'avait pas raison dans l'essentiel. Il est vrai que le JUDÉOCARTÉSIANISME A FABRIQUE UN MONDE DE DÉBILES...

Les Nazis n'ont aucunement déshonoré l'humanité. TOUS LES CONGÉNÈRES DE BONNE FOI CONSCIENTS DE L'ACTION MONDIALE DES « JUIFS » DEPUIS LA RÉVOLUTION FRANÇAISE EN PARTICULIER, SERONT D'ACCORD AVEC MOI.

Ceux qui mentent au sujet de Hitler, s'appuyant sur l'insuffisance mentale du plus grand nombre des êtres humains ce clavier diabolique sur lequel les « Juifs » jouent en stupéfiants virtuoses se déshonorent.

Ils sont la cause de millions de morts, de dégénérescence, d'effondrements.

La mort actuelle des paysans français et américains d'ailleurs, est directement liée à la politique judéo-U.S.A.

En plus il faut qu'ils ressassent par média interposés leur sempiternelle et répugnante jérémiade auschwitzienne pour continuer à extorquer des sommes énormes à la R.F.A, sommes que la R.D.A n'a jamais payées, en asseyant leur hégémonie sur le dogme du métissage institutionnalisé, avec leur omniprésente pleurnicherie antiraciste, LAQUELLE NE CACHE ABSOLUMENT PAS LEUR RACISME MÉGALOMANIAQUE.

Sans doute des milliers de Juifs sont morts dans les camps (il y avait 70% d'Allemands à Dachau) et entre la Pologne et la Russie, exterminés par l'armée allemande et LES UKRAINIENS.

On ne nous dit combien de fois les Allemands dans leur marche contre la Russie furent accueillis en libérateurs !

Quant aux *6-millions-chambres-à-gaz*, au cyclon B, ils resteront le plus fantastique mensonge historique de toute l'Histoire.

Ajoutons que si ces « 6 millions » étaient vrais, ils ne seraient qu'un « point de détail » au regard des crimes de lèse-humanité extradimensionnels dont je viens de dresser un panorama succinct.

Ces crimes vont culminer dans leur maximum : pollution mondiale multiforme, guerres civiles, guerres multiples, massacres interethniques, chômage exponentiel, sans exclure une 3ème guerre mondiale que les situations comme celle de l'ex-Yougoslavie peuvent générer.

POINT DE DÉTAILS, ASSURÉMENT

La VRAIE démocratie serait une entente, une symbiose parfaite entre les dirigeants et la nation.

COMME LE PROUVENT LES FAITS, le Nazisme fut à cet égard une vraie démocratie. Hitler fut d'ailleurs élu de façon parfaitement légale et constitutionnelle.

Une telle situation existe-t-elle en « 1984 » et les années qui suivent ? TOUTES les catégories socioprofessionnelles sont dans la rue.

Paysans, enseignants, aiguilleurs du ciel, infirmières, étudiants etc.

À part les financiers et les politiciens dont ils remplissent les poches par la mystification du bulletin de vote, il n'y a personne de satisfait.

Et ne parlons pas de cette majorité essentielle que constituent les jeunes : leur contentement est optimal : chômage, drogue, suicide, le tout baigné dans les rythmes frénétiques d'une « musique » débile, régressive, pathogène et criminogène…

VIVE LA DÉMOCRATIE !

Si Heidegger s'est tu c'est qu'il savait que dans la voie suicidaire où s'engageait l'humanité IL N'Y AVAIT PLUS RIEN À DIRE.

Il n'ignorait pas non plus l'INEPTIE ARITHMÉTICO TECHNIQUE des *6-millions-chambres-à-gaz*.

Il savait que LA SCIENCE NE PENSE PAS et comme je l'ai rajouté que « LA FINANCE NE PENSE PAS NON PLUS »…

Sans une véritable élite spirituelle la finance devient un instrument de mort pour l'humanité tout entière.

Il savait que le Nazisme avait été la dernière chance de l'humanité, l'ultime effort de résurgence d'une société traditionnelle selon l'ordre de la nature, mais que les cerveaux racornis par le judéocartésianisme ne comprendraient rien malgré l'évidentissime évidence... Dans l'agonie mondiale qui suivrait 1945 on fusillerait Brazillach et les « Juifs » refuseraient de comprendre.

Pourtant Hitler n'avait-il pas dit :

« Le but de la finance juive internationale est de dissoudre les économies nationales pour les placer sous son hégémonie, puis par le truchement des pseudodémocraties, de pousser tous les pays au marxisme ».

Et encore :

« Si les Juifs avec leur profession de foi marxiste prennent les rênes de l'humanité, alors il n'y aura bientôt plus d'hommes sur la planète qui reprendra sa course dans l'éther comme il y a des millions d'années »...

Approchant de ma conclusion quant à tous ces « points de détails » qui perpètrent l'extermination « circoncise » de l'humanité tout entière, il est ahurissant de constater la manière ignoble et radicalement antidémocratique dont est traité le Professeur Faurisson et tous ceux qui avec des arguments parfaitement fondés cherchent à réviser une vérité imposée et qui ne correspond aucunement à la vérité.

Que diable ! Si les Révisionnistes mentent, qu'on les contredise sur des problèmes concrets qui relèvent strictement de l'arithmétique, de la physique et de la chimie !

Mais c'est le COMPORTEMENT à leur égard qui prouve qu'ils ont raison, C'EST AVANT TOUT LA PSYCHOLOGIE qui est typique : S'ILS AVAIENT TORT NOUS N'ASSISTERIONS PAS AU CIRQUE INCROYABLE QUI SE DÉROULE DEVANT NOUS AVEC TENTATIVE D'ASSASSINAT DU PROFESSEUR FAURISSON ! ! ! (et persécutions systématiques de tous les Révisionnistes...)

Une fois de plus il faut rappeler que le Professeur Faurisson réclame un public aussi vaste que possible et un nombre illimité de contradicteurs ! ! !

On les lui refuse ! Alors qui a tort et qui a raison ? N'est-on pas déjà convaincu à la naissance même des prémices de ce problème ???

Cela me rappelle un garçon qui avait boxé un de ses camarades : « Pourquoi l'as-tu frappé ? » « Il commençait à avoir raison ! »

Et voilà, l'ennui avec Faurisson c'est qu'il a tout de suite commencé à commencer d'avoir raison ! Impardonnable !

Le Nouvel Ordre Mondial est en fait le NOUVEAU CHAOS MONDIAL, totalement divorcé de toutes les réalités. Mais l'essentiel n'est-il pas de continuer la propagande à l'aide de films présentés comme des documents alors qu'ils ne sont que des fiction (Spielberg et consorts qui foisonnent depuis 1988, date de l'émission « Océanique » qui a donné naissance à ce présent livre).

La nature est nazie et CERTAINEMENT PAS LIBÉRALE NI SOCIALISTE. ON COMMENCE À VÉRIFIER QU'ELLE NE PARDONNE JAMAIS.

Qui sont les criminels ? Les nazis qui ont mis leurs ennemis dans des camps où beaucoup sont morts de misère et de typhus, ou les Juifs qui ont inventé 6 millions IMPOSSIBLES, et des chambres à gaz TECHNIQUEMENT INEPTES ???

Que nous sachions, lorsqu'en 1950 de nombreuses personnalités communistes ont nié l'existence des GOULAGS SOVIÉTIQUES et de leurs dizaines de millions de victimes, ON NE LES A PAS TRAÎNÉS EN JUSTICE !!!

Or en 1988, date à laquelle j'ai commencé ce livre, GOULAGS ET HÔPITAUX PSYCHIATRIQUES EXISTENT TOUJOURS !

Je n'entends ni les historiens, ni les moralistes de la HAUTE CONSCIENCE INTERNATIONALE pousser quotidiennement des hurlements scandés à la télévision et dans la presse comme on en entend tous les jours sur un régime mort depuis 50 ans !

Mais les vieillards survivants de ce régime qui avaient eu le malheur de comprendre la malfaisance de nos congénères, et avaient un idéal dont Hitler avait réalisé la mise en œuvre maximale en un temps minimal voir à ce sujet le témoignage du grand Lindbergh sont pourchassés sans relâche, sans honneur...

Mais il y a pire encore : Monsieur Marchais nous dit que « LE COMMUNISME EST GLOBALEMENT POSITIF »...

Cela est prouvé pour le Nazisme si la machine de guerre judéoanglosaxonne ne l'avait pas écrasé. Il y avait INCONTESTABLEMENT dans le Nazisme un retour AUX LOIS DE LA NATURE.

En l'occurrence cette phrase de MARCHAIS EST INFIRMÉE PAR TOUT LE MONDE Y COMPRIS DES HISTORIENS AUSSI OFFICIELS QUE MADAME CARERRE D'ENCAUSSE QUI A UNE ÉMISSION « APOSTROPHES » DE BERNARD PIVOT A DÉCLARÉ :

« MÊME SI LE COMMUNISME AVAIT RÉUSSI, CE QUI N'EST PAS LE CAS, IL NE JUSTIFIAIT PAS TANT DE DIZAINES DE MILLIONS DE CADAVRES »...

Chacun sait que l'Ukraine a vu ses habitants massacrés au nombre de 6 à 8 millions et que ce pays était le grenier à blé du monde au temps des tsars. Sous le communisme, IL NE PEUT MÊME PAS PRODUIRE ASSEZ DE BLÉ POUR SA CONSOMMATION.

Il est aussi évident que Monsieur Marchais considère, à l'instar de Monsieur Le Pen, comme des « points de détails » :

LES PURGES STALINIENNES

LES DIZAINES DE MILLIONS DE VICTIMES DE BERIA, KAGANOVITCH, FRENKEL, YAGODA ET 50 AUTRES CIRCONCIS

BUDAPEST PRAGUE LE K.G.B

LES BOAT PEOPLE L'AFGHANISTAN

Cela n'est pas exhaustif hélas, et nous en reparlerons. POINTS DE DÉTAIL ASSURÉMENT.

***

Étant Juif je me permets, légitimement, de m'en prendre aux miens étant donné que leur dynamique suicidaire est prépondérante et qu'on ne peut si l'on est conscient, LAISSER DISPARAÎTRE LA PLANÈTE ET L'HOMME.

J'ai écrit quelque part « qu'il n'y avait pas de question juive, MAIS AVANT TOUT UNE QUESTION DE LA SOTTISE GOY »...

Je suis toujours ahuri par exemple, au niveau esthétique le plus élémentaire de constater avec quelle facilité, avec quelle délectation, les Goys portent cet uniforme hideux de la connerie internationale qu'est le bluejeans LEVIS. À vrai dire si l'on n'est pas dans un régime théocratique où les dirigeants sont des esprits de synthèse à vocation spirituelle, POURQUOI LES JUIFS SE PRIVERAIENT-ILS DE VENDRE DE LA MERDE À CEUX QUI LEUR EN DEMANDENT ?

Le problème est le même pour celui qui produit du socialisme et de la pornographie ou de la chimie de synthèse ingérés par les organismes depuis la terre jusqu'à la thérapeutique tératogène...

C'est un Goy qui devrait faire pour les siens ce que je fais pour les miens.

Il nous dira comment les Goys fournissent leur part à l'activité juive funeste. Sans la collaboration complice des Goys comment les Juifs pourraient-ils faire ce qu'ils font ?

LES GOYS ACCEPTENT PASSIVEMENT LES CONSÉQUENCES FATALES DE L'INFLUENCE JUIVE, et nous y reviendrons.

Il y a bien sûr, et j'en ai parlé, l'insuffisance mentale des adeptes inconscients que j'ai rencontrés par paquets de cent en loge maçonnique.

Il y a les Allemands par exemple, les uns d'une naïveté congénitale, les autres d'une complicité consciente qui les rend PLUS EXÉCRABLES QUE MES CONGÉNÈRES. Contemplez l'establishment de la R.F.A avec son président en tête, se vouant avec un zèle fanatique à la perpétuation de la servitude spirituelle et morale de leur peuple.

Assurément la déclaration de Jenninger, Président du Bundestag, est un véritable miracle qui ressortit aussi à l'héroïsme.

Contemplez encore dans toute sa GROTESQUERIE, le cirque des élections américaines où les 2 candidats triés sur le volet de la finance pour leur insignifiance, n'ont rien à faire que d'attester leur asservissement inconditionnel à la cause Sioniste, qui subventionnera au moins 60% de son élection et à rivaliser de servitude l'un et l'autre, pour mieux gagner l'élection !

Décidément, ce monde de pervers et de crétins en détresse est affreusement douloureux à contempler...

Je terminerai en disant que cette tragédie juive qui répond à la fin d'un cycle traditionnel, l'âge des Ténèbres, fait maléficier les Juifs d'une supériorité spéculative analytique, involutive, athée et qui relève EXCLUSIVEMENT DES CONSÉQUENCES PSYCHOHORMONALES DE LA CIRCONCISION AU 8ème JOUR, 1er JOUR DES 21 JOURS DE LA PREMIÈRE PUBERTÉ.

Les médecins n'en sont guère conscients, eux qui n'ont pas encore compris L'ANTÉRIORITÉ FONCTIONNELLE DU SYSTÈME HORMONAL SUR LE SYSTÈME NERVEUX ET ÊTRE EN GÉNÉRAL.

Je n'espère pas que ces évidences soient admises avant que nous n'ayons tous disparu. Si elles l'étaient TOUT CE QUE JE VIENS D'ÉCRIRE SERAIT SANS OBJET.

Nous sommes à l'époque de toutes les inversions. La justice se met au service du crime. Je viens d'apprendre que l'arnaque est désormais protégée par la loi. Si l'on vous vend une marchandise et que vous vous apercevez qu'on vous a volé, si, de confiance, vous n'avez pas demandé de facture, vous ne pouvez ni faire opposition au chèque, ni déposer plainte. Votre plainte qui pourrait au moins permettre d'empêcher la perpétuation de cette pratique en poursuivant ce genre de voleurs, n'est même plus recevable. Elle l'était il y a peu d'années. La descente de la dégénérescence n'a pas de limite.

Il me fallait pourtant répondre à cette émission et particulièrement à la conclusion O combien naïve de Glucksman, dont la probité intellectuelle ne dépassera jamais ce que permettent les effets de la circoncision au 8ème jour, qui fixent ce que certains appellent non sans raison « la malédiction d'Israël », devenue infrangible et irréfragable depuis que Moïse a consolidé cette mutilation sexuelle mal comprise dont l'effet psychohormonal est clair pour ceux qui ont perçu la réalité scientifique de l'antériorité du système hormonal sur le système nerveux.

Le panorama de l'Histoire et de l'actualité nous offre un hymalaya de preuves de laboratoire et de preuves par neuf.

Je tiens à me démarquer de mes congénères dont SIMONE WEIL disait, non sans raison :

ILS N'ONT JAMAIS CETTE MODESTE ATTENTION PROPRE À L'INTELLIGENCE VRAIE...

CE FAUX QUI DIT VRAI

Je n'avais pas lu LES PROTOCOLES DES SAGES DE SION depuis 25 ans. À l'époque ils m'avaient paru évidents sans pourtant me traumatiser. Comme quoi il y a un âge et une maturité pour lire un livre.

Si l'on ne possède pas assez de maturité et d'information, on peut passer parfaitement à coté de chef d'œuvre culturels.

Quelques jours après l'émission « Océaniques » qui a donné naissance à ce livre, j'ai reçu les quelques premières pages de ce livre. Je fus stupéfié. Dans ces quelques pages IL Y AVAIT TOUT.

Quiconque pourra le constater, car je les restitue ici dans leur essentiel. Trois remarques s'imposent préalablement :

Ce texte est INCONTESTABLEMENT un faux. Il fut écrit par un remarquable génie. Si les circoncis au 8ème jour l'avaient écrit, c'est qu'ils seraient conscients, et s'ils étaient conscients ils auraient tout fait pour éviter que ce tracé suicidaire de l'humanité se réalisât.

Ils sont trop privés D'ESPRIT DE SYNTHÈSE ET DE SENS MORAL, (paramètres de composition du concept génial, dont nous parlerons dans un chapitre final) pour l'avoir écrit. Tout ce que j'ai lu est rigoureusement exact, et se poursuit au moment où j'écris. Ce mois de mai 1994, 6 Juifs présentent une liste aux élections européennes. Six

« Juifs », virulents, chantres holocaustiques et qui n'ont jamais laissé la libre parole démocratique au Professeur Faurisson...

Si le système politicofinancier y est dénoncé, LES IMPLICATIONS ATROCES ne sont pas exprimées : pollution générale de la planète, des âmes et des corps, régression bestiale et conception aberrante de la liberté, musiques qui tuent, drogue, ruine nationale, dictature mondialiste, mise en carte de l'humanité, iatrogènisme et tératogènisme, surpopulation, pornographie, S.I.D.A., 2ème (et 3ème guerres mondiales), marxisme tentaculaire, déchirements ethniques au nom de l'antiracisme exclusivement au service du racisme juif, etc. Nous aurons l'occasion, pédagogiquement et didactiquement, d'en reparler dans la suite du livre puisqu'il s'agit de rien moins que notre survie immédiate.

Cela signifie que les PROTOCOLES DES SAGES DE SION (démocratiquement interdits !), sont de l'eau de rose par rapport à la réalité déjà dénoncée et que je préciserai encore en répondant à Simone Veil (à ne pas confondre avec mon illustre congénère Simone WEIL), qui a eu l'audace, prenant les humains pour des crétins de nous déclarer : « il ne faut pas banaliser le Nazisme »...

Enfin remarque générale d'importance cosmique : Tout se désintègre. Mais les gens ont si peu l'esprit de synthèse qu'ils ne voient pas que l'étiologie de la désintégration est précisément LA PSEUDO DÉMOCRATIE et la conception erronée de la SCIENCE et du PROGRÈS.

Aussi on parle tout le temps de « réformes ». J'ai vu par exemple le C.N.T.E., changer plusieurs fois d'appellations pour devenir actuellement le C.N.E.D. (Lycée et université d'Enseignement à distance). Ce « changement » dérisoire n'a rien changé à rien. J'ai vu en 40 ans d'enseignement des CENTAINES DE CHANGEMENTS. Ils n'ont jamais rien changé et n'ont fait qu'empirer les choses dans le sens de la chute verticale. Tous les pseudo changements ne sont que de la broutille qui n'empêcheront pas que la jeunesse demeure barrée au Spirituel et au Sens Moral, et au chômage et suicide des jeunes de croître de façon exponentielle. C'est le SYSTÈME qu'il faut changer sinon rien ne changera rien à rien.

Or cela est ÉVIDENT et pourtant tout le monde continue à creuser son petit trou de termite dans le cadre pseudo démocratique. La naïveté et la vanité des femmes et des enfants est mise à contribution. DROIT de tout, sauf d'être vraiment informé, sauf d'accéder à la vérité élémentaire.

AUSSI LA FEMME PROMUE SE DÉSINTÈGRE POUR DEVENIR UNE SORTE D'HOMMASSE PRÉTENTIEUSE ET L'ENFANT SE SUICIDE...

Voici donc quelques citations du début de ce livre qui laisseront pantois n'importe quel lecteur au courant de l'Histoire et de la situation nationale et internationale, surtout après MAASTRICHT.

« De nos jours la puissance de l'argent, c'est à dire la nôtre, a remplacé le pouvoir des gouvernements libéraux.

L'idée de liberté est irréalisable parce que personne ne sait en user avec juste mesure : il suffit de laisser le peuple se gouverner lui-même pendant quelque temps pour que cette liberté se transforme en licence. Dès lors naissent les dissensions qui ne tardent pas à dégénérer en guerres sociales dans lesquelles les états se consument et où leur grandeur se réduit en cendres. Qu'un état s'épuise dans ses convulsions intestines ou que les guerres civiles le mettent à la merci des ennemis extérieurs, il peut dans l'un et l'autre cas être considéré comme irrémédiablement perdu : il est en notre pouvoir.

LE DESPOTISME DE NOTRE CAPITAL LUI OFFRE UNE PLANCHE DE SALUT À LAQUELLE IL EST CONTRAINT DE SE CRAMPONNER POUR NE PAS SOMBRER.

Les foules sont exclusivement guidées par des passions mesquines, des superstitions, des coutumes, des traditions, et des théories sentimentales. ELLES SONT ESCLAVES DE LA DIVISION DES PARTIS QUI S'OPPOSERONT TOUJOURS À TOUTE ENTENTE RAISONNABLE.

Celui qui doit régner doit recourir à la ruse et à l'hypocrisie. Les grandes qualités populaires, l'honnêteté et la franchise sont des vices en politique. Elles détrônent les souverains mieux que l'ennemi le plus habile. Ces qualités doivent être les attributs des gouvernements Goyim que nous ne devons nullement prendre pour guides...

Par rapport à la fragilité actuelle de tous les pouvoirs, le nôtre est INVINCIBLE CAR IL EST INVISIBLE et qu'il restera tel jusqu'à ce qu'il ait acquis un degré de puissance tel qu'aucune ruse ne pourra plus le menacer.

UN PEUPLE LIVRÉ À LUI-MÊME, C'EST À DIRE À DES PARVENUS ISSUS DE SON MILIEU TRAVAILLE À SA PROPRE RUINE PAR SUITE DES QUERELLES DE PARTIS QUI NAISSENT DE LA SOIF DE POUVOIR ET DES HONNEURS ET DÉSORDRES QUI EN PROVIENNENT.

Est-il possible aux masses populaires de raisonner avec calme et sans disputes et de diriger les affaires de l'état qu'il ne faut jamais confondre avec les INTÉRÊTS PERSONNELS.

Cela est RADICALEMENT IMPOSSIBLE : UN PLAN VASTE ET CLAIR NE PEUT ÊTRE ÉLABORÉ QUE PAR UN SEUL HOMME SUPÉRIEUR.

Il coordonne tous les rouages des mécanismes de la machine gouvernementale. On doit en conclure qu'il est préférable pour le bien-être d'un pays, que le pouvoir soit concentré entre les mains d'UN SEUL INDIVIDU RESPONSABLE.

LA CIVILISATION NE PEUT EXISTER SANS LE DESPOTISME ABSOLU CAR ELLE N'EST JAMAIS L'ŒUVRE DES MASSES MAIS DE LEURS CHEFS QUELS QU'ILS SOIENT.

LA FOULE EST BARBARE ET LE PROUVE EN TOUTE OCCASION. AUSSITÔT QU'ELLE S'EMPARE DE LA PSEUDO IDÉE DE LIBERTÉ, ELLE LA TRANSFORME IMMÉDIATEMENT EN ANARCHIE QUI EST LE PLUS HAUT DEGRÉ DE LA BARBARIE.

Voyez ces êtres alcoolisés, abrutis, stupéfié par la boisson, dont ils ont le droit démocratique de faire une consommation illimitée, droit conféré aux Goys en même temps que la LIBERTÉ.

Nous ne pouvons permettre que les nôtres tombent à ce degré.

Les peuples Goys sont abrutis par l'alcool : leur jeunesse est détraquée par les études classiques et la débauche précoce où les poussent nos agents.[2]

C'est pourquoi nous ne devons pas craindre d'employer la corruption, la tromperie et la trahison quand elles peuvent nous servir à atteindre notre but. En politique il faut savoir s'emparer de la propriété d'autrui sans hésiter afin d'obtenir par ce moyen la soumission et le pouvoir.

Dès l'époque de l'épanouissement de la Grèce Antique, nous avons été les premiers à crier le mot « liberté », si souvent répété depuis par des perroquets inconscients qui, attirés de toutes parts par cet appât, n'en ont usé que pour détruire la prospérité du monde ET LA VÉRITABLE LIBERTÉ INDIVIDUELLE D'AUTREFOIS SI BIEN GARANTIE CONTRE LES CONTRAINTES DE LA FOULE... Des hommes qui se croyaient intelligents n'ont pas su distinguer. ILS N'ONT MÊME PAS REMARQUÉ QU'IL N'EXISTE

---

[2] Il me souvient avoir entendu le sexologue TORDJMAN à la télévision dire que la masturbation n'était pas dangereuse, et qu'il ne fallait pas empêcher les enfants de se masturber : Cette pratique est pourtant un cataclysme endocrino-neuro-psychique et physiologique. Certes on peut être masturbateur et devenir polytechnicien ou Énarque : ce n'est pas une référence.

AUCUNE ÉGALITÉ DANS LA NATURE ET QU'IL NE PEUT Y AVOIR DE LIBERTÉ QUE CELLE QUE LA NATURE ELLE MÊME A ÉTABLIE.

LA NATURE A FIXE L'INÉGALITÉ DES ESPRITS, DES CARACTÈRES, DES INTELLIGENCES, EN SOUMETTANT TOUT À SES LOIS.

Ces fanatiques de la liberté et de l'égalité qui n'existent pas, n'ont pas vu que NOTRE POLITIQUE LES A LANCÉS HORS DE LA VIE DANS LA VOIE QUI ABOUTIT À NOTRE HÉGÉMONIE.

Notre appel, LIBERTÉ, ÉGALITÉ, FRATERNITÉ, amena dans nos rangs des quatre coins du monde et grâce à nos agents aveugles, des légions entières qui portent nos bannières avec enthousiasme.

Cependant ces mots étaient des vers qui rongeaient la prospérité des Goys, détruisaient partout la paix, la tranquillité, la solidarité, et cela par l'obéissance à nos lois qui sapent les fondements de leurs États.

Vous verrez plus tard que c'est ce qui contribua au triomphe de notre système de conquête pacifique du monde. Nous pûmes alors obtenir l'abolition des privilèges, essence même de l'aristocratie des Goys, aristocratie qui était le rempart naturel des peuples et des patries contre notre action.

SUR CES RUINES NOUS AVONS ÉLEVÉ NOTRE ARISTOCRATIE, CELLE DE LA FINANCE ET DE LA SCIENCE.

Notre triomphe fut facilité par le fait que dans nos rapports avec les hommes dont nous avions besoin, nous sûmes toujours toucher les cordes sensibles de la nature humaine : calculs avidité, insatiabilité des besoins matériels. Chacune de ces faiblesses humaines prise à part, est capable de détruire toute initiative personnelle, en mettant les hommes à la disposition de celui qui achète leur activité.

LA NOTION ABSTRAITE DE LIBERTÉ, jamais définie, permit de convaincre les foules que leur gouvernement n'est que le gérant du propriétaire du pays, c'est à dire du peuple, et qu'on peut changer de gérant comme on change de gants usés.

L'AMOVIBILITÉ DES REPRÉSENTANTS DU PEUPLE LES MET ENTIÈREMENT À NOTRE DISPOSITION.

Elle les rend dépendants de NOTRE choix.

Les peuples ont un profond respect pour ceux qui incarnent la force.

À chaque acte de violence ils s'écrient : « c'est évidemment bien canaille et avec quelle magistrale audace le tour a été joué ! »

Nous comptons attirer insensiblement toutes les nations à la construction d'une nouvelle œuvre dont nous projetons le plan et qui comporte la DÉCOMPOSITION DE L'ORDRE EXISTANT que nous remplacerons par notre ordre et nos lois.

C'est pour cette raison qu'il faut nous assurer le concours de cette force qu'est le j'menfoutisme de nos agents, les modernes premiers de tous les pays. C'est cette force là qui anéantira tous les obstacles sur notre chemin.

Quand nous aurons fait notre coup d'état, nous dirons aux peuples :

« Tout allait très mal pour vous, vous êtes tous exténués de souffrance. Nous allons supprimer la cause de tous vos tourments : LES NATIONALITÉS, LES FRONTIÈRES, LA DIVERSITÉ DES MONNAIES. Certes ne comprenant pas nos motifs, vous êtes libres de ne pas nous jurer obéissance, mais pouvez-vous le faire avec justice avant d'avoir examiné ce que nous vous proposons ? »

Alors ils nous porteront en triomphe sur leurs épaules, dans un élan unanime d'espérance.

LE VOTE DONT NOUS FERONS L'INSTRUMENT DE NOTRE AVÈNEMENT, en y accoutumant jusqu'au plus humble parmi les hommes, (par l'organisation, partout où c'est possible, de groupements et d'associations) jouera son rôle nous rendant le service de la confirmation de nos lois.

MAIS NOUS DEVONS UTILISER LE SUFFRAGE UNIVERSEL SANS DISTINCTION DE CLASSE NI DE FORTUNE AFIN D'OBTENIR LA MAJORITÉ ABSOLUE QU'ON OBTIENDRAIT MOINS FACILEMENT AUPRÈS DES SEULES CLASSES INTELLECTUELLES FORTUNÉES.

C'EST AINSI QU'APRÈS AVOIR PÉNÉTRÉ CHACUN DE L'IDÉE DE SA PROPRE IMPORTANCE NOUS BRISERONS LES LIENS DE LA FAMILLE CHEZ LE GOYIM, NOUS EMPÊCHERONS LES HOMMES DE VALEUR DE PERCER CAR ÉTANT DIRIGÉES PAR NOUS, LES MASSES NE LEUR PERMETTRONT JAMAIS DE SE RÉVÉLER. ELLES PRENDRONT L'HABITUDE DE N'ÉCOUTER QUE NOUS QUI PAYONS LEUR ATTENTION ET LEUR OBÉISSANCE.

Ce moyen nous mettra en main une force tellement aveugle qu'elle ne pourra se mouvoir dans aucun sens si elle n'est pas guidée par nos agents, placés judicieusement pour diriger les foules qui sauront que, de ces agents, dépend leur gagne-pain, les gratifications et toutes sortes d'avantages.

Quand nous serons au pouvoir nous remplacerons les termes de l'appel libéral : « liberté, égalité, fraternité » par des formules exprimant l'idée contenue dans ces mots. Nous dirons, « le droit à la liberté », » le devoir de l'égalité », l'idéal de la fraternité », et nous saisirons ainsi une fois de plus la même par les cornes.

En fait NOTRE POUVOIR A DÉJÀ ÉCARTE TOUS LES AUTRES. En réalité notre super-gouvernement ne rencontre plus d'obstacles dans le gouvernement des Goys.

Il se trouve DANS UNE SITUATION ABSOLUMENT LÉGALE DE DICTATURE. JE PUIS VOUS DIRE EN TOUTE FRANCHISE QU'ACTUELLEMENT C'EST NOUS QUI SOMMES LES LÉGISLATEURS.

Nous sommes aussi les juges. Nous sommes comme un commandant en chef chevauchant à la tête de toutes nos armées de LIBÉRAUX.

Nous avons parmi nos agents inconscients, des hommes de toutes les opinions : RESTAURATEURS DE MONARCHIES, DÉMAGOGUES, SOCIALISTES, ANARCHISTES, COMMUNISTES et toutes sortes d'utopistes. Nous les avons attelés à la même besogne : chacun sape de son côté et s'efforce de RENVERSER TOUT CE QUI TIENT ENCORE DEBOUT. Tous les États sont excédés de ces manœuvres. Ils cherchent la paix et sont prêts à tous les sacrifices pour l'obtenir.

MAIS NOUS NE LEUR ACCORDERONS NI PAIX NI TRÊVE TANT QU'ILS N'AURONT PAS RECONNU NOTRE SUPERGOUVERNEMENT INTERNATIONAL et cela ostensiblement et qu'ils ne lui auront pas fait acte de soumission.

LES PEUPLES CRIENT QU'IL EST NÉCESSAIRE DE RÉSOUDRE LA QUESTION SOCIALE AU MOYEN DE L'INTERNATIONALISME. LA DIVISION DES PARTIS NOUS LES ONT TOUS LIVRÉS, PARCE QUE POUR MENER UNE LUTTE DE PARTI IL FAUT DE L'ARGENT, ET L'ARGENT C'EST NOUS QUI L'AVONS.

AINSI LA FORCE AVEUGLE DU PEUPLE RESTERA NOTRE SOUTIEN ET NOUS EN SERONS LES VÉRITABLES CHEFS. NOUS L'ORIENTERONS VERS NOTRE BUT ET C'EST POURQUOI NOS AGENTS S'INFILTRENT DANS LE SEIN MÊME DU PEUPLE.

Pour ne pas détruire prématurément les institutions des Goyim nous y avons touché d'une main prudente, expérimentée et maîtresse des principaux ressorts de leur mécanisme. Ces ressorts fonctionnaient autrefois dans un ordre sévère mais rigoureux auquel nous avons adroitement substitué un DÉSORDRE LIBÉRAL STUPIDE ET ARBITRAIRE.

Nous avons ainsi influencé la juridiction, les lois électorales, LA PRESSE, la liberté individuelle, ET CE QUI EST LE PLUS IMPORTANT, L'INSTRUCTION ET L'ÉDUCATION, CES PIERRES ANGULAIRES DE LA VIE SOCIALE.

EN CE QUI CONCERNE L'ÉDUCATION NOUS AVONS ABÊTI, ABRUTI, ET CORROMPU L'ENFANCE ET LA JEUNESSE GOYIM.

Quant aux Goyim que nous avons habitués à n'apercevoir que le côté apparent des choses que nous leur présentons, ils nous prennent pour les bienfaiteurs et les sauveurs du genre humain. Nous sommes prêts à répondre du tac au tac à toute opposition qui surgirait contre nous dans un pays quelconque en faisant éclater une guerre entre lui et ses voisins et si plusieurs pays projetaient de s'allier contre nous, nous déclencherions une GUERRE MONDIALE et nous les pousserions à y prendre part.

Nous avons déjà maintes fois contraint les gouvernements Goyim à faire la guerre au moyen de la soi-disant opinion publique, après avoir nous-mêmes préparé cette opinion dans le secret.

Il nous est indispensable que les guerres n'amènent aucun avantage territorial : TOUTE GUERRE SERA TRANSPORTÉE SUR LE TERRAIN ÉCONOMIQUE.

Alors les nations reconnaîtront que SUR CE TERRAIN, LA SUPRÉMATIE DÉPEND DE NOTRE CONCOURS. Cette situation livrera nos adversaires à la merci de notre agence internationale aux millions d'yeux que nulle nation n'arrête, et nos droits internationaux balayeront tous les droits des nations et GOUVERNERONT CELLE-CI. Pour avoir plus de prise sur les institutions, nous avons promis à bon nombre d'administrateurs le droit de gouverner le pays ensemble, sans aucun contrôle, à condition qu'ils nous aident activement à créer des prétextes de mécontentement au sujet des CONSTITUTIONS mêmes, préparant ainsi l'avènement de la République dans leur pays.

LES RÉPUBLIQUES NOUS DONNERONT LE TRÔNE DU MONDE.

POUR L'INSTANT NOUS N'AVONS FAIT QUE REMPLACER L'INFLUENCE DES GOUVERNEMENTS LIBÉRAUX PAR NOTRE POUVOIR QUI EST CELUI DE LA FINANCE.

DE NOS JOURS AUCUN MINISTRE NE PEUT PLUS SE MAINTENIR AU POUVOIR SANS QUE NOUS NE LE SOUTENIONS PAR NOS APPUIS OU UN SEMBLANT D'APPROBATION POPULAIRE QUE NOUS PRÉPARONS DANS LES COULISSES.

Tout cela est hallucinant : en le lisant je voyais dans ma tête TOUTE LA POLITIQUE DE CE SIÈCLE. Rien n'y manquait ! Et il n'y a pas la citation de quelques pages liminaires de ce livre ! Tous les événements, toute la presse de ce siècle y sont résumés !

Qui ne comprend pas Maastricht, le G.A.T.T.[3] et Cie, après avoir lu ces lignes ? Qui ne comprend pas LE NOUVEL ORDRE MONDIAL, c'est à dire le NOUVEAU CHAOS MONDIAL, où les peuples asservis seront livrés au crétinisme, à la drogue, à la pornographie, au socialisme et au chômage ?

Nous allons voir dans ce qui suit, la réalité synthétisée à partir de la presse et de publications entièrement contrôlées par les circoncis au 8ème jour.

Ajoutons-y seulement les révélations fulgurantes des Révisionnistes qui révèlent l'ineptie arithméticotechnique des 6 millions -chambres à gaz, comme l'extrême maladresse des « Juifs » dans cette affaire ultra scabreuse.

Ce qui est écrit dans ces pages est réalisé depuis longtemps. Malheureusement l'horreur mondiale dépasse de loin tout ce que l'on peut lire dans ce livre qui n'exprime pas les COROLLAIRES QUANT À LA DESTRUCTION DE L'HOMME ET DE LA NATURE.

CE QUE NOUS VENONS DE LIRE EST TRÈS EN DESSOUS DE LA VÉRITÉ DANS SON IMPLACABLE HORREUR ANESTHÉSIÉE...

---

[3] Qui deviendra plus tard l'Organisation Mondiale du Commerce

« Nous manipulons des crétins qui dirigent des masses que nous avons rendues folles » dit un magnat du pétrole et de la finance dans un film de la MÉTRO GOLDWIN MAYER...

Formule parfaite, parfaitement évidente...

Il ne faut pas banaliser le Nazisme, Madame Simone Veil ?

Mais on a bien banalisé...

> « *Freud et Marx ne sont pas Juifs* » *(Professeur Henri Baruk)*
>
> *Une secte spéculative, agnostique et athée est en train de liquider l'homme et la planète avec la complicité flasque des autres humains...*

N'a-t-on pas banalisé l'argent séparé du Spirituel et du Sens Moral ?

N'a-t-on pas banalisé ROTHSCHILD rois de l'Europe qui faisaient passer par la Suisse des matières premières vers l'Allemagne en 1914-1918 ?

N'a-t-on pas banalisé les SCHIFF, LŒB, SASOON, HAMMER, et consorts) qui, à la même époque finançaient les Alliés, l'Allemagne et la révolution bolchevique puis en 1919 venaient en Europe comme négociateurs de la paix qui devait mener à l'inique Traité de Versailles, à une seconde guerre mondiale et aux abandons de Yalta ?

N'a-t-on pas banalisé Bazille ZAHAROFF, qui gagna 30 milliards en vendant des armes à tout ce qui s'exterminait dans le monde (Europe, Moyen-Orient, Afrique, Amérique) pour devenir un des actionnaires les plus importants de la Banque de France, de la presse et bienfaiteurs des partis politiques dans leur ensemble ?

N'a-t-on pas banalisé BLOCH dit Dassault par décret, qui se permet de vendre sous normes gouvernementales, des armes à Sadate et Kadhafi, sans être poursuivi par Mme KLARSFELD COMME CRIMINEL DE GUERRE ANTISÉMITE ???

N'a-t-on pas banalisé la France défigurée par les « poubelles à peuple » où s'élaborent toutes les formes de délinquance et de criminalité ?

N'a-t-on pas banalisé une médecine matérialiste, chimique, procédant du JUDÉO-CARTÉSIANISME, servie par une majorité de mandarins circoncis mais ignorant la Thora, qui atteint l'homme au niveau chromosomique, culmine dans un monstrueux iatrogénisme et tératogénisme ?

N'a-t-on pas banalisé par des équipes de circoncis et de séides aveuglés, le traficotage des gênes et des chromosomes vers de mirifiques progrès médicaux, tandis que la dégénérescence des jeunes s'accuse de façon spectaculaire avec montée en flèche de la délinquance, criminalité, homosexualité, suicide, droguomanie ainsi que les décès généralisés par cancers et maladies cardio-vasculaires qui croissent de façon exponentielle malgré le développement de la recherche ?

N'a-t-on pas banalisé le FREUDISME qui envahit, pornographie, aboulise, s'attaque à la famille, déflore nos sentiments les plus sacrés, le respect de la mère, de l'enfant, de son innocence, et prépare la mentalité marxiste ? N'a-t-on pas banalisé le blue-jeans LEVIS, cet uniforme de la connerie internationale dans lequel se traînent des épaves au sexe ambigu, fumaillonnes, ou drogués, parfaitement asservies par les MARX MERDIA, aux mains de cette secte ainsi que par un enseignement laïc FREUDO MARXISTE VIDE DE TOUT CE QUI EST ESSENTIEL A L'HOMME.

N'avez-vous pas banalisé, vous, sortant d'Auschwitz, l'avortement self-service,(ALORS QUE L'AVORTEMENT PUREMENT EUGÉNISTE FUT RETENU COMME CRIME DE LÈSE-HUMANITÉ CONTRE LE NAZISME AU PROCÈS DE NUREMBERG !!!), la pilule pathogène et tératogène qui, selon le Professeur Jamain, Président du Syndicat National des obstétriciens et gynécologues français, induit chez les adolescentes, blocages ovariens, arrêt de croissance, stérilité ?

N'a-t-on pas banalisé l'enseignement sexuel et même la masturbation, (émission de T.V où ne figuraient que des circoncis au 8ème jour, flanqués de quelques tarés se taxant eux-mêmes d'exhibitionnistes) qui réduisent les petits au néant par déséquilibre hormononeuropsychique irréversible, fabriqueront des caractériels et des criminels en masse, comme ce petit garçon de 11 ans qui viola et tua une petite fille de 4 ans (on a vu d'autres cas de ce genre atroce, depuis) symbole de la pathologie mondiale...Existait-il UN seul de ces cas sous le Nazisme ? Et tout cela sous l'égide magistrale des FREUD, KAHN-NATHAN, TORDJMAN, COHEN, LWOFF, SIMON et autres BERGE, assistés de quelques tapettes en soutanes, ou plutôt en col roulé...

N'a-t-on pas banalisé le MARXISME qui fleurit sous forme de communisme et socialisme divers et cela malgré les tous les goulags, les 200.000.000 de victimes physiques officiellement décomptés dans les pays communistes depuis 1917, les hôpitaux psychiatriques où l'on vous socialise à coups de piqûres de drogues chimiques, et qui réduit l'homme À L'ÉTAT D'UNITÉ STATISTIQUE MATRICULERAI ÉLÉMENTAIRE... ?

N'a-t-on pas banalisé le fait que, malgré l'antisémitisme des pays marxistes, Toute l'équipe révolutionnaire bolchevique était composée de circoncis au 8ème jour comme les chefs de l'univers carcéral et concentrationnaire, et que ces gens-là exterminèrent environ 120 millions de Goys en URSS

Pour ces derniers FRENKEL, YAGODA, ABRAMOVICI, FIRINE, APETTER, OURITSKI, SORENSON, JEJOFF, DAVIDOVITCH, BERMAN, RAPPOPORT,) il n'existe aucun super procès de Nuremberg, même posthume, pas plus que pour les bailleurs de fonds, LŒB, WARBURG, HAMMER, SCHIFF, SASOON, KISSINGER, qui subventionnent ce régime idéal de liberté et d'épanouissement de l'homme.. ?

N'a-t-on pas en effet banalisé le communisme « défenseur de l'ouvrier », alors que chacun sait que à Prague, à Budapest, à Berlin-Est, à Gdansk, à Varsovie, les révoltés ne furent que des ouvriers et des étudiants ? N'a-t-on pas, malgré ces évidences, banalisé l'erreur himalayenne du communisme « défenseur des petits », ALORS QUE LES COMMUNISMES PRENNENT TOUT A TOUS... ?

N'a-t-on pas banalisé les batifolages atomiques des circoncis Einstein et Oppenheimer, et cela bien que chacun connaisse les dangers terribles des déchets radioactifs, des menaces d'atteintes génétiques, des dangers d'accidents cataclysmiques de centrales nucléaires (TCHERNOBYL A EU LIEU APRÈS LA RÉDACTION DE CE TEXTE), pouvant cancériser de vastes espaces pour des siècles...Et pourtant OPPENHEIMER n'a-t-il pas dit : « J'ai fait le travail du diable »...

Cela n'a pas empêché SAMUEL T.COHEN de fignoler le travail par la bombe à neutrons, que la banque U.S.A des WARBURG ET CIE parle de vendre à la Chine (émission de T.V informations)...

Ce travail du diable, on ne le lui aurait pas laissé faire dans une théocratie dirigée par des responsables conscients doués de sens moral et d'esprit de synthèse.

N'a-t-on pas banalisé par le truchement de Mme GURGY-ELIACHEV, l'amalgame psychologique des sexes depuis la maternelle ?

N'a-t-on pas banalisé l'art de charnier de PICASSO, qui disait lui-même à Papini : « je ne suis qu'un pitre public qui a compris son temps et épuise du mieux qu'il peut la vanité et la cupidité de ses contemporains »... ?

N'a-t-on pas banalisé cette vomissure de centre POMPIDOU, que de méchantes langues clament fils naturel d'un ROTHSCHILD et qui fut néanmoins directeur de sa banque ?

N'a-t-on pas banalisé une presse entièrement soumise aux circoncis au 8ème jour, comme l'édition, la télévision, qui asservissent et abrutissent les masses, les coincent entre cet uniforme de la connerie internationale qu'est le bluejeans LEVIS, la production-consommation, rothschildienne, le marxisme, le sexe freudien, ET QUI LEUR FAIT PRENDRE TOUTES LES FORMES DE LEUR ASSERVISSEMENT POUR LA LIBERTÉ ???

N'a-t-on pas banalisé le processus économique ROTHSCHILDO-MARXISTE qui a détruit totalement le petit commerce, assassiné l'agriculture et nous vaudra incessamment plus d'un milliard de chômeurs et une pollution multiforme irréversible ? (club de Rome, Rapport Carter)...

Ainsi l'antagonisme complice et sanglant du rothschildomarxisme aura atteint son but : la destruction de l'homme et de la planète PARFAITEMENT PRÉVUE PAR HITLER DANS MEIN KAMPF...

N'a-t-on pas banalisé un système universitaire et politique QUI INTERDIT D'AUTRE RECRUTEMENT QUE CELUI DES MÉDIOCRES, car aucun esprit de synthèse ne prendrait ces mascarades au sérieux : le »mnémonique » des concours officiels, « le suffrage universel » n'ont jamais permis de recruter de véritables élites, au contraire.

La mémoire n'a jamais été le paramètre unique de l'intelligence et le peuple est PARFAITEMENT INCAPABLE d'accéder aux concepts qui lui permettraient d'élire une élite douée de SENS MORAL ET D'ESPRIT DE SYNTHÈSE. Ainsi les élus, les polytechniciens, les agrégés, les énarques, nécessairement francs-maçons au moins d'esprit, plongés dans la MINUSCULERIE SPÉCIALISTE, seront manipulés inconsciemment comme des pantins et des fétus par le Rothschildomarxisme jusqu'à l'asservissement, jusqu'à leur transformation EN DOCILES AMALGAMES PHYSICO CHIMIQUES (milliardaire ou drogué, peu importe) CANCÉREUX, CARDIOPATHES, RÉGIS PAR LA CAISSE DES PROFITS ET PERTES DE LA « DEMONCRASSIE »...

N'A-T-ON PAS BANALISÉ L'INTÉGRATION DE LA QUESTION JUIVE DANS LE MYTHE DU RACISME ? Et pourtant, ces gens-là sont des circoncis au 8ème jour et NON PAS DES JUIFS.

ÊTRE JUIF IMPLIQUE LA FIDÉLITÉ A LA THORA, AU PRINCIPE DU TSEDEK. Or ces circoncis au 8ème jour sont des spéculatifs athées ou agnostiques :

WARBURG, MARX, FREUD, OPPENHEIMER, BENEZAREFF, KAGANOVITCH, SOROS ET CONSORTS SONT DES CRIMINELS ET DES HÉRÉTIQUES DEVANT LA THORA.

SPINOZA, qui sépara la mystique de la philosophie, traça les voies du rationalisme et de la science moderne (« le mensonge du progrès, c'est Israël » Simone Weil), fut excommunié par la Synagogue de Hollande. Ainsi au nom d'un criminel « antiracisme » banalisent-ils le mélange d'ethnies diverses (la « race » est un concept vide : il n'existe que LES ETHNIES, QUI SONT LE RÉSULTAT DE L'ADAPTATION HORMONALE A UN ENVIRONNEMENT FIXE PLURISÉCULAIRE) qui ne sont aucunement faites pour être mêlées, dont un grand nombre deviennent, délinquants, voleurs, violeurs, pourvoyeurs de drogue, alcooliques, tuberculeux, qui provoquent un racisme inévitable et d'autant plus intéressant que les circoncis au 8ème jour en tirent un bénéfice publicitaire, en exploitant en plus un sous-prolétariat qui est une honte de la France et souvent une horreur en Afrique du Sud où or et diamants sont entre les mains circoncises (OPPENHEIMER, le plus gros diamantaire du monde, dépense en une seule soirée de réception la bagatelle de 150 millions d'anciens francs)...

N'a-t-on pas banalisé dans le service du Professeur DAVID, l'insémination artificielle après masturbation de débiles payés en la circonstance ? (Quelle profondeur de tare faut-il avoir atteint pour pouvoir banaliser une telle pratique, qu'il s'agisse du masturbateur ou du médecin ?)...

N'a-t-on pas banalisé le vote à dix-huit ans alors qu'un grand politique dans une théocratie réfléchira longuement en synthèse avant de prendre une décision, ces cohortes de bluejeaneux inconscients à qui l'on fera croire qu'ils ont des opinions valables, alors qu'ils sont intégralement conditionnés et ne peuvent que moduler dans l'insignifiance, embringués dans les pseudodifférences de tous les partis politiques, anarchistes inclus, vont voter tandis que RothschildSoros, Marx, Freud, Bloch-Dassault, Warburg, Rockefeller et consorts continueront à les asservir, les manipuler, les dégénérer, EN LES CONDITIONNANT DE TELLE SORTE QU'ILS CHOISIRONT *LIBREMENT* TOUTES LES FORMES DE LEUR ASSERVISSEMENT.

N'a-t-on pas banalisé la mère au travail, afin qu'elle perde définitivement son identité de mère et d'épouse, afin qu'elle puisse, comme les voteurs de 18 ans, se transformer en clientes des grandes surfaces et des grands magasins « circoncis » et publicités par BLUSTEIN BLANCHET, ALORS QUE LE PROFESSEUR HEUYER RÉVÉLAIT-IL Y A QUELQUES ANNÉES QUE TOUS LES ENFANTS PASSANT DEVANT LES TRIBUNAUX ÉTAIENT ISSUS DE COUPLES DISSOCIÉS OU FANTOMATIQUES (divorce, et travail intensif de la mère hors du foyer)... ?

AINSI SE PRÉPARENT DES GÉNÉRATIONS DE CARACTÉRIELS GRAVES, DE DÉLINQUANTS, DE CRIMINELS, DE DROGUÉS, DE SUICIDÉS, D'HOMOSEXUELS (absence du père, carence en vitamine E, masturbation précoce encouragée facteurs fondamentaux d'homosexualisation), et ceci en faisant aimer aux femmes un asservissement d'autant plus cruel qu'il est choisi LIBREMENT PAR CONDITIONNEMENT, qu'elles croiront sincèrement à une évolution alors qu'il s'agit de L'INVOLUTION LA PLUS BARBARE.

Elles ne comprendront pas devenues chimiothérapeutes, débouchant sur le iatrogénisme et le tératogénisme, avocates ou juges, totalement privées sens moral et consacrant pour des honoraires, la désintégration des couples et la misère des enfants, ministre, promulguant une pilule pathogène et cancérigène, comme la boucherie des nouveau-nés sains, qu'elles sont AUX ANTIPODES DE LA CULTURE. Elles ne peuvent même plus soupçonner l'IMMENSE CULTURE AUTHENTIQUE QUE DOIT AVOIR UNE

FEMME AU FOYER POUR FAIRE DE SES ENFANTS DE VRAIS HOMMES ET DE VRAIES FEMMES...

N'A-T-ON PAS BANALISÉ DE TAXER DE RACISME ET D'ANTISEMITISME (mots vides de sens) LA DÉNONCIATION DE CES FAITS ÉCLATANTS. MÊME SI L'ON CLAME QUE LE MYTHE RACISTE N'A AUCUN FONDEMENT SCIENTIFIQUE ET QU'IL NE S'AGIT DANS CES TRISTES SPÉCULATIONS QUE DE PATHOLOGIE HORMONALE INDUITE PAR LA CIRCONCISION AU 8ème JOUR QUI SUSCITE DANS UN RÉGIME PRIVÉ DE TOUTE ÉLITE PROVIDENTIELLE L'HÉGÉMONIE DE SPÉCULATIFS PRIVÉS DE SENS MORAL ET D'ESPRIT DE SYNTHÈSE QUI CULMINE EN UN VÉRITABLE TERRORISME INTELLECTUALISTE OU TOUTE VÉRITÉ EST INTERDITE PAR LA LOI (SOMMET DE LA MYSTIFICATION « DÉMOCRATIQUE »)... ?

N'importe quelle élite véritable saurait par exemple, que la chimie de laboratoire ne saurait en aucun cas être un principe de santé même si elle permet de spectaculaires répressions symptomatiques, chez des malades qui depuis des années, ont une alimentation et une hygiène déplorables. N'a-t-on pas banalisé LE SACRO-SAINT MYTHE DES 6MILLIONSCHAMBRESAGAZ, alors que les vérifications faites par des historiens comme Rassinier, qui pesait trente kilos en sortant de DACHAU, du Professeur Faurisson, démocrate et antinazi, et qui étudia le problème pendant 20 ans, ont démontré l'inflation de plus de 5 millions, et l'impossibilité technique des chambres à gaz au cyclon B pour 1000 ou 2000 personnes à la fois. Ce que quiconque peut vérifier s'il connaît les normes techniques de gazage, et que constateront un jour des expertises (rapport LEUCHTER) et contre-expertises sérieuses. Il est à noter qu'une chambre à gaz n'a jamais été vue alors que les fours crématoires sont tous présents et en état.

Ils étaient indispensables en milieu concentrationnaire pour éviter les épidémies de typhus et de peste.

N'a-t-on pas banalisé cette jérémiade inouïe, alors que depuis la seconde guerre mondiale des dizaines de millions de morts ne connaissent que le silence, comme d'ailleurs les dizaines de millions exterminés par les « Juifs » bolcheviques.

Il est banalisé que ces gens-là n'intéressent personne, appartenant à « cette vile semence de bétail », ils ne sont pas Juifs !

N'a-t-on pas banalisé le silence autour du rapport de la CROIX ROUGE en date de 1944, qui déclare, à la suite d'un examen minutieux des camps allemands que : « MALGRÉ LES RUMEURS IL N'EXISTE NULLE PART LA MOINDRE TRACE DE CHAMBRE À GAZ » ?

N'a-t-on pas banalisé qu'au procès de la DEGESH fabricant du cyclon B, Directeur et chimistes ont affirmé que des chambres à gaz tels qu'affirmées par la propagande étaient techniquement IMPOSSIBLES ET IMPENSABLES ?

N'a-t-on pas banalisé que le fameux RAPPORT GERSTEIN qui tourne autour de ce problème A ETE RÉCUSÉ AU PROCÈS DE NUREMBERG, tellement il était sot et caricatural... ?

N'A-T-ON PAS BANALISÉ LE SILENCE AUTOUR DU FAIT QUE HITLER, TROIS ANS AVANT LA GUERRE, AVAIT SOUMIS AUX GOUVERNEMENTS UNE CONVENTION AUX TERMES DE LAQUELLE EN CAS DE CONFLIT, LES POPULATIONS CIVILES NE SERAIENT PAS BOMBARDÉES, ET SURTOUT LE REFUS DE CETTE CONVENTION PAR LES GOUVERNEMENTS DONT NOUS CONNAISSONS TOUS LES VRAIS MAÎTRES ??? ! ! !

Et pourtant, le seul bombardement de Dresde fit 125.000 victimes, en une nuit, celui de Tokyo, 195.000, c'est à dire davantage que la bombe de Mr Oppenheimer sur Hiroshima...

OR MADAME VEIL, SI VOUS AVEZ LU MEIN KAMPF MÊME EN DIAGONALE ET CONSTATÉ LA POLITIQUE DE HITLER DANS SON PAYS, VOUS SAUREZ QUE CE SONT PRÉCISÉMENT TOUTES CES HORREURS QUE HITLER VOULAIT ÉVITER A SON PAYS ET « MÊME A SES ENNEMIS » POUR REPRENDRE LE MOT DE PIE XII...

N'importe qui au courant des faits et qui aura lu *Mein Kampf*, surtout au regard de l'actualité de ces 50 ans, SERA PARFAITEMENT CONVAINCU.

C'est sans doute la raison pour laquelle ce livre est interdit, tandis que l'EXPRESS de GOLDSMIDT, ARON, MENDES-FRANCE, SCHREIBER, ABITTAN, GRUMBACH, PISAR, LAZLICH, KANTERS, GALLO, OTTENHEIMER etc., publicite un roman qui narre les aventures homosexuelles vénales d'un garçon de 13 ans

AVEC RECOMMANDATION AUX JEUNES DE CET ÂGE DE LE LIRE.

J'étais en voiture sur la route lorsque j'ai entendu cette publicité : l'émotion m'obligea à m'arrêter...

DONNEZ LA POLICE ET LA JUSTICE A MONSIEUR LEVY IL NE SERA PLUS NI RIDICULE NI ABJECT ET VOILÀ LE XXème SIÈCLE...

Devant ces faits patents ne voyons-nous pas que le régime nazi était « UNE RÉACTION SOCIOLOGIQUE DE LÉGITIME DÉFENSE », ou comme le disait Carrel, « la réaction normale d'un peuple qui ne veut pas mourir... »

Dans les camps allemands se trouvaient tous ceux qui consciemment ou non, promeuvent toutes ces horreurs « circoncises au 8ème jour » : francs-maçons, communistes, prêtres qui ne furent jamais soutenus par Pie XII qui disait : « L'Allemagne se bat non seulement pour ses amis mais aussi pour ses ennemis car si le front de l'Est s'effondre le sort du monde est scellé ».

Il disait aussi : » Seule l'Allemagne Nazie et le Vatican sont capables de s'opposer au danger bolchevique, la première politiquement le second spirituellement »...

QUI PEUT CONTREDIRE VOTRE HOMONYME SIMONE WEIL LORSQUE CELLE-CI DISAIT :

« LES JUIFS, CETTE POIGNÉE DE DÉRACINÉS ONT CAUSÉ LE DÉRACINEMENT DE TOUT LE GLOBE TERRESTRE... »

Pourquoi ne pas banaliser un régime certes transitoire, qui a tenté avec succès de rendre à son pays sa dimension traditionnelle que ROTHSCHILD, MARX, FREUD, EINSTEIN, PICASSO ET CONSORTS détruisent totalement ???

Soljenitsyne ne nous a-t-il pas dit : LA RÉGIME NAZI ÉTAIT LA SEULE FORCE POLITIQUE CAPABLE DE VENIR À BOUT DU SUICIDE MARXISTE MONDIAL...

Dans ce jeu rothschildomarxiste mondial qui dirige le monde de la façon la plus totalitaire qui soit, il n'est tenu aucun compte DES NÉCESSITES RÉELLES DE L'HOMME :

Biologiques : méfaits de la chimification de la terre, des aliments de la thérapeutique.

Écologiques : destruction de la nature et pollution universelle (50 ans d'engrais chimiques stérilisent totalement le sol) sociologiques : chômage monstrueux et qui dans la conjoncture dite à tort « démocratique » ne peut que connaître une croissance exponentielle.
(Retour de la femme au foyer, et à la valeur du « travail » et non de l'argent). Le système est stupide et son « progrès » aberrant.

Morales et spirituelles : méfaits du laïcisme, marxisme, freudisme ventilés par des enseignants zombifiés.

Alors Mme Simone Veil, êtes-vous criminelle ou inconsciente ? Ne pourriez-vous lire votre HOMONYME Simone Weil ?

Je crains que vous ne soyez inconsciente car personne ne voudrait souhaiter l'holocauste des autres et le sien propre.

NE POUVEZ-VOUS COMPRENDRE QUE DANS UN MONDE FINI IL NE SAURAIT Y AVOIR DE CROISSANCE INDÉFINIE ?

Surtout quand les procédés utilisés sont antibiologiques, artificiels, pathogènes, destructeurs de l'homme et de la planète, comme Hitler l'a si bien vu dans Mein Kampf.

Cette lutte antisecte déspiritualisante, à intellect hypertrophié modelant un mental monstrueux, homicide et suicidaire, ne connaît que deux paramètres de stratégie : SUPPRESSION RADICALE DE LA CIRCONCISION AU 8ème JOUR, 1er JOUR DES 21 JOURS DE LA PREMIÈRE PUBERTÉ.[4]

RETOUR À DE PETITES COMMUNAUTES AUTHENTIQUEMENT RELIGIEUSES, C'EST À DIRE EN CONFORMITÉ AVEC LES LOIS DE LA NATURE.

---

[4] Note fondamentale : (voir page suivante)

NOTE FONDAMENTALE

La suppression radicale de la circoncision au 8ème jour 1er jour de la première puberté qui durera 21 jours, aurait pour effet immédiat la restauration de la GÉNITALE INTERNE, dans toute son intégrité.

Les esprits religieux diraient que la conversion d'Israël passe par la suppression de la circoncision mal comprise. (J'utilise le mot « conversion » non pas comme « retour à la religion catholique » qui a assez montré ses faiblesses « et son ignorance des lois de la vie » Carrel mais un retour aux lois de la vie et au respect de la nature.

De plus pendant plusieurs générations la surstimulation des endocrines organiques (hypophyse, thyroïde, surrénales, génitale reproductrice) resterait héréditaires. Cela signifie que les enfants Juifs deviendraient des hypophysaires et des thyroïdiens INTERSTITIELS tels que les Pharaons d'Égypte.

Ils constitueraient ainsi une véritable élite qui passerait de l'esprit analytique à celui de synthèse, du quantitatif au qualitatif, de l'absence de sens moral à un grand sens moral.

Des idées comme celle du marxisme, ou que « la maternité n'existe pas » seraient impossibles. Les Warburg, les Marx, les Freud, les Oppenheimer, les S.T. Cohen, les Bénézareff, les Simone Veil, les Gurgi-Eliachef, les Gurgi-Lazarus, les Soros etc. seraient impossibles.

Comme le dit DOMINIQUE AUBIER en parlant du rite de la circoncision dans un livre qu'elle m'a envoyé :

La circoncision « ne risquerait pas de tout détruire à la frontière des nations »...

Par-delà l'antisémitisme

La clef de la tragédie juive : circoncision au 8ème jour et Âge des Ténèbres.

> « Qui aurait pu penser qu'un rite pût aller si loin et risquer de tout détruire à la frontière des nations »
> (Dominique Aubier)

Un fait historique est indéniable : l'antisémitisme (mot impropre d'ailleurs car bien de véritables sémites n'ont jamais connu l'antisémitisme) anti Juif, s'est manifesté à toutes les époques et sur tous les continents où les Juifs étaient présents. Il est de ce fait, comme le dit Bernard LAZARE dans son livre sur l'ANTISÉMITISME, en gestation permanente dans le Juif lui-même et NON dans l'antisémite.

Toutes les époques et toutes les latitudes ne se sont pas donné le mot pour persécuter les Juifs. La mise en garde de l'Église contre la perversité juive ne touchait que les Catholiques, petite fraction de tous les peuples et de tous les lieux qui n'ont pas eu besoin de Rome pour pratiquer un antisémitisme sanglant, même lorsque les Juifs possédaient un pouvoir politique et financier maximal.

Cet ANTISÉMITISME (mot d'autant plus absurde qu'un Juif dont l'ascendance vit depuis des siècles en Pologne n'a rien de sémite) EST DÛ A LEUR PARTICULARISME CONSTANT DANS LE TEMPS ET L'ESPACE.

Les « Juifs » (mot impropre comme nous le verrons) ont des pouvoirs spéculatifs considérables mais au détriment du SENS MORAL qu'il ne faut pas confondre avec la moralité souvent rigoureuse chez eux, et d'ESPRIT DE SYNTHÈSE. Leurs spéculations modernes, JUDÉO CARTESIENNES, nous offrent un niagara meurtrier de preuves par 9 de ce phénomène. Ce particularisme ne doit rien à la THORA, LIVRE SAINT JUIF, car les pseudoJuifs qui dirigent le monde, n'ont guère reçu d'enseignement religieux et sont dans leurs spéculations comme dans leur vie, radicalement athées.

L'esprit de synthèse et le sens moral QUI CARACTÉRISENT LES VÉRITABLES ÉLITES, sont totalement absents de l'officialité politique.

La pseudodémocratie va ainsi se muer en judéocratie mondialiste qui impose son césarisme par le vote inconscient de la déchéance des masses désintégrées. La dialectique de la liberté de l'homme, de la femme, de l'enfant est à l'épicentre stratégique de cette destruction démagogique qui joue sur la naïveté et la vanité des masses. Les phénomènes « Michael Jackson » et « Madona » sont des symptômes fulgurants de l'effondrement physiologique et psychique des masses.

Le mot « Juif » est un vocable dont la signification est strictement religieuse. EST JUIF celui qui suit les préceptes de la THORA, seul livre saint Juif orthodoxe, nous affirme le spécialiste Alexandre Weil.

Or AU REGARD DE LA THORA, WARBURG, qui en 1914-1918, subventionna simultanément les Alliés, les Allemands et la révolution bolchevique, pour venir en Europe en 1919 comme négociateur de la Paix, (on sait ce que fut et où a mené le TRAITÉ DE VERSAILLES), HAMMER, qui en 1940 possédait à lui seul autant de pétrole que les 3 puissances de l'Axe, MARX, KAGANOVITCH, ET 50 BOURREAUX CARCÉRAUX ET CONCENTRATIONNAIRES JUIFS QUI EXTERMINÈRENT DES DIZAINES DE MILLIONS DE GOYS EN U.R.S.S. (FRENKEL, YAGODA, JEJOFF, FIRINE, APPETER, ABROMOVICI ETC), FREUD, aboulisant et pornographiant avec sa fumeuse théorie pansexualiste ne reposant sur rien, SIMONE VEIL, piluloavorteuse, (la pilule est pathogène et tératogène),BENEZAREFF, roi du film pornographique, avec quantité d'autres de même origine aux U.S.A, et en Europe, tel autre « Juif » roi de l'alcool mondial, de la viande, de l'accaparement du blé, de feuilletons abrutissants de propagande systématique, de violence et de sexe, NON SEULEMENT NE SONT PAS JUIFS MAIS SONT DES CRIMINELS MAJEURS DE LÈSE-HUMANITÉ, COMME LE SONT D'AILLEURS LES ROIS DE LA PRESSE A LA MAXWELL ET GOLDSCHMIDT, qui manipulent les masses sur un océan de basse propagande antitraditionnelle, de mensonges, d'erreurs et d'horreurs.

Le seul reproche que l'on peut faire aux VÉRITABLES JUIFS c'est de se taire quant à ces criminels majeurs qui en plus, usurpent le titre de « Juifs »...

Quand on a parfaitement compris le particularisme spéculatif ASYNTHETIQUE ET AMORAL de cette secte athée issue du judaïsme, quand on constate qu'un Juif de Pologne et d'Amérique du Sud sont somatiquement très différents, ne gardant en commun que, bien souvent, les traits de visage caricaturaux, et leurs pouvoirs spéculatifs, ON CHERCHE QUEL PEUT ÊTRE LE DÉNOMINATEUR COMMUN QUI PUISSE RENDRE COMPTE D'UN TEL PARTICULARISME.

OR IL N'EXISTE QUE LA CIRCONCISION AU 8ème JOUR QUI SUIT LA NAISSANCE.

Cela devient lumineux quand on a compris L'ANTÉRIORITÉ FONCTIONNELLE DU SYSTÈME HORMONAL SUR LE SYSTÈME NERVEUX ET ÊTRE EN GÉNÉRAL (œuvre du Docteur Jean Gautier endocrinologiste). En d'autres termes, c'est notre système glandulaire qui nous dirige, le système nerveux n'étant qu'un pont, assurant nos automatismes, entre notre nature, glandulaire, et nos actions.

J'ai montré dans ma thèse de doctorat, que les dandys romantiques (Chopin, Lamartine, Musset, Liszt, Gœthe, Byron etc.) étaient des « thyroïdiens » à tendance « hyper ». Cela rend compte de leur forme longiligne, leur esthétisme, leur intuition, leur imagination.

Quand on connait aussi l'existence de la première puberté qui commence au 8ème jour et durera 21 jours, on est illuminé.

On peut d'ailleurs l'être avant par intelligence pure, car la circoncision au 8ème jour est bien le SEUL PARAMÈTRE CONSTANT, qui puisse justifier un tel particularisme d'autant qu'il y a absence complète d'ethnie puisque les Juifs ont toujours été pratiquement répandus sur la planète, n'ayant jamais pu se fixer plus de quelques siècles, ce qui ne permet pas d'acquérir des caractéristiques ethniques patentes. D'ailleurs aucune justification ethnique ne pourrait justifier de tels pouvoirs spéculatifs privés de sens moral et d'esprit de synthèse.

Si les Juifs avaient eu le moindre esprit de synthèse, il y a longtemps qu'ils auraient découvert que la circoncision était la source de TOUS LEURS MAUX et ils l'auraient supprimée. Il semble que leur fatalité est précisément qu'ils NE DOIVENT PAS le découvrir...

Or la circoncision se pratique bien au 8ème jour, c'est à dire au premier jour de la première puberté qui durera 21 jours, et qui va être considérablement perturbée. Elle déterminera la mentalité très particulière de ceux qui subissent cette mutilation avec pérennité.

Au 8ème jour toutes nos endocrines sont en effervescence. Pendant 21 jours ce sera donc la PREMIÈRE PUBERTÉ. Elle se manifeste par des signes génitaux et par une activité des glandes mammaires. L'importance de cette puberté est considérable pour notre fonctionnement glandulaire général et pour toutes nos possibilités vitales. L'hypophyse est en grande activité et elle agit sur toutes nos autres glandes pour les adapter à la vie nouvelle. Elle peut ainsi maintenir constant le milieu organique du jeune enfant et lui permettre de résister aux influences externes.

SI UN TRAUMATISME INSOLITE VIENT PENDANT CETTE EFFERVESCENCE HORMONALE FRAPPER

L'ENDROIT OÙ EST LOCALISÉ LE PRÉPUCE, voisin de notre génitale interne, endocrine d'une importance fondamentale, il est bien évident que l'ÉQUILIBRE GLANDULAIRE QUI DOIT S'ÉTABLIR PAR LA PREMIÈRE PUBERTÉ SERA PERTURBÉ.

Il n'existe aucun doute sur le fait que cette mutilation va détourner à son profit des activités circulatoires et métaboliques qui devraient s'appliquer à la génitale interne (ou interstitielle). C'est donc cette endocrine, que nous savons depuis 40 ans atrophiée chez les déments, qui va se trouver lésée, frustrée, atteinte.

Ce ne sera pas la génitale REPRODUCTRICE, qui elle n'est pas encore formée et n'évoluera que plus tard. Il va donc résulter de ce traumatisme UNE HYPOFONCTION DE LA GÉNITALE INTERNE.

Or il s'agit de la glande de la volonté, de l'intellectualité (qui n'a rien de commun avec l'INTELLECTUALISME de la science moderne, de la finance, des idéologies meurtrières, telles que marxisme, freudisme, anarchisme pas dans son sens réel, mais dans le sens de « chaos ») et du sens moral.

Cette hypotrophie de la génitale interne va se faire au profit de la génitale reproductrice et des autres endocrines EN PARTICULIER DE L'HYPOPHYSE. Ces endocrines vont devenir sept à dix fois plus performantes que celles des autres humains ; IL EN RÉSULTE QU'EN PSEUDO DÉMOCRATIE PRIVÉE DE TOUTE ÉLITE SPIRITUELLE, LES CIRCONCIS AU 8ème JOUR PRENDRONT TOUS LES POUVOIRS.

Ils les prendront d'autant plus facilement qu'ils sont TOTALEMENT DÉNUÉS DE SENS MORAL ET D'ESPRIT DE SYNTHÈSE.

Ils pourront donc sans scrupules, utiliser tous les procédés.

Ce sont donc ces endocrines, à l'exclusion de la glande génitale interne, qui vont assurer le développement de la génitalité. De ce fait le cerveau constitué par un concert endocrinien surpuissant MAIS SANS AUCUNE EFFICACITÉ DE LA GÉNITALE INTERNE, va délivrer l'individu de toutes les forces contrariantes, sentimentales et authentiquement intellectuelles. (Sens moral, synthèse), qui peuvent par exemple s'opposer à l'utilisation de la sexualité, comme d'élaborer des systèmes ou des découvertes qui vont se retourner contre l'homme. (Freudisme, Marxisme, bombe atomique, bombe à neutrons, « libération » de l'homme, de la femme et de l'enfant etc.).

De plus ce traumatisme prépucial, enregistré automatiquement, détournera lors des 2 autres puberté (entre 13 et 18 ans) tous les efforts de la génitale sur les organes reproducteurs. De plus la circoncision détermine une cicatrisation QUI NÉCESSITE UNE ACTIVITÉ PARTICULIÈRE DE L'HYPOPHYSE. CETTE ENDOCRINE EST DONC SOLLICITÉE DANS SON FONCTIONNEMENT DES LA VENUE AU MONDE DE L'ENFANT.

ELLE VA DONC GARDER UNE PRÉPONDÉRANCE DANS L'ÉCONOMIE HORMONALE GÉNÉRALE. Elle gardera persistance dans son activité. Elle agira sur le somatique et sur le psychique.

NORMALEMENT LES PERSPECTIVES DE RAISONNEMENT HYPOPHYSAIRE SONT TEMPÉRÉES PAR LA GÉNITALE INTERNE.

Mais dans ce cas, comme le dit très justement Jacques Bergier, parlant des circoncis spéculatifs qu'il dénomme « Juifs » à tort, « IL Y A MALADIE DE L'ULTRA RAISONNEMENT » ; CELA EST FATAL PUISQUE C'EST L'HYPOPHYSE QUI VA ASSURER SEULE LES ÉLABORATIONS INTELLECTUELLES.

La pensée des circoncis au 8ème jour (avec pérennité une circoncision exceptionnelle n'aura pas toutes ces conséquences) sera donc exclusivement matérialiste, calculatrice, abstraite, ANALYTIQUE ; Ainsi l'être marqué hormonalement de la sorte, élaborera des analyses, des calculs, où NE POURRONT RENTRER NI CONSIDÉRATIONS MORALES, NI PRÉOCCUPATION DE LA GLOBALITÉ SYNTHÉTIQUE HUMAINE DANS LE TEMPS ET L'ESPACE. L'EXCLUSIVITÉ DE CE TYPE DE SPÉCULATION HÉGÉMONIQUE SIGNERA LE SUICIDE DE TOUT ET DE TOUS.

La science deviendra magie noire puisqu'elle sera exclusivement ANALYTIQUE, MICROSCOPIQUE, QUANTITATIVE, ALORS QUE LA CONNAISSANCE, magie blanche, est SYNTHETIQUE, MACROSCOPIQUE, QUALITATIVE.

Le circoncis au 8ème jour est donc responsable en tant qu'agent cosmique de l'effondrement mondial : IL N'EST PAS COUPABLE.

Il n'est pas plus coupable que le doryphore ne l'est par rapport à la pomme de terre. Il n'a pas choisi les répercussions de la circoncision au 8ème jour, qu'il n'est même pas capable de concevoir. Il est inconscient de la mentalité qu'elle lui confère. Victime de l'antisémitisme, il ne comprend pas que ses spéculations amorales et immorales en sont la cause.

S'il avait cette conscience, IL Y A LONGTEMPS QU'IL AURAIT SUPPRIMÉ LA CIRCONCISION ; Et cela d'autant qu'il ne conserve curieusement que ce rite RELIGIEUX mal compris, et ignore la Thora.

Moïse connaissait moins bien que les prêtres d'Horus la question glandulaire. Il a donc infligé cette circoncision mal comprise à tout un peuple et en a fait des déréglés glandulaires en leur infligeant par surcroît, L'IDÉE DE L'HÉGÉMONIE MONDIALE.

Ils y sont parvenus sur les ruines putrescentes et sanglantes des nations dégénérées. Il n'y a donc ni race (car celle-ci n'existent pas) ni ethnie juive.

(L'ethnie étant le résultat de l'adaptation hormonale à un environnement fixe pendant au moins un millénaire). SEULE la circoncision au 8ème jour rend compte de la mentalité spéculative amorale et synthétique des circoncis, QUI MÈNENT LA PHASE ULTIME DE L'ÂGE DES TÉNÈBRES ANNONCÉ PAR LES SAGES DEPUIS DES MILLÉNAIRES.

Aujourd'hui l'expropriation de tous les humains par la finance circoncise vagabonde a pris un caractère institutionnalisé. L'usure, ce crime intégral dénoncé par toutes les civilisations, s'est vêtue du manteau très officiel du crédit qui est avec l'alcool, la source de tous nos maux.

Tout cela ne peut être supporté que par la désintégration massive des individus dont l'aspect biotypologique et vestimentaire, par exemple dans le métro de Paris, a quelque chose d'atroce et de répugnant.

L'être parahumain asservi par le crédit, la chimification alimentaire et thérapeutique, le freudisme, le marxisme, les musiques pathogènes et criminogènes, devenu une sorte d'amalgame physico-chimique en blue-jeans Levis, régi par la caisse des profits et pertes des pseudodémocraties, qui ne sont en fait que les dictatures de la banque et du marxisme.

La drogue se répand librement, GÉRÉE PAR LA HAUTE FINANCE, mettant un point final à cette dégénérescence tandis que les jeunes, carencés, chômeurs, dans un monde « circoncis » sans pitié, se suicident massivement tandis que les véritables élites qui n'ont plus de dialogues avec personne, observent en pleurant ce spectacle affligeant. De nos jours les circoncis possèdent ce qui reste des États. Seule l'Apocalypse réglera dans une évolution irréversible, leur sort et le nôtre.

On trouve leurs combinaisons hypophysaires dans les réformes religieuses, les révolutions, comme celles de 1989 et de 1917, les guerres, l'abrutissement zombifiant, la pornographie. La civilisation a disparu sous l'effet de leur hypophyse désintégrante. Cette tendance est naturelle chez eux puisque les 4 endocrines organiques (thyroïde, hypophyse, surrénales, génitale reproductrice) beaucoup plus puissantes que chez les autres humains, s'opposent en permanence aux valeurs synthétiques, morales, divines, altruistes, conférées PAR UNE GÉNITALE INTERNE EN PARFAIT ÉTAT.

Les financiers circoncis Warburg, Hammer, Rothschild, Lœb, Kuhn, etc. comme Freud et Marx, Einstein, Oppenheimer, S.T. Cohen, sont exemplaires à cet égard. SPINOZA, excommunié par la Synagogue de Hollande, donc NON Juif, représente la première conception matérialiste des temps modernes. Il sépara la mystique de la philosophie et traça les voies du RATIONALISME et de LA SCIENCE MODERNE qui a presque terminé de nous exterminer.

FREUD, fait dépendre nos possibilités intellectuelles de nos tendances sexuelles sublimées. Il nous ravale au niveau d'un inconscient bestial et a imposé sa névrose, grâce à la pseudodémocratie, au MONDE ENTIER.

En fait cette anarchie glandulaire à peine tenue en laisse par une interstitielle déficiente, mènent les circoncis au 8ème jour à des psychologies de chambardement, de destruction, d'anéantissement et cela pour établir la direction générale du monde. Ils ignorent la Thora et n'en retiennent que la circoncision et l'annonce mosaïque de leur hégémonie mondiale. À la fin du XXème siècle, ils ont asservi gouvernements et justice entièrement à leur dévotion. La justice applique désormais leurs lois racistes et dictatoriales, déguisées en « antiracistes et démocratiques ». Ainsi les circoncis assurent leur hégémonie sur des masses décomposées.

Seuls pourront échapper au suicide mondialiste, qui va par exemple, à l'heure où j'écris, se manifester en Afrique du Sud par la ruine économique et les boucheries intertribales, ceux qui constitueront des petites communautés organisées selon les ethnies où les valeurs spirituelles et morales seront restaurées. Il est absolument certain qu'après le suicide mondial, le XXIème siècle ne retrouvera sa cohérence hiérarchique que par ce qui RELIE, c'est à dire la religion. Aujourd'hui tout est inversé et seule la VÉRITABLE RELIGION remettra les choses dans leur ordre providentiel.[5]

L'hégémonie mondiale des circoncis au 8ème jour ne fait qu'accomplir l'âge des Ténèbres sur l'empire des ruines. En fin de compte il s'agira aussi de leur propre suicide et de la fin de la pratique mal comprise de la circoncision. La psychose judéocartésienne s'intègre chez les circoncis au 8ème jour qui ne sont aucunement Juifs dans un déterminisme absolu.

Leur mission cosmique est d'assumer un intellectualisme involutif supérieur (Analytisme).

---

[5] Il y a lieu selon le Docteur Alexis Carrel, nommé par Pie XII membre de l'Institut scientifique du Vatican de reprocher à l'Église **son formalisme doctrinaire et son ignorance des lois de la vie. (diététique, respiration contrôlée, prière véritable qui seules peuvent unir au transcendant).**
À noter également la nécessité absolue de supprimer les toxiques qui provoquent des carences graves des lésions, et qui perturbent la thyroïde, GLANDE DE LA TENTATION : café, tabac, alcool, chimie alimentaire, viande.
On ne parle pas à Dieu la bouche pleine de sang.
On ne saurait imaginer la présence d'abattoirs au voisinage du temple de Louxor ou de l'Acropole...

La compréhension parfaite de ce texte implique une thyroïde et une génitale interne en bon état.

UN EXEMPLE TYPIQUE DES ANNÉES 90 QUANT AUX EFFETS DE LA CIRCONCISION AU 8ÈME JOUR : LE FINANCIER SOROS.

Qui est Soros ?

Spéculateur et philanthrope (il est de bon ton après avoir gagné dix milliards dans une spéculation exclusivement permise par ce régime de l'égalité de tous qu'est la démocratie, de donner quelques millions aux bonnes œuvres), Soros est un émigré Juif Hongrois. Il est devenu milliardaire américain en dormant...

Sa fortune est si récente qu'on ne le trouve pas dans le fameux livre de Henri Coston : « Le veau d'or est toujours debout » paru en 1987.

En une nuit révélait le MONDE, le 16 septembre 1992, sa fortune s'est accrue d'un milliard de dollars, soit 5 milliards de francs, soit 500 milliards de centimes. Comme chacun sait de telles fortunes en régime monarchique ou théocratique de telles fortunes étaient banales ! ! !

Le surintendant Fouquet dont le roi Louis XIV fut jaloux, raconte l'Histoire à tort ou à raison, était un mendiant à côté de Soros !

Il a fallu la démocratie pour enfin réaliser la parfaite Égalité (+ Égalité et Fraternité !) entre SOROS et UN MILLIARD DE CHÔMEURS MONDIAUX...

Il a joué contre les monnaies européennes en particulier contre la monnaie britannique.

Le MONDE nous dit qu'en Grande Bretagne, on l'appelle « l'homme qui a cassé la livre » (the man who broke the pound)...

Après la tempête qui a accentué la récession en Europe Soros avait raflé deux milliards de dollars. (Mille milliards de centimes !) Sept mois plus tard Soros refait parler de lui sur le marché de l'or. Il rachète pour 400 millions de dollars une participation dans l'une des plus grandes mines d'or des U.S.A. NEWMONT MINING et il fait grimper les cours.

Il est le type même de l'affairiste roublard, mystérieux stimulé de façon névrotique par une surstimulation hypophysaire cérébrale due à la circoncision. Comme Rothschild naguère, il agit seul. Mais il dispose d'un instrument que n'avait pas le vainqueur du coup de bourse malhonnête de Waterloo, le téléphone. Il dit volontiers que le téléphone suffit pour le tenir au courant.

Le téléphone lui suffit aussi pour passer ses ordres de bourse à Wall Street, à la City, à Paris, Tokyo et Francfort.

Il a un peu plus de la soixantaine au moment où j'écris ce livre et il tient les fils d'un réseau qui englobe banques, trusts obligés de lui complaire et d'obéir à ses consignes.

Est-il besoin d'être intelligent pour comprendre la puissance que peut avoir un tel homme sur tous les politiciens de tout pays et sur toutes les masses. Ce sont de tels gens qui peuvent mondialiser du jour au lendemain le Freudisme, faire porter un blue jeans à la terre entière, déclencher une guerre qui leur est favorable et demain, si la dégradation mentale a été bien dosée, de faire porter à tous un bouchon à plume dans le derrière... Cet exemple grotesque est pourtant plus sain que l'avènement mondial de la pornographie au nom de la liberté !

Depuis l'effondrement du système communiste en Europe Orientale, le financier Soros, a « entamé une nouvelle vie ». Grand spéculateur, il est philanthrope à l'Est, affirme le MONDE sans rire :

« À travers un réseau de fondations créées dans 18 pays excommunistes, il participe à la construction de la démocratie en essayant de favoriser l'apparition de sociétés ouvertes (c'est à dire de trusts ou de groupes financiers dépendant de lui et de ses collaborateurs complices).

Ses fondations, il leur consacre la meilleure partie de son temps et 50 millions de dollars par an. À cela il faut ajouter en 1992 un don de 100 millions de dollars pour aider la recherche scientifique à se relever en Russie, un don de 50 millions d'aide humanitaire à la Bosnie et un prêt de 25 millions à la Macédoine.

Les fondations de George Soros connaissent des fortunes diverses toujours selon le journal LE MONDE selon les pays. En Chine il abandonne assez vite après s'être fait infiltrer par les services de sécurité. En Pologne il fait une première tentative avec des intellectuels de SOLIDARITÉ mais sans succès...

L'Histoire de sa fondation à Moscou « très parallèle à l'évolution de la société russe, commence, elle en 1987, Sakharov décline l'offre de collaboration de Soros, convaincu que sa fondation va être noyautée par le K.G.B « On a commencé comme une organisation soviétique, dit Soros, il nous a fallu deux putschs dans la fondation pour corriger la trajectoire et cinq ans pour arriver à fonctionner. »

Les pauvres Russes, ont-ils échappé à la férule rouge pour tomber sous la férule dorée d'un cousin hongrois des chefs du Goulag ?

Soros s'est heurté à la clique bolchevique et a dû changer sa façon de travailler sur place :

« Alors, dit-il, on a fait un putsch de l'intérieur comme au Kremlin : le directeur est arrivé à la réunion comme directeur, il est sorti comme ex-directeur. Puis celui qui avait arrangé le putsch, le conseiller juridique de la fondation, a pris le pouvoir. Il était « politiquement correct » mais il s'est révélé pire dictateur que les précédents. Alors au bout d'un an, j'ai dû organiser un autre putsch pendant qu'il était en Amérique »...

Les ex-soviétiques qui ont la nuque trop raide sont brisés sans scrupule. Le nouveau pouvoir moscovite « lui donne peu d'espoir ». Il compte bien :

« Aider le ministère de l'éducation à remplacer tout l'enseignement marxisteléniniste par celui des sciences humaines » (C'est à dire celui du capitalisme). »

Beaucoup repose, observe toujours LE MONDE, sur le choix des personnes pour lequel Soros peut se décider en cinq minutes, sur un instinct, un coup de cœur, une intuition :

« Parfois nous n'avons pas trouvé le contact, dit Soros, par exemple en Lituanie nous avons fait du très bon travail, pas en Lettonie. Quand je dis « nous », en réalité c'est moi : au départ il faut un contact personnel ».

Une fois qu'il a choisi il fait totalement confiance y compris sur l'argent. L'utilisation des fonds est décidée sur place par chacune des fondations, et une copie des comptes envoyée à New-York.

« Il responsabilise les gens de l'"Europe de l'Est" », dit Sandra Pralong, qui dirige la fondation Soros en Roumanie.

À Varsovie il a dû opérer différemment. Les Polonais plus méfiants, ont résisté (Soros l'avoue). Ils avaient une autre conception. Finalement le financier a triomphé. Le MONDE affirme : » La fondation Stefan Balory est à présent le fleuron des fondations Soros »...

Les Américains lucides ont flairé le « philanthrope exploiteur » qui « joue de la fondation » « comme d'un fusil de chasse en forme de parapluie ».

Ce « philanthrope » qui débuta comme analyste financier a « sauté le pas » en 1969, en créant son propre « fund ».

On peut ainsi résumer son histoire : De Hongrie où George Soros vécu dans une semiclandestinité pendant la guerre, pour échapper au contrôle de la police du régent Horthy, il gagna Londres en 1947 où il vécut de bric et de broc. Il réussit à obtenir une bourse et à faire quelques études à la LONDON SCHOOL OF ECONOMICS. Il ne retournera pas à Budapest que les chars soviétiques ont courbé sous le joug communiste. C'est à Wall Street qu'il fera carrière d'abord comme analyste financier puis à partir de 1969 comme « patron » de sa propre affaire le QUANTUM FUND, qu'il a pris la précaution de faire enregistrer à Curaçao, le paradis fiscal bien connu.

Depuis lors il entasse les milliards sans faire de vagues. C'est un malin et il sait que « pour vivre heureux vivons cachés »...

Ce n'est pas lui qui comme le misérable Tapie, sur lequel se braquent les caméras de télévision et les cours de Justice, va s'agiter comme un minable pantin, dans les média. Tapie est un pauvret à côté de Soros.

Il sert au gouvernement à amuser les masses et à focaliser leur attention sur autre chose que le chômage grandissant. Et pourtant les agissements de Soros ressortissent à la plus grave des délinquances dans un régime politique NORMAL. Ces délits sont si grands que dans un régime traditionnel ILS NE POURRAIENT MÊME PAS ÊTRE PERPÉTRÉS...

Quant à Soros, tapi dans l'ombre, il s'attaque à la grande politique.

Dans son expatrie la Hongrie, on a deviné son jeu et plusieurs chefs de la droite magyare l'ont cloué au pilori dans leurs écrits. En Slovaquie et en Roumanie il est dénoncé violemment. Le féroce spéculateur ne deviendra jamais un Saint Bernard. Il est un financier « démocratique » (Quelle dérision ! !) astucieux et avide. Récemment en s'emparant de 10% d'actions de son ami Jimmy GOLDSMITH des NEWMONT MINING, Soros a provoqué un sursaut sur le marché de l'or.

En « démocratie » nous n'avons pas fini d'entendre parler de lui.

Monsieur Emmanuelli, président socialiste de l'Assemblée Nationale, a refusé de siéger parce que le roi d'Espagne Juan Carlos venait y faire un exposé. Un roi, d'un pays socialiste encore plus pourri que le nôtre !

Gageons que si SOROS vient exposer à l'Assemblée, il sera là pour applaudir ce multimilliardaire manipulateur jailli du néant...

Ces pantins de la politique sont si grotesques qu'on ne trouve pas les mots pour les décrire...

Goys, réveillez-vous ou crevez !

« *Et le monde sera dirigé par des monstres* « (Apocalypse)

« *La vérité, cette vieille sorcière* « (Oscar Wilde)

« *Les Juifs, cette poignée de déracinés, ont causé le déracinement de tout le globe terrestre* » (Simone Weil).

« L'avènement du Césarisme Juif n'est qu'une question de temps. Au Judaïsme appartient la domination mondiale, Le crépuscule des Dieux est déjà arrivé jusqu'à nous. S'il m'est permis d'adresser une prière à mes lecteurs, voilà en quoi elle consistera : qu'ils conservent le présent ouvrage et le transmette en héritage à leurs descendants. Je n'ai pas la prétention d'être un prophète mais je suis profondément pénétré de ce que j'expose ici : AVANT QUATRE GÉNÉRATIONS IL N'Y AURA ABSOLUMENT PLUS UNE SEULE FONCTION DANS L'ÉTAT, SANS EXCEPTER LES PLUS ÉLEVÉES, QUI NE SOIENT EN LA POSSESSION DES JUIFS. »

Cette citation est extraite du livre de WILHELM MARR, intitulée : LE MIROIR DU JUDAÏSME.

Il fut écrit il y a une centaine d'années !!!

Le refus de la religion a engendré des structures économiques injustes.

Depuis 2 siècles on a tout fait pour déraciner, avilir le peuple et lui enlever tout idéal, tout amour du métier, toute religion. On engendre le prolétariat et on l'écrase.

Bétail mondial livré à la boucherie, guerre de 14-18, de 39-45 et aux 150 guerres de ce demi-siècle entre le système libéral et l'idéologie marxiste...

Elles rapportent d'immenses fortunes aux « financiers qui mènent le monde », aux Bazile Zaharoff, aux Bloch-Dassault...

Il n'est pas d'exemples dans l'Histoire de l'humanité d'une plus profonde deshumanisation. La chute de l'Empire Romain n'était qu'un petit détail à côté de cet effondrement mondial où l'homme isolé de toute attache naturelle et surnaturelle est livré comme une épave rentabilisable et pornographiable à merci à la démence universelle.

L'homme a perdu tout pouvoir de s'adapter au réel.

La domination des circoncis au 8ème jour est définitive : nous aurons le Nouvel Ordre Mondial, c'est à dire le chaos universel.

Il ne s'agit pas de Juifs car toutes les spéculations matérialistes qui dissolvent l'humanité sont hérétiques et criminelles devant la THORA.

Il s'agit de cerveaux spéculatifs privés de sens moral et d'esprit de synthèse par le fait de leur circoncision. Il ne s'agit pas de race, car les races n'existent pas, il ne s'agit ni de peuple ni d'ethnie car les pseudo-Juifs ne se sont pas constitués par une appartenance pluri séculaire à un environnement fixe. Il s'agit d'une secte de malades glandulaires atteinte de spéculationisme chronique et dont les « talents » meurtriers se donnent libre cours à la faveur de la farce de la « démoncrassie ».

Curieuse « race élue » (la plus raciste du monde) qui par la finance et le marxisme réduisent en cendres la terre et ses naïfs habitants.

Ils ont tous les droits. Ils sont au-dessus des lois internationales, non seulement en Israël où ils peuvent impunément massacrer les Palestiniens et leur prendre leurs terres, mais dans tous les pays où ils ne sont pourtant qu'une infime minorité.

D'ailleurs les lois, ils les font voter par les serpillières LICRAsseuses et politicardes de tous bords. Si l'O.N.U a pu stigmatiser le Sionisme comme un racisme, ce n'est qu'une bavure qui ne tardera pas à être annulée. L'important est aussi de ne pas laisser parler un professeur héroïque sur des études historiques qui leur déplaisent, d'autant qu'ils sont incapables d'apporter la contradiction devant les faits, et que la certitude qu'il n'y a jamais eu ni chambre à gaz ni 6 millions de Juifs gazés dans les camps allemands EST UNE MAUVAISE NOUVELLE À SANCTIONNER IMPITOYABLEMENT PAR UNE JUSTICE APPLIQUANT SERVILEMENT DES LOIS INIQUES ET DÉRISOIRES...

Leur « démocratie » a totalitairement institué le crime de la pensée comme dans le roman « 1984 » de George Orwell... L'antisémitisme, c'est à dire la lucidité à leur égard, est l'inexpiable crime des crimes. Il est poursuivi de façon dictatoriale et sans appel 50 ans après l'écrasement de l'Allemagne. Et cela à l'encontre d'octogénaires qui ont tenté de sauver l'Europe dans l'horreur absolue dans laquelle elle est plongée ! ! !

Quant à l'antigermanisme il est non seulement toléré, mais recommandé comme une vertu... HITLER ET LE NATIONAL SOCIALISME SONT LE MAL ABSOLU ! ! !

Qu'importe si l'on n'a jamais vu un seul enfant drogué ou alcoolique, un seul chômeur, un ouvrier malheureux sur le territoire du Reich ! Leur crime inexistant car chacun sait aujourd'hui que le mythe des « sixmillionschambresgaz « est une ineptie arithméticotechnique est supérieur en horreur à la bonne centaine de millions exterminés en URSS par la révolution des Warburg-Lénine et les 50 bourreaux carcéraux et concentrationnaires juifs (Frenkel, Jagoda, Firine, Apetter, Jejoff, Rappoport, Abramovici, et KAGANOVITCH, beau-frère de Staline. Par contre la démocratie, paravent de la dictature circoncise absolue et mondiale sur un monde décomposé est le bien absolu !

Qu'importe si le monde se dissout en une immonde putrescence, qu'importe si le chaos international, la famille détruite, les sols chimiqués stériles, les 5000 lacs biologiquement morts au Canada, les 2000 lacs morts en Suède, la pornographie régnante, la perversion de nos enfants, par la permissivité sexuelle enseignée depuis le plus jeune âge, comme le refus de l'autorité des parents et des maîtres, le iatrogénisme, le tératogénisme, les suicides massifs de nos enfants, le chômage, les scandales politiques amnistiés...

Tout cela n'est que broutilleuse bavure du régime politique idéal : LA DEMONCRASSIE CIRCONCISE.

L'orgueil ethnique des Blancs est un crime, l'orgueil ethnique des gens de couleurs, des Musulmans, (sauf en Palestine) est la plus grande des vertus.

L'égalité est la vérité révélée absolue. Warburg ou Soros dont la puissance n'a jamais été égalée par aucun potentat de l'Histoire, Hammer qui possédait autant de pétrole que les 3 puissances de l'Axe en 1941, sont les égaux du chômeur,

L'idiot du village, Landru, valent bien Périclès ou Gœthe. Ils ont tous le droit de vote : criminel ou professeur, vendeur de drogue ou savant, tous égaux devant les urnes !

Les minorités indésirables, sauf si elles ont eu le malheur comme les Harkis de se battre pour la France, les dégénérés de tout poil, doivent être particulièrement soutenus et jouir de droits spéciaux. Le droit des femmes doit être largement propagé, de manière à ce que par le travail et la perversion, elles perdent leur identité féminine et leur finalité de mère et d'épouse. Les femmes sont meilleures que les hommes. Comme juges aux Affaires Matrimoniales par exemple, elles pourront parachever l'abolition totale de l'autorité paternelle et soutenir contre Droit et Justice, les mères psychopathes et délinquantes.

Les ethnies séparées sont le cauchemar de la circoncisocrassie : il faut toutes les mélanger (sauf les circoncis qui ne se mêlent qu'à la Haute bourgeoisie et à la noblesse goy) de manière à ce que la circoncisocrassie puisse régner sur un monde zombifié d'amalgames physicochimiques régis par la caisse des profits et pertes de la démocratie mondialiste. Dieu a fait les ethnies différenciée, cela ne saurait perdurer : rectifions la création : le concept de Nation doit être aboli. Par contre les frontières artificielles imposées par colonialisme et démocratie sont intouchables : peu importe si leur artificialité en fait des tragédies permanentes et des causes de guerres, possiblement mondiales.

LA CONSTITUTION EST PLUS IMPORTANTE QUE LA NATION

L'économie est bien plus importante que l'écologie ! Peu importe si la famine universelle est à nos portes. Le libéralisme économique et la production indéfinie sont des dogmes intangibles. On doit transporter dans le monde entier au profit de financiers sans âmes, qui ignorent que seuls les aliments cultivés à un endroit précis ont une réelle valeur nutritive pour ceux qui vivent à cet endroit. Donc l'AUTARCIE DOIT ÊTRE INTERDITE (grand crime de Hitler) ALORS QU'ELLE EST LA RÈGLE FONDAMENTALE DE LA SANTÉ DES PEUPLES.

LA CONSOMMATION POUR LA CONSOMMATION EST UNE VALEUR EN SOI

Elle doit croître indéfiniment dans un monde fini. La croissance économique, la cannibalisation de la nature la disparition des espèces par empoisonnement de l'environnement sont des impératifs absolus : peu importe leur suicidaire aberration...

Le but de la production n'est pas de satisfaire les besoins, mais d'en créer sans cesse de nouveaux. La frugalité est à déconseiller, l'hédonisme à recommander (maladies cardiovasculaires, cancers, S.I.D.A., petites bavures démoncrassiques...) Les nations riches doivent aider les nations pauvres même si celle-ci refusent le travail et sont responsables de leur misère. Chacun peut tuer un bébé sain dans le ventre de sa mère, mais par contre, s'il naît un dégénéré, un infirme mental ou physique on doit le faire survivre à tout prix tandis qu'on laisse les nations se massacrer par centaines de mille en Europe ou Afrique, et que l'on mobilise le monde entier pour une affaire de pétrole, en une nuit ! (Yougoslavie, Rwanda etc. et Koweït)...

LA SEULE VALEUR RÉGNANTE EST CELLE DE L'ARGENT

La drogue se répand partout avec la complicité de la finance internationale (émission de T.V : « Le nouveau désordre mondial »-1994). Elle exprime la misère biologique et psychique de ceux qui choisissent ce palliatif suicidaire.

SI VOUS ÊTES UN ADEPTE RÉSOLU À L'ADORATION PERPÉTUELLE DE TOUTE CETTE FOLIE DEMONCRASSIQUE VOUS RÉUSSIREZ DANS LA VIE. Si un jour ou l'autre par exemple vous vendez des armes à tout ce qui s'extermine sur la planète comme Bloch dit Dassault, vous serez décoré de la légion d'honneur en même temps que quelque putain ou inverti de la pellicule.

Dans cette belle démocratie, de loin le pire de tous les régimes, puisqu'il est le seul à réaliser UNE POLLUTION INTÉGRALE DES HOMMES ET DE LA PLANÈTE, les grandes villes américaines sont l'enfer sur terre. On y assassine, viole, vole, pille, on y pratique chantage et drogue : rassurez-vous, Goys français, abrutis, voyez en 1994, l'état des banlieues. Le paradis sera bientôt chez nous comme aux U.S.A.

Comment peuvent-ils réagir les zombies de la planète, vêtus de leur bluejeans Lévis, et de leurs oripeaux zoomorphes ? Ne sont-ils plus désormais que l'humus sur lequel germera la renaissance, après l'extermination quasi totale de la planète par la finance polluante de Rothschild à Soros, du marxisme exterminateur, du socialisme qui ruine sans appel, du freudisme aboulisant et pornographiant, du nucléaire et de ses déchets instockables d'Einstein, de la bombe atomique d'Oppenheimer, de la bombe à neutrons de S.T. Cohen.

Ce troupeau mondialiste d'homoncules rampe désormais, sous la férule totalitaire de la circoncisocratie mondialiste, raciste, mégalomaniaque, MACRO CRIMINELLE DE LÈSE-HUMANITÉ, et qui, à titre posthume se présentera devant un super tribunal de Nuremberg qui sera lui, authentiquement INTERNATIONAL ET NON INTERALLIÉ...

LA VÉRITÉ SUR LES RACES ET LE RACISME

LE RACISME DU PSEUDO ANTIRACISME

Il y a des décennies que l'on nous ment. On nous induit délibérément en erreur sur le problème du racisme et celui des races.

Il est primordial de connaître la vérité sur ce sujet fondamental. Il faut d'abord savoir qu'il est possible de fusionner des ethnies analogues telles que Français, Allemands, Russes, Espagnols etc. mais CRIMINEL de tenter de métisser des ethnies très différentes telles que Français, Noir d'Afrique ou Maghrébin. Dans ce second cas on génère des êtres intérieurement déchirés, instables, névrosés, qui peuvent constituer des masses révolutionnaires idéales de par les facteurs anarchiques qui les constituent.

Il faut savoir tout d'abord que LES RACES N'EXISTENT PAS.

IL N'EXISTE QUE LES ETHNIES QUI SONT LE RÉSULTAT D'UNE ADAPTATION HORMONALE À UN ENVIRONNEMENT FIXE SANS SOLUTION DE CONTINUITÉ, PENDANT UN MILLÉNAIRE ENVIRON.

Cela signifie par exemple qu'un couple d'esquimaux déterminé par le froid et la nourriture polaire, ne gardera pas son biotype « hypothyroïdien » s'il s'en va générer pendant des siècles dans une autre position géographique que la sienne. De même un Noir des environs de l'Équateur ne conservera ses caractéristiques « d'hypophysaire avec manifestation acromégaliques », que dans la mesure où il demeurera dans son environnement constitutif qui permet l'action puissante des rayons solaires sur le lobe médian de l'hypophyse.

Un CHOPIN, thyroïdien, ne naîtra jamais dans un pays équatorial. L'aspect particulier des Indiens ne se constitue et ne se conservera que dans la spécificité de l'Inde qui est à la fois climatique et nutritionnelle.

Les Pygmées, « hypothyroïdiens » également, correspondent à certaines carences relatives à un certain climat et environnement.

Cette réalité est spectaculairement démontrée dans des cas extrêmes comme celui de certains groupes humains atteints de nanisme, du fait de la carence iodée ne permettant pas un fonctionnement normal de la thyroïde.

Le seul véritable antiracisme, et il n'y en a aucun autre, consiste à soutenir et aider les ethnies méritantes et travailleuses dans le lieu géographique qui les a constituées. Le métissage institutionnalisé est donc un gravissime crime de lèse-humanité.

Un éleveur de chiens et de chevaux de race, sait parfaitement que leurs animaux doivent avoir une nourriture spécifique et que leur métissage n'est possible qu'au compte-gouttes et selon des normes rigoureuses.

POURQUOI les animaux bénéficieraient-ils d'un traitement de faveur refusé aux hommes au nom d'un prétendu antiracisme qui n'est que l'orchestration de la dégénérescence et du suicide de la race humaine ?

Ce que l'on fait pour les animaux doit être fait encore plus rigoureusement pour les hommes. Les mélanges ethniques génèrent automatiquement tous les racismes.

Les ethnies n'ont jamais été créées pour être mêlées. : Les livres sacrés de toutes les religions précisent bien que « l'homme ne doit pas mélanger ce que Dieu a séparé ». L'empirisme le plus élémentaire prouve à quel point cette règle est sage, et devient une simple énoncée de bon sens. La psychologie et la physiologie d'ethnies diverses sont différentes, et il est normal qu'elles réagissent l'une par rapport à l'autre comme des corps étrangers qu'il faudra rejeter par la force si nécessaire. C'EST CE QUE NOUS PRÉPARENT MONDIALEMENT LES PSEUDO ANTIRACISTES.

Deux ethnies différentes ne peuvent coexister que si elles ont atteint un degré avancé de déculturisation et de dégénérescence. Il se manifestera par la vulgarité générale, l'absence de règles morales, l'avachissement physique et vestimentaire, l'asymétrie faciales, les disproportions, le goût des musiques régressives et bestiales.

À ce degré d'effondrement le métissage n'a plus aucune importance : l'ethnie ayant disparu, il n'y a plus rien à préserver.

En ce qui concerne les « Juifs » le problème est radicalement différent.

LE VOCABLE « JUIF » N'A AUCUNE AUTRE ACCEPTION QUE RELIGIEUSE. Il implique la fidélité aux enseignements de la THORA ET A UNE TRADITION THÉOCRATIQUE DEVANT LAQUELLE SONT HÉRÉTIQUES ET CRIMINELLES TOUTES LES SPÉCULATIONS AMORALES ET ASYNTHETIQUES ATHÉES TELLES QUE CELLES DE WARBURG, HAMMER, ROTHSCHILD, MARX, FREUD, EINSTEIN, OPPENHEIMER, S.T.COHEN, PICASSO, MEYER-LANSKI, FLATO-SHARON, KAGANOVITCH, FRENKEL, YAGODA et consorts qui règnent sur une planète privée d'élites spirituelles providentielles.

Il n'y a donc NI RACE, NI ETHNIE JUIVE. D'une part parce que les races n'existent pas et d'autre part parce que AUCUN PEUPLE JUIF NE S'EST CONSTITUÉ PAR UNE APPARTENANCE AU MOINS MILLÉNAIRE A UN ENVIRONNEMENT FIXE.

L'enseignement nazi faisant provenir les Juifs de mélanges nègres ou autres combinaisons est une absurdité jaillisse du fait que les savants nazis n'ont pu penser à la circoncision ignorant tout de l'homme hormonal et en particulier l'antériorité fonctionnelle du système hormonal sur le système nerveux et l'être en général.

D'ailleurs un « Juif » de Pologne et un « Juif » d'Amérique du Sud sont tout à fait différents quant à leurs caractéristiques somatiques.

Ils peuvent avoir en commun des traits caricaturaux sujets de dérision historique, de même que des possibilités spéculatives hors pair, comme celles de la finance apatride, de la physique, de la médecine allopathique, du freudisme, du marxisme matérialistes, mais cela est EXCLUSIVEMENT dû à une perturbation hormonale agencée par la circoncision au 8ème jour, 1er jour des 21 jours de la 1ère puberté.

IL EST TRÈS FACILE DE COMPRENDRE que les méfaits de la finance des Rothschild-Soros, qui esclavagisent le monde entier et polluent la terre, des Marx et des 50 bourreaux carcéraux et concentrationnaires qui ont exterminé environ 100 millions de Goys en U.R.S.S., de la bombe atomique d'Oppenheimer, de la bombe à neutrons de S.T. Cohen, de la normalisation de la laideur par Picasso, comme du gangstérisme de Meyer Lanski et Flato-Sharon, SONT AUX ANTIPODES DES ENSEIGNEMENTS DE LA THORA.

Il s'agit donc là d'une SECTE INTERNATIONALE qui par le truchement d'une pseudodémocratie DONT ILS TIRENT TOUTES LES FICELLES, sont parvenus à rendre normatives toutes les formes de crimes majeurs, inscrites dans le libéralo-socialisme.

La spéculation libérale financière et marxiste Apocalyptique domine le monde entier selon une parfaite symbiose que ne cache pas le prétendu et meurtrier antagonisme entre Capitalisme libéral dominé par les Warburg et Hammer, et le Capitalisme d'État qui vient de s'effondrer en U.R.S.S, financé et dominé par Marx-Warburg-Hammer.

Il est remarquable de constater que cette secte de circoncis au 8ème jour, qui orchestre tous nos effondrements, qui n'est aucunement juive, mais macrocriminelle de lèse-humanité, est d'un racisme mégalomaniaque d'une part et D'AUTRE PART STIMULE TOUS LES RACISMES AU NOM DE L'ANTIRACISME, EN IMPOSANT ET DÉFENDANT LE MÉTISSAGE INSTITUTIONNALISÉ QUI DÉTRUIT TOUTE CULTURE.

Toutes ces données claires permettent de comprendre parfaitement d'une part la non existence des races, et d'autre part le racisme généralisé AU NOM DE L'ANTIRACISME, et qui va à brève échéance transformer en Liban des pays comme la France et L'Allemagne.

À noter en passant que la fameuse lutte contre l'Apartheid d'Afrique du Sud, va par sa victoire plonger le pays dans la misère économique et d'épouvantables massacres interethniques comme à la disparition des Blancs.

Ce qu'il fallait faire en Afrique du Sud était tout simplement d'améliorer la condition des Noirs. Il faut croire d'ailleurs qu'elle n'était plus si mauvaise puisque tous les Noirs d'Afrique, y compris ceux du Mozambique qui sautent sur des mines à la frontière tentent de rejoindre leurs frères ethniques d'Afrique du Sud dont ils envient la condition...

Il est donc fondamental de SUPPRIMER TOUTES LES MUTILATIONS SEXUELLES COMME LE PRÉVOIT LE NOUVEAU CODE PÉNAL ET

PARTICULIÈREMENT CELLES VOISINANT LA PREMIÈRE PUBERTÉ C'EST À DIRE AU PREMIERS JOURS DE LA NAISSANCE.

Cette mesure et un retour naturel à la théocratie permettra d'éviter le règne libéral de spéculations suicidaires pour l'homme et la planète qui n'ont aucune chance d'échapper au JUDÉO CARTÉSIANISME perdurant.

On ne peut parvenir à un retour aux normes vitales que par des dictatures orientées vers la Tradition car comme le disait le Docteur Alexis Carrel qui ne peut être en odeur de sainteté dans la pourriture politicienne où nous vivons : « LA DICTATURE EST LA RÉACTION NORMALE D'UN PEUPLE QUI NE VEUT PAS MOURIR »...

Au moment précis où je termine cette partie de mon livre, ma femme de ménage m'annonce le suicide d'un jeune de vingt ans...

Il avait dit à sa mère quelques jours auparavant : « il n'y a pas d'espoir, il n'y a pas de travail »...

LE MARÉCHAL EN « 1984 »

Cet essai a été écrit il y a 10 ans, puisque nous sommes, au moment où j'écris ces lignes en 1994. Les vérités ici énoncées sont encore mises davantage en relief par ces 10 années supplémentaires d'accélération suicidaire. Il y 10 ans le suicide des enfants et des jeunes, dont je viens d'avoir à l'instant encore un exemple parmi mes relations, n'occupait pas la une de l'information, pas plus d'ailleurs que les cataclysmes de Maastricht et du G.A.T.T.,[6] La Yougoslavie le Rwanda, l'expansion explosive de la Maffia, de la drogue, du Marxisme...

« JE VEUX LIBÉRER LES FRANÇAIS DE LA TUTELLE LE PLUS HONTEUSE, CELLE DE LA FINANCE ».

Cette phrase qui résume TOUTE la politique du Maréchal, lui vaudrait à elle seule toutes les absolutions si cela était nécessaire.

Dans les années 1984, ne sommes-nous pas dans une situation bien pire que celle prévue par Orwell dans son roman « 1984 » ? « Les mensonges choisis devenaient la vérité permanente ». « Le crime de la pensée » s'est manifesté pleinement lors de l'affaire Faurisson qui dénonça l'ineptie arithméticotechnique du dogme sacro-saint des *6-millions-chambres-à-gaz*. Dans la même foulée et pour la première fois

---

[6] Qui deviendra plus tard **l'Organisation Mondiale du Commerce**

dans l'Histoire de l'humanité, une thèse de doctorat, dont un Ministre socialiste, historien et Académicien Français, a dit le plus grand bien et a attesté du sérieux, est annulée (affaire Roques).

Un Colonel, chef des services Historiques de l'armée, est révoqué, uniquement parce qu'il s'est mal exprimé au sujet de l'affaire Dreyfus !

Il y avait de l'ambiguïté dans ses propos ! Il n'avait pas exprimé assez clairement la certitude de l'innocence de Dreyfus !

UBU CIRCONCIS ROI !

Pas de liberté de pensée et encore moins de PROUVER, en dehors de l'univers crépusculaire et hypnotique qui nous est soigneusement concocté par les déments qui nous dirigent.

Citons quelques passages de « 1984 » qui sont une description de notre actualité libéralobolchevique : « l'Histoire était grattée aussi souvent que cela était nécessaire. Il existait tout une suite de départements spéciaux qui s'occupaient pour les prolétaires, de délassement. On produisait des journaux stupides qui traitaient de sport, de crime, de violence, des chansons composées de manière mécanique. Il y avait une sous-section appelée « pornosex », occupée à produire le genre le plus bas de pornographie.

« La réalité est pire : les musiques rock et postérieures, régressives et bestiales, où l'on blesse, tue et piétine comme à Vancouver, Melbourne, Altamont, Cincinnati, Los Angeles où 650 jeunes ont trouvé la mort à un festival rock. Ces sons régressifs, au battement répété, aux multiples effets pathogènes sur le corps et l'esprit, stimulent anormalement la production physiologique d'adrénaline ce qui crée un état agressif criminogène ainsi que le taux d'endorphines dans le cerveau ce qui détermine un état d'abrutissement par effet anesthésiant et l'on se tue aussi par centaines aux matches de football. 1984 est dépassé !

Ainsi l'on peut « accepter les violations les plus flagrantes de la réalité car personne ne saisit l'énormité de ce qui est demandé » du fait de la SUBLIMINISATION GÉNÉRALE. En 1984 d'Orwell, le peuple déchargeait sa haine sur les écrans de télévision devant une tête qui symbolisait « l'ennemi fasciste », la bête immonde. Nous aurons notre symbole et probablement à la télévision avec la farce du procès Barbie tandis que les bourreaux ne diront jamais mot des 150 millions de victimes physiques du Bolchevisme financé par la banque juive USA. Et pendant ce temps, la guerre Irak-Iran rééquilibre sur un million de morts, les budgets des U.S.A, France, Israël, qui fournissent des armes à tous les belligérants au plus grand profit de Notre Dame la finance et notre père le Marxisme...

150 guerres totalement CAPITALOMARXISTES, depuis 50 ans, ne modifient en rien la confiance en tous les partis politiques : les voteurs persistants sont hébétés. Ils avalent tout bien sûr, sauf la vérité si l'on avait l'idée saugrenue de la leur servir. Avec un cynisme calculé, on la leur sort d'ailleurs par petits morceaux. Cette diabolique concession peut faire croire à une certaine liberté : elle n'est pas dangereuse et ne met pas le système en cause. Début 1994, la télévision nous a informé que « La Haute Finance, profitait de et gérait la drogue »...

Cette énormité a-t-elle sorti le voteurproducteurconsommateur de son coma ? Non ! « On pouvait octroyer la liberté au peuple car il était totalement privé d'intelligence : les journaux et la Télévision lui suffisaient »...

L'ATHÉELEVYSION ne suffit-elle pas en effet aux populations zombifiées. ? « La condition mentale dirigeante doit être la folie dirigée »...

« On leur avait inculqué la faculté de NE POUVOIR SAISIR UNE ANALOGIE, de ne pas pouvoir constater les erreurs de la logique la plus élémentaire, de ne pas comprendre les arguments les plus simples. On les avait dressés par l'audiovisuel à éprouver ennui et dégoût POUR TOUT CE QUI N'ÉTAIT PAS DANS LA LIGNE DE l'ORTHODOXIE OFFICIELLE.

Mais « 1984 » est moins tragique que 1994. Nulle part ne sont prévues les musiques pathogènes et la drogue mondiales. Si la pornographie est prévue, elle ne s'étale pas dans les rues comme les placards des films de Bénézareff entre Montparnasse et la gare de l'Est à Paris : « Salopes à enfiler » et « Plein le cul »...

S'il existe deux blocs antagonistes, ils sont diversifiés. Le premier bloc n'a pas ses milliardaires rouges, Hammer, Oppenheimer, Rockefeller et consorts, pour subventionner la pire forme de tyrannie qu'ait jamais connue l'Histoire. On n'y parle pas non plus de la décomposition massive des couples qui s'accroît en progressions géométriques, sur la futilité paranoïaque et la mort de l'amour. Telle femme corrigée légitimement quitte son mari qui vivra désormais à la lisière du suicide, et épouse le premier venu, tel homme de soixante-deux ans quitte sa femme de soixante ans qui se suicide...Ce genre d'exemples foisonne internationalement...

En « 1984 », Orwell n'avait pas prévu la mort du Rhin, Tchernobyl, 6 millions d'immigrés en provenance d'Afrique et d'Asie, un chômage monstrueux, qui selon le club de Rome va dépasser incessamment le milliard. L'augmentation incroyable des maladies vénériennes et L'APPARITION DU S.I.D.A.. « 1984 » N'a pas non plus prévu l'avènement du iatrogénisme et du tératogénisme (maladies données par les médicaments chimiques, les vaccinations systématiques, les atteintes génétiques). Il n'a pas prévu non plus les trafics sur les gênes et les chromosomes, pas plus que la monstruosité des « mères porteuses » devenues normatives dans les cerveaux totalement privés de sens moral et de sens esthétique. En 1984 « LE PLUS INTELLIGENT EST LE MOINS NORMAL »...

Voilà en effet qui résume tout et le roman d'Orwell est une histoire à l'eau de rose À CÔTÉ DE LA RÉALITÉ FACTUELLE FRANÇAISE ET MONDIALE...

Quant à l'Enseignement, cette pépinière de voteursconsommateurs, d'analphabètes, d'illettrés, de clients disco, de délinquants, de sacs patateux bariolés, de décérébrés totaux, il n'a rien à envier à « 1984 ».

Sous le masque imperturbable de la neutralité (ce fanatisme du néant), il a depuis longtemps barricadé toutes les issues vers le Spirituel, livré les rêves de l'enfance au zombisme, au fanatisme messianique révolutionnaire...

Il n'y a AUCUNE NEUTRALITÉ chez les Enseignants qui, tels des robots dociles, distillent, enseignement libre inclus, le saint évangile de Karl Marx.

ET TOUS LES PARTIS POLITIQUES ZOMBIFIÉS MANIPULÉS PAR WARBURG-MARX SONT RESPONSABLES DE CET EFFONDREMENT PLANIFIÉ ET CONSENTI.

Toutes les constitutions dites démocratiques ne permettent d'autres libertés QUE CELLE DU SUICIDE MONDIAL REVÊTU DES ORIPEAUX DU GRAND COUTURIER LIBERTÉ-EGALITÉ-FRATERNITÉ ; Belle liberté que celle accordée à FAURISSON, à NOTIN, à ROQUES, à ZUNDEL, au COLONEL GAUJAC etc.

Belle égalité que celle du milliardaire rouge Hammer et du financier Soros, et celle du chômeur ! Belle fraternité que celle aujourd'hui du Rwanda et de la Yougoslavie, de la faim capitaliste du Tiers-Monde, et désormais du Quart-Monde, qui ne cessera de croître, des 150 guerres capitalomarxistes de ce demi-siècle !

ET LE MARÉCHAL ? Qu'A-t-il FAIT, VOULU FAIRE ?

SA POLITIQUE NOUS AURAIT-ELLE MENÉS À CES HORREURS ???

Pour lui le travail des Français était la ressource suprême de la patrie. Il devait être sacré. Le Capitalisme et le Socialisme international qui l'avaient exploité, dégradé, faisaient partie de l'avant-guerre. Ils étaient d'autant plus funestes que s'opposant l'un à l'autre en apparence, ils se ménageaient en secret.

« NOUS NE SOUFFRIRONS PLUS LEUR TÉNÉBREUSE ALLIANCE », disait-il. Nous supprimerons les dissensions dans la cité, nous ne les admettrons pas à l'intérieur de nos usines et de nos fermes. Nous ne renoncerons ni au moteur puissant qu'est le profit, ni aux réserves que l'épargne accumule, mais le gain restera la récompense du labeur et du risque.

L'ARGENT NE SERA QUE LE SALAIRE DE L'EFFORT. IL NE FAUT PAS QU'UNE RACE DE MAÎTRES FASSE DE CEUX QUI TRAVAILLENT UNE RACE D'ESCLAVES.

Nous serons amenés à restaurer la tradition de l'artisanat et à ré-enraciner l'homme Français dans la terre de France.

LA LUTTE DES CLASSES CONSIDÉRÉE COMME LE GRAND MOTEUR DE PROGRÈS UNIVERSEL, EST UNE CONCEPTION ABSURDE QUI CONDUIT LES PEUPLES A LA DÉSINTÉGRATION ET A LA MORT...

Un statut nouveau devait préluder aux rapports du capital et du travail qui assurerait à chacun dignité et justice. Jamais dans l'Histoire de France, l'État n'a été plus asservi que pendant les décennies de l'avant-guerre, asservi simultanément par des coalitions d'intérêts économiques et par des équipes politiques et syndicales prétendant fallacieusement représenter la classe ouvrière. Le régime du Maréchal devait être une hiérarchie sociale et ne reposerait plus sur l'idée fausse de l'égalité naturelle des hommes mais sur l'égalité nécessaire des chances données à tous les Français de prouver leur aptitude à servir. Le régime économique d'avant-guerre faisait apparaître les mêmes défauts, que le régime politique : APPARENCE DE LIBÉRALISME MAIS EN FAIT ASSERVISSEMENT TOTAL AUX PUISSANCES D'ARGENT.

La libre concurrence était le ressort et le régulateur du régime libéral ; le jour où les coalitions et les trusts brisèrent ce mécanisme essentiel, la production et les prix furent livrés sans défense à la spéculation.

Alors ce fut le spectacle de millions d'hommes manquant du nécessaire en face de stocks invendus et même, crime suprême, détruits DANS LE SEUL BUT DE SOUTENIR LE COURS DES MATIÈRES PREMIÈRES.

« Je reprendrai », disait le Maréchal, « contre le Capitalisme égoïste et aveugle, la lutte que les souverains de France ont engagée et gagnée contre la féodalité. J'ENTENDS QUE MON PAYS NE SOIT PAS EXTERMINÉ PAR LE MARXISME ET LE LIBÉRALISME ÉCONOMIQUE ».

Comme tous les partis politiques sans exception sont complices de l'un et de l'autre, comment peut-on espérer que la Maréchal pût être réhabilité par le ROTHSCHILDO-MARXO-FREUDO-EINSTEINO-PICASSISME ?

Pour ceux qui pensent le Maréchal n'a nul besoin d'être réhabilité.

Quant aux autres, on ne demande pas aux bourreaux de réhabiliter leur victime !

Tout cela est d'une flagrante actualité. Nous sommes dans un « merdier » infiniment pire que celui décrit par le Maréchal, car s'il est le même qualitativement (avec ses aggravations : la femme totalement détruite en tant qu'épouse et mère), il a pris quantitativement des proportions boursouflées, avec accélération exponentielle vers le pire.

Les remèdes ? CEUX DU MARÉCHAL, c'est à dire le BON SENS. Le dilemme est simple : c'est cela ou la mort...

Après la tentative d'assassinat du Professeur Faurisson :

Les *6-millions-chambres-à-gaz* mythe et dogme ou réalité ? Le Pr Faurisson ennemi public n°1 ou héros international du XXème siècle ?

Arguments psychologiques majeurs

Les *6-millions-chambres-à-gaz* sont un dogme aussi bétonné que celui de la Rédemption. Qui irait chercher noise à un professeur qui nous révélerait que Pol Pot (qui n'a subi aucun procès pour crime de lèse-humanité !!) a assassiné 2 millions d'humains au lieu de 4, selon les informations officielles ? Qui s'indignerait si l'on apprenait que les bourreaux carcéraux et concentrationnaires juifs (Kaganovitch, Frenkel, Yagoda, Firine, Rappaport, Abramovici etc.) ont massacré en U.R.S.S. 30 millions de gens au lieu des 60 millions dont on crédite ces bourreaux ??? PERSONNE.

Pourquoi diable, le fait d'annoncer l'EXCELLENTE NOUVELLE qu'il n'y a pas eu 6 millions de victimes juives et aucune chambre à gaz pour exterminer 1000 personnes à la fois, SERAIT UNE MAUVAISE NOUVELLE A SANCTIONNER PAR LA JUSTICE ???

En 5000 ans d'Histoire le cas est unique : il illustre de façon fulgurante le phénomène juif bien connu de la jérémiade. Tous ceux qui donnent des preuves de cette imposture sont inculpés, y compris celui qui est mort de son séjour dans les camps allemands : PAUL RASSINIER, député socialiste, professeur d'Histoire, interné pendant des années dans les camps allemands, qui en sortit pesant 30kg, mourut des suites de son internement, fut poursuivi pour les livres qu'il écrivit pour clamer la vérité. Depuis sa mort, ses publications sont plongées dans la conspiration du silence, au nom sans doute de la, liberté démocratique d'expression...

LE PROFESSEUR FAURISSON, qui étudia le problème pendant 20 années, et fut condamné bien que le jury « N'AIT PAS CONTESTÉ LE SÉRIEUX DE SES TRAVAUX À DÉBATTRE AVEC LES SPÉCIALISTES ET LE PUBLIC »... (attendus du jugement).

HENRI ROQUES, dont la thèse sur le rapport Gerstein fut annulée pour la première fois dans l'Histoire, alors que le plus important historien médiatique, Alain Decaux, devenu ministre socialiste, a attesté publiquement de l'excellence de cette thèse. Cette thèse aurait d'ailleurs dû être inutile, puisqu'elle a été récusée au procès de Nuremberg !

ERNST ZUNDEL, au Canada dont le procès a fait grand bruit. Non seulement il a anéanti le mythe de l'Holocauste, mais l'ingénieur spécialiste des gazages aux U.S.A, F. LEUCHTER, a démontré qu'il ne pouvait y avoir eu à Auschwitz LE MOINDRE GAZAGE D'HUMAINS AU CYCLON B. De plus le procès a établi sans la moindre ambiguïté, UNE CONJURATION INTERNATIONALE

DES BANQUIERS SIONISTES ET DU BOLCHEVISME...

Malgré le bruit considérable que ce procès fit au Canada, AUCUNE INFORMATION NE TRANSPIRA DANS LES MEDIA SUR LESQUELS SE POSE UNE MAIN MISE TOTALITAIRE.

Au colloque qui s'est tenu en 1980 contre Faurisson (ET AUQUEL IL NE FUT PAS TRÈS DÉMOCRATIQUEMENT INVITÉ : « ON PARLE SUR LES RÉVISIONNISTES MAIS PAS AVEC », dit, sans honte un Exterminationiste CONFIT DANS LA PROBITÉ INTELLECTUELLE ET LA LIBERTÉ DÉMOCRATIQUE D'EXPRESSION !!!),

Raymond Aron admit qu'il n'y avait aucune espèce de preuves concrètes, aucun écrit établissant l'existence incontestable des chambres à gaz homicides...

On saisit les ANNALES RÉVISIONNISTES, toujours au nom de la liberté démocratique d'expression. Aucun droit de réponse pour le professeur Faurisson insulté grossièrement à l'émission de Polac. Le même jour 70.000 jeunes zombifiés enlèvent leur culotte pour imiter une petite bêleuse scandée de textes ignares. La pornographie et la drogue se répandent très démocratiquement comme les musiques régressives et pathogènes.

Depuis quand la démocratie ne permet-elle pas LA LIBRE EXPRESSION AINSI QUE LA RÉPONSE ET LES PREUVES QUI ANÉANTIRAIENT UN ÉVENTUEL MENSONGE ???

Faurisson implore, supplie afin qu'on le mette en face de contradicteurs multiples devant un public aussi vaste que possible ! ! !

QUE L'ON ME MONTRE EN 5000 ANS DE JUDÉO CHRISTIANISME UN SEUL MENTEUR QUI EN AIT FAIT AUTANT !

La mauvaise foi, la hargne générale, les gaz lacrymogènes, les coups et blessures, les tentatives d'assassinat PROUVENT SANS APPEL QUE FAURISSON A RAISON AVANT MÊME D'ÉTUDIER LES RELATIONS ARITHMÉTIQUES ET TECHNIQUES CONCERNANT CE PROBLÈME...

De plus on le traite de « nazi », comme tous ceux qui évoquent ce problème sacro-saint ne relevant que de L'ADORATION PERPÉTUELLE.

Pourtant chacun sait que Faurisson est démocrate, antinazi et membre de la Ligue des Athées. Remarquons en passant que cette ligue qui hurle son épicentrisme démocratique n'a pas voulu conserver Faurisson parmi ses membres À CAUSE DE LA NATURE DE SES RECHERCHES ET DE SES DÉCOUVERTES. Si Mr Lévy n'est plus ridicule au XXème siècle, Mr Homais non plus ! ! !

Il ne reste aucun doute.

L'absoluité milleneufcentquatrevingtquatresque conférée au dogme des *6-millions-chambres-à-gaz* est la preuve psychologique flagrante de son imposture.

Si Faurisson avait tort il y a longtemps qu'on le lui aurait prouvé devant un public aussi vaste que possible ce qui était facilissime à la Juiverie dirigeante...

PREUVES ARITHMÉTIQUES ET TECHNIQUES

6 millions et même 4 (en supposant que 2 millions soient morts de faits de guerre ce qui est inexact), représentent un pays comme la Suisse.

Ils auraient été exterminés en 1943-44 dans 7 camps de concentration.

On connaît le nombre exact de fours crématoires, la durée individuelle et globale de crémation. EN FAIT LES FOURS CRÉMATOIRES PERFECTIONNÉS N'ONT ÉTÉ INSTALLÉS QUE FIN 1943 (Georges Wellers dans son livre en faveur des chambres à gaz, le confirme lui-même !). Cela signifie que la crémation n'est devenue techniquement parfaite qu'à partir de l'installation de ces fours. Des crémations globales massives antérieures n'auraient pu être exhaustives. Elles auraient déclenché des épidémies de typhus en Europe entière.

SI L'ON FAIT FONCTIONNER LES FOURS CRÉMATOIRES SELON LA DURÉE CONNUE DE LA CRÉMATION HOLOCAUSTIENNE MOINS DE 2 ANS ET LA DURÉE INDIVIDUELLE CONNUE, LE RÉSULTAT EST QUE LES FOURS CONTINUENT À FONCTIONNER JUSQU'À L'ANNÉE 2020 !!!

TOUS les fours crématoires, absolument nécessaires pour éviter le typhus, sont en état. On connaît parfaitement leur fonctionnement.

EN REVANCHE IL N'EXISTE AUCUNE CHAMBRE À GAZ AU CYCLON B. Rappelons que ce produit est utilisé en Allemagne par les services d'hygiène, depuis 1921.

À cet égard il est divertissant de visiter la chambre à gaz du Struthoff en Alsace où l'acide cyanhydrique se serait échappé par une cheminée, après gazage, À UNE CINQUANTAINE DE MÈTRES DE LA RÉSIDENCE DU COMMANDANT...!!!

« Après le gazage on ouvrait : les victimes encore palpitantes tombaient dans nos bras. Cinq minutes plus tard on débarrassait les cadavres ».

Ceci est une ineptie car il faut 20 heures de ventilation et des masques à gaz pour effectuer une pareille opération...

Chacun peut se renseigner sur la chambre à gaz utilisée aux U.S.A pour UN (maximum 2) condamné à mort. SA COMPLEXITÉ INOUÏE MONTRE SANS APPEL QUE LE GAZAGE À L'ACIDE CYANHYDRIQUE DE 2000 PERSONNES À LA FOIS, EST UNE INEPTIE TECHNIQUE.

Que l'on ait pu prendre le minuscule réduit du Struthof pour une chambre à gaz pendant 40 ans, restera un exemple historique mémorable de la naïveté des masses. Il en est de même d'ailleurs de toute cette affaire qui ne résiste pas à quelques minutes de réflexions arithméticotechniques du niveau du certificat d'études primaires. Il est certain que si l'on posait à un élève de CM2 le problème des *6-millions-chambres-à-gaz* et qu'il le résolvait selon les affirmations officielles de la propagande, il aurait zéro à sa copie.

En 1949 ce n'est pas hier au procès de la DEGESH fabrique du cyclon B, le PDG de la firme le Dr Héli, et l'inventeur du cyclon B le Dr Ra ont affirmé que le gazage dans les conditions décrites étaient impossibles et IMPENSABLES. PERSONNE NE NOUS PARLE DE CE PROCÈS COMME PERSONNE NE NOUS DIT QUE LE RAPPORT GERSTEIN DONT LA JUDÉOCRATIE EXCIPE DEPUIS 50 ANS, A ÉTÉ RÉCUSÉ AU PROCÈS DE NUREMBERG !

Un journal américain célèbre, l'AMERICAN JEWISH YEAR BOOK, nous précise dans le n° 43 page 666, QUE DANS L'EUROPE OCCUPÉE PAR LES ALLEMANDS EN 1941, IL Y AVAIT 3.300.000 JUIFS !

On peut admirer la conscience, la logique et la bonne foi des exterminationistes dans cet extrait du MONDE en date du 21 NOVEMBRE 1979 : « Chacun est libre d'imaginer ou de rêver que ces faits monstrueux n'ont pas eu lieu. Ils ont malheureusement eu lieu et personne ne peut en nier l'existence sans outrager la vérité. Il ne faut pas se demander comment techniquement un tel meurtre de masse a été possible : IL A ÉTÉ POSSIBLE TECHNIQUEMENT PUISQU'IL A EU LIEU.

TEL EST LE POINT DE DÉPART DE TOUTE ENQUÊTE HISTORIQUE À CE SUJET.

Il nous appartient de le rappeler simplement : il n'a pas, IL NE PEUT Y AVOIR DE DÉBATS SUR LES CHAMBRES À GAZ »...

Le malheur c'est que c'est précisément sur le point de départ précité et souligné que FAURISSON A COMMENCE CES TRAVAUX POUR DÉMONTRER À SES ÉTUDIANTS LA RELATION DES CHAMBRES À GAZ ET DES 6 MILLIONS. Le malheur est que c'est cette « réalité » qui l'a mené à la découverte de la plus grande supercherie de l'Histoire.

En tout cas à la stupéfiante affirmation paranoïaque et dogmatique qui précède et dont l'insanité éclate aux yeux de quiconque (quelle note pourrions-nous mettre à un étudiant qui ferait cheminer une dissertation selon une telle logique ? !). Une professeur journaliste Suisse, Mme Paschoud, (qui a depuis subi LES PIRES PERSÉCUTIONS), nous dit : « Les chambres à gaz ont existé, soit ! Je voudrais alors qu'on m'explique pourquoi depuis plus de 20 ans on s'acharne à atteindre les Révisionnistes dans leur vie professionnelle et privée alors qu'il serait simple POUR LES FAIRE TAIRE DÉFINITIVEMENT DE PRODUIRE UNE SEULE ET UNIQUE DE CES INNOMBRABLES PREUVES IRRÉFUTABLES QUE L'ON PRÉTEND POUVOIR BRANDIR SANS CESSE »... ?

Qui pourrait dire que ces deux phrases ne répondent pas définitivement au texte insane qui précède ?

Mais voilà le clou dont les Soviets sont les forgerons : » LA PUBLICATION DES ARCHIVES RUSSES

D'AUSCHWITZ PORTE A 75 000 LE NOMBRE DES VICTIMES D'AUSCHWITZ PENDANT LA DURÉE DE L'HITLÉRISME...

FAURISSON PORTE A ENVIRON 150 000 LE NOMBRE TOTAL DES VICTIMES D'AUSCHWITZ.

LA CONCLUSION EST CLAIRE : PAR QUELQUE BOUT QUE L'ON PRENNE LE PROBLÈME, LE DOGME BÉTONNÉ DES 6MILLIONSCHAMBRESAGAZ EST UNE INEPTIE :

PSYCHOLOGIQUE ARITHMÉTIQUE TECHNIQUE

FAURISSON EST DONC UN HÉROS QUI RISQUE SA VIE CONTRE LE PLUS GROS, LE PLUS UNIQUE, LE PLUS INSOLITE, LE PLUS INUTILE MENSONGE DE L'HISTOIRE.[7]

Les Lois staliniennes, Orwelliennes, anticonstitutionnelles de « crimes de la pensée » sont désormais la preuve par neuf de l'imposture : tout le monde a compris...

On n'a pas besoin de lois dictatoriales pour imposer la VÉRITÉ...

---

[7] Quand nous disons « inutile » nous ne parlons pas de cet aspect grossier et honteux de l'exploitation politico-financière de cette jérémiade.
Notons également que les lois staliniennes, anticonstitutionnelles, de « crime de la pensée » sont désormais la PREUVE PAR NEUF de l'imposture : on n'a pas besoin de lois dictatoriales pour imposer la vérité.

LE MYTHE DE LA PRODUCTION INDÉFINIE ET LA CANNIBALISATION DE LA NATURE

L'humanisme a fait de l'homme le nombril de l'univers et il en résulte l'agonie de l'homme et de la nature : l'humanisme est donc répudié.

Malgré un léger arrêt de la croissance économique, le mythe persiste ancré et absolu. Nous persistons à poéter plus haut que nous avons le luth. Certains comme Cousteau, réalisent que nous sommes en train de veiller sur le lit mortuaire de la nature. Notre planète a un diamètre de 10.000 km. Elle est recouverte de 3/4 d'eau et de 2/5 de terre. Si nous enlevons les régions polaires, les déserts et autres endroits inhospitaliers, nous constatons que notre espace viable se réduit à une bande étroite autour du 50ème parallèle. Espace mince et étroit certes.

Cependant les pays industriels qui se trouvent précisément dans cet espace viable ont progressivement investi beaucoup de terre fertile qui, par conséquent ne produit plus rien, car ils ont besoin de ce trésor pour rues, maisons et surtout COMPLEXES INDUSTRIELS. Comme tout névrosé, nous croyons dur comme fer, que la chose est indispensable à notre croissance économique, vitale pour notre bien-être, ET CONDITION SINE QUA NON DU PROGRÈS.

Nous nous sommes habitués à la bonne vie. Nous courons au drugstore ou chez l'allopathe pour un petit rien, croyant que la médecine moderne hautement qualifiée hélas pathogène et tératogène, mais qui le sait ? va nous guérir et nous rassurer et que nous vivrons ainsi une bonne longue vie dans un vaste confort, bien entendu. Nous nous permettons des libertés dont aucune génération antérieure n'a jamais rêvé. Grâce aux merveilles de la réalisation technique, temps et espace ont rétréci. On aperçoit l'infirment grand et l'on distingue l'infirment petit. Cette perspective hyperanalytique du mental nous l'utilisons non seulement pour promouvoir ce que l'on appelle par erreur « éducation », mais aussi pour faire tourner les rouages de l'industrialisation et de la production en série. Le résultat de cette production frénétique est une forme d'hystérie qui se caractérise par un symptôme : LA PRODUCTION CESSE DE SATISFAIRE NOS BESOINS POUR DÉBOUCHER SUR LA VÉSANIE DE LA PRODUCTION POUR LA PRODUCTION, DE LA CONSOMMATION POUR LA CONSOMMATION.

Nos connaissances et nos ressources ne sont plus utilisées que dans un seul but : LE PROCESSUS EXCLUSIF DE L'ASSASSINAT DE LA NATURE. En économie libérale on nomme cela « croissance économique » et l'économie communiste n'a fait que reproduire implacablement le crime capitaliste de mutilation irréversible de notre environnement terrien. PENSER ET AGIR ÉCOLOGIQUEMENT A UN SENS.

Malheureusement si ceux que l'on dénomme « PAÏENS » (mot qui signifie « paysan ») étaient conscients de ce sens, ceux qui s'étiquettent « écologistes », SONT TRÈS LOIN DE SAVOIR ; Quel est ce sens ?

Il est clair.

Il faut comprendre que la réalité profonde de toute chose est que : tout est interdépendant dans ce monde et l'on ne peut se moquer de la nature car, *ELLE NE PARDONNE JAMAIS*.

En conséquence toute notre civilisation doit adopter une autre direction que la stratégie suicidaire judéocartésienne : elle sera RAISONNABLE et non rentable à court terme et PARALOGIQUE.

Notre économie épuise une énergie et des matières premières infiniment précieuses QUI SE SONT CONSTITUÉES PENDANT DES MILLÉNAIRES.

Il s'agit d'un processus de consommation dont nous n'avons aucune raison d'être fiers malgré tous les petits gadgets qu'il nous fournit et que nous admirons, les yeux écarquillés, avec la naïveté d'un enfant de cinq ans à qui l'on vient d'offrir un train électrique. Or notre société, nous le savons, produit des objets qui n'ont aucune chance d'être utilisés dans 100 ans.

LA CHOSE LA PLUS TERRIFIANTE EST LA VITESSE EXPONENTIELLE AVEC LAQUELLE NOUS CONSOMMONS LES MATIÈRES PREMIÈRES ET L'ÉNERGIE :

ELLE DOUBLE TOUS LES 40 ANS. Nous pouvons donc évaluer le temps qui nous reste pour épuiser FER,

ALUMINIUM, CUIVRE, CHARBON, PÉTROLE, URANIUM...

Le « big business » se creuse fébrilement les méninges pour trouver les moyens de conjurer l'inévitable avant que nous ayons exploité la dernière goutte de précieux pétrole de la planète. Il est tout à fait absurde de penser que les découvertes nouvelles de réserves nous permettrons de prolonger notre pillage de la nature.

LE TEMPS DE LA FIN DE TOUT POURRA ÊTRE PROLONGE D'UN INFIME PETIT CHOUYA. C'est tout ce que l'on peut espérer.

En attendant on continue à bégayer comme des robots, des slogans imbéciles en l'honneur du « merveilleux progrès ».

THÉORIQUEMENT nous pourrions guérir cette psychose de l'exploitation sans fin pour un profit sans honneur et retourner à une « économie de la nature ». Pendant des âges nous avons utilisé des sources d'énergie qui se régénéraient, telles que l'eau et la bois.

En réalité hélas, la chose est pratiquement difficile voire impossible.

On ne voit pas comment diminuer la consommation de matières premières et de l'énergie car sur notre petite planète, PLUS DE 4 MILLIARDS d'êtres humains doivent vivre, dont 3 milliards dans des pays dénommés par quelqu'humoriste noir, « en voie de développement »... Ces pays sont en effet, RADICALEMENT incapables de nourrir leurs citoyens et rejettent l'effort nécessaire à la limitation des naissances de leurs ressortissants faméliques.

De temps en temps il nous parvient des documents visuels, écrits, parlés, qui dépeignent l'horreur bouleversante d'enfants victimes de malnutrition, et sollicitant notre aide. Certes LES SOMMES GIGANTESQUES investies dans l'armement mondial des nations permettraient pour un temps de les soulager tous et de dépolluer quelque peu par le fait même que l'industrie, polluante par définition, ne produirait plus d'armes. Cette vue charitable ne serait qu'un palliatif très provisoire. L'AIDE SERVIRAIT AUSSI À ACCROÎTRE LE TAUX DE NAISSANCES VOUÉES AUX FAMINES et de ce fait les exigences d'aides SERAIENT RÉGULIÈREMENT ACCRUES DE FAÇON EXPONENTIELLE...

Nous savons que la plupart des enfants de ces pays mourront de faim.

Cependant le taux de naissance et le cycle du paupérisme se concentrent en des nœuds de plus en plus serrés.

Il n'empêche que nos business men continuent à considérer ces pays comme des marchés pour leurs articles en série, tellement surproduits qu'ils ne trouvent pas de débouchés dans les pays où ils ont été fabriqués. Il est vrai que lorsque ces pays sont insolvables, la finance ne pouvant exercer son totalitarisme occulte des Multinationales, livre les pays qu'il convient, et au nom du droit des peuples à disposer d'eux-mêmes, au MARXISME EXTERMINATEUR. On ne cesse de nous clamer que, en aidant ces pays pauvres, nous assurons nos emplois, et élevons notre standard de vie. Est-ce que cela vaut la peine à 4 milliards d'individus d'une planète surpeuplée d'acquérir télévisions, réfrigérateurs, voitures et voyages de vacances ?!?

Cela ne vaut pas la peine car il faudra 40 ans si nous avons encore des matières premières, pour accorder ce plaisir à 4 milliards d'individus lesquels seront sept milliards à l'expiration de ces 40 ans.

De plus, les articles fournis seront depuis longtemps usés ou périmés.

NOUS SOMMES DONC MENÉS PAR DES GRIBOUILLES PARALOGIQUES AVEC LESQUELS TOUT DIALOGUE SYNTHÉTIQUE EST IMPOSSIBLE et qui d'ailleurs, même lucides, NE POURRAIENT RIEN FAIRE DU FAIT DU TOTALITARISME ABSOLU DE LA FINANCE DITE « JUIVE »...

LA SURPOPULATION DU TIERS MONDE EST UN DÉSASTRE

Il aurait fallu promouvoir une baisse de la population du Tiers Monde, mais de nombreux politiciens de ces pays concernés, considèrent le contrôle des naissances comme un euphémisme qui cache une volonté d'extermination des NON-Blancs. Ils ont même institué un programme de naissances...

Il est donc certain que l'aide aux Pays sous-développés, et non « en voie de développement », est pour nous UNE

FORME SUPPLÉMENTAIRE DE SUICIDE ET NON DE CHARITÉ AUTHENTIQUE.

Une aide éventuelle nous reviendra en boomerang sous la forme d'une armée gigantesque et famélique qui exigera de plus en plus d'aide.

L'aide prodiguée aux femmes enceintes signifie pour demain des enfants qui mourront de faim. Il n'y a aucune illusion à se faire à ce sujet.

Ce seront des niagaras de réfugiés misérables défilant vers nous jour après jour. Tout cela dans un contexte ubuesque car QUELLE AIDE POURRONS NOUS OFFRIR ALORS QUE NOS MATIÈRES PREMIÈRES SERONT VIRTUELLEMENT ÉPUISÉES ?

Je lisais récemment dans le « RAPPORT CARTER » parmi un océan d'impasses que, par exemple, la Catalogne sera désertique vers la fin du XXIème siècle...

Dans 60 ans il y aura 12 milliards d'individus sur la planète si notre civilisation judéo cartésienne, conclusion logique du judéo-christianisme, ne s'est pas totalement écroulée.

TRÈS PEU parmi nous, comprennent que le processus d'extermination qu'on appelle croissance économique, est relié de façon exponentielle à l'accroissement de la population du Tiers Monde. La rapidité avec laquelle nous consommons les matières premières de la planète et son énergie double en même temps que la population et ceci BIEN QUE LES POPULATIONS BLANCHES

DÉCROISSENT DANS DES PROPORTIONS PLUS QU'INQUIÉTANTES.

Menés par des démagogues incompétents qui doivent leurs indemnités à la « dictature démocratique de la finance », et qui sont ENTIÈREMENT DÉPOURVUS, COMME LEURS MAITRES, D'ESPRIT DE SYNTHÈSE.

On nous oblige à croire que la croissance économique est plus importante que l'avenir de nos enfants.

Aussi la CROISSANCE est-elle le fétiche à tous vents de ces démagogues.

Il est un fait évident, c'est que politiciens, prêtres, pasteurs divers et autres pantins ou clowns (PENSONS QUE L'ABBÉ PIERRE A FAIT VOTER POUR MAASTRICHT ! ! !) nous poussent à l'adoration perpétuelle de la CROISSANCE ÉCONOMIQUE dogme aussi sacro-saint que celui de l'HOLOCAUSTE.

Nous allons le payer de notre vie et de CELLE DE NOS ENFANTS.

La croissance économique est un splendide nénuphar que nous regardons avec adoration tandis qu'il pousse, pousse, pousse, jusqu'à recouvrir la surface entière du lac, l'étouffant ainsi du mirage même qui nous éblouit.

Après tout, on a les maîtres et les mythes que l'on mérite...

Statistiques Onusiennes

Elles sont effrayantes : un milliard et demi d'êtres humains vivant dans la pauvreté absolue. Un milliard au seuil de la pauvreté.

800 millions de sous alimentés. Un milliard d'analphabètes.

Et tout le monde s'interroge chaque jour sur ce que sera le XXIème siècle. L'humanité recule, le progrès matériel est une régression générale et la pauvreté pour la majorité...

Le mythe du progrès

« *Le mensonge du progrès, c'est Israël* » (Simone Weil)

« *Votre essai sur le progrès est parfait* » (Gustave Thibon).

Aucun terme n'est plus galvaudé que celui-là : « Vive le progrès », « on n'arrête pas le progrès », et autres slogans que la légèreté populaire profère en toute inconscience.

Ce mot ambigu ne couvre qu'un seul aspect du progrès, il s'agit du progrès MATÉRIEL, TECHNIQUE et de ses corollaires inattendus.

Certes nous savons que l'homme a créé des machines, des automobiles, des avions, des fusées, des ordinateurs, des réfrigérateurs, des radios, des télévisions, des centrales thermonucléaires avec leur Tchernobyl et les possibilités de transformer les endroits où elles sont implantées, en déserts radioactifs pour des millénaires...

Mais ce progrès est-il une réalité profonde ou ne s'inscrit-il pas au sein des chimères tragiques que la métaphysique orientale désigne sous le nom de « MAYA » qui signifie « illusion »... ?

Il y a en effet de multiples affligeants revers à la médaille du progrès : la destruction des équilibres écologiques, la disparition des espèces animales et végétales à une vitesse exponentielle, l'effondrement spirituel, moral, biologique, de l'homme, par une nourriture industrielle chimiquée, RADICALEMENT NON SPÉCIFIQUE DU BIOTYPE HUMAIN, un mode thérapeutique pathogène et tératogène, l'existence de déchets radioactifs pratiquement indestructibles et instockables, l'influence d'inversions monstrueuses telles que le Marxisme et le Freudisme, en un mot, LA POLLUTION UNIVERSELLE DE LA PLANÈTE, DES ÂMES ET DES CORPS...

Telle est la lugubre rançon du progrès.

LE VÉRITABLE PROGRÈS DOIT ÊTRE LA PARFAITE SYMBIOSE DE QUATRE PERSPECTIVES :

Matériel :

Mais sans conséquences négatives. Dans l'Ancienne Égypte lorsqu'un savant avait fait une découverte qui pourrait un jour nuire à l'homme synthétique, c'est à dire considéré dans son entier au sein de la nature, LA CASTE

SACERDOTALE LE CONTRAIGNAIT A AVALER SYMBOLIQUEMENT LE PAPYRUS SUR LEQUEL ELLE ÉTAIT EXPOSÉE. Un instrument ou un système qui améliore le travail d'un artisan ne doit jamais être rejeté. Mais comme le disait Simone Weil, « tout progrès matériel qui mène au système concentrationnaire des usines doit être banni ». Ce « progrès » ne pouvant mener qu'à la dictature de la finance, à la surproduction, à la surconsommation, de produits toxiques et sans âme, au règne de l'usure (crédit officialisé), aux guerres économiques, internationales et à toutes les formes de pollutions concrètes et abstraites.

C'est pourquoi la tentative allemande d'avant-guerre (1939) de retourner à la tradition AUTARCIQUE était vouée à l'échec du fait même de la dictature absolue de la finance qui devra mener un jour au Mondialisme, un monde pollué et dégénéré.

Le prolétariat aliéné, exploité par le Capitalisme, proie facile d'idéologies suicidaires d'extrême robotisation, et qui détruit « pour leur bien » des dizaines de millions de personnes, est aussi le produit de ce progrès frauduleux et polluant...

Spirituel :

Et cela FONDAMENTALEMENT avant même d'être matériel. Mais la spiritualité a disparu à tel point que la majorité des sous-humains demeurant sur la planète, ignorent même le sens du mot. Les gens sont devenus athées « inconscients », tel l'homme le plus primitif. Curieusement l'athéisme militant marque encore un vestige de spiritualité. Les gens se haïssent ou s'ignorent, nations et individus se combattent pour de dérisoires motifs, parce que le psychisme n'atteint plus le sens élémentaire de la rigueur, de la vérité, de la justice, de l'amour. Toutes les formes d'anomalies mentales ou de délinquances fleurissent, s'accroissent, se banalisent et deviennent normatives, comme l'homosexualité par exemple. La spiritualité est si peu l'apanage des hommes d'état actuels que l'athéisme règne en politique comme ailleurs dans la quasi-totalité d'un monde agonisant, et cela pour la première fois dans l'Histoire de l'humanité consciente.

Moral :

Il implique une conscience de plus en plus aiguë du bien et du mal.

Cette conscience est donnée à l'être par son âme et non par des définitions intellectualistes abstraites. AUJOURD'HUI NOUS ASSISTONS A LA LIQUÉFACTION DU SENS MORAL...

Aussi les conséquences sont-elles manifestes : guerres, révolutions basées sur des revendications corticales et téléguidées par la Finance et non sur la seule revendication légitime qui viserait à l'avènement d'un corps d'une élite véritable et digne de ce nom.

Aussi dans un monde ENTIÈREMENT PRIVÉ D'ESPRIT DE SYNTHÈSE, musiques régressives scandées pathogènes et criminogènes, drogue, homosexualité (dont l'étiologie est particulièrement basée sur la carence en vitamine et la masturbation précoce encouragée par les TORDJMAN et Cie), croissent en progression géométrique, comme d'ailleurs toutes les formes de délinquances parmi lesquelles la délinquance juvénile est la plus tragique.

En 1991, il y a eu aux U.S.A, alors que la peine de mort est pratiquement abolie, plus de 20. 000 morts violentes !

Esthétique :

Il implique l'épanouissement du sens de la beauté.

Et non pas de la peinture abstraite réalisée par la queue d'un âne ou les pattes d'un oiseau...

De nos jours la laideur dilue l'humanité : ELLE EST COMME LA FOLIE, LA BÊTISE, L'ATHÉISME, L'HOMOSEXUALITÉ DEVENUE NORMATIVE. Les sous-humains dans leur ambiguïté sexuelle, enveloppés de leur blue jeans Lévis unisexe, n'ont plus rien de commun dans leur aspect biotypologique avec un artisan du Moyen-âge ou un noble de la

Renaissance. L'art pictural se perd dans l'horreur, aux dires de Picasso lui-même qui s'est confessé à l'écrivain Papini, « d'exploiter du mieux qu'il peut la bêtise et la cupidité humaine »...

L'architecture évolue entre la hideur des gratte-ciel, le centre Pompidou et les « poubelles à peuple » des grandes cités modernes, qui ne sont pas étrangères à l'étiologie de la délinquance juvénile.

LA PEINE EST INEXISTANTE OU PUNIE PAR LA LOI. Elle peut mener en prison qui a l'audace de l'exprimer si elle met en échec la cryptodictature (de moins en moins crypto) qui nous dirige.

La littérature se perd et se noie dans l'insignifiant, dans les formalismes infantiles, qui ne sont que le manteau de totale vacuité. La psychologie disparaît et se voit remplacée par les enfers libidineux freudiens, qui ne reposent sur aucune réalité scientifique.

Ce pansexualisme, cette démonie de l'économie marxiste, s'allient pour détruire l'homme DE l'INTÉRIEUR ET DE L'EXTÉRIEUR.

IL N'Y A DONC PAS DE VÉRITABLE PROGRES.

Si le progrès avait été réel il n'aurait pas réduit le Tiers Monde à la famine, le monde Occidental au Quart Monde, aux magouilles politiciennes, et à toutes les formes de crimes et de pollutions.

Le progrès que nous connaissons est une illusion puisqu'il débouche sur la destruction de l'espèce humaine et de son environnement. La Méditerranée et le Rhin sont en train de mourir du déversement de déchets industriels. 2000 lacs sont morts biologiquement en Suède, et 5000 au Canada. Les forêts disparaissent non seulement du fait de la surconsommation de papier mais par les gaz toxiques émanant des usines et des voitures, tel l'acide sulfurique.

Ce pseudoprogrès n'implique qu'une avance dans l'approche mathématicoanalytique de l'esprit.

IL IGNORE LE RÉEL.

Il a donc la même pathologie que les maladies mentales qui accusent ce symptôme : il se détruit et détruit tout ce qu'il touche.

Nous sommes en régression tragique et non « en progrès ». Cette régression peut nous mener à un suicide collectif et non au véritable progrès.

Un primate fort en math, avec salle de bain, fusil mitrailleur, le loto, une pilule pathogène et tératogène pour sa compagne, l'Express, une télévision infantile et subliminale, n'est pas plus avancé que son ancêtre qui n'avait qu'une fronde et la rivière pour se baigner.

IL NE RISQUAIT PAS DE DÉTRUIRE SES SEMBLABLES ET LA NATURE NI DE SE SUICIDER APRÈS AVOIR ÉTÉ DÉSAGRÈGÉ PAR WARBURG, MARX, FREUD, ET EXTERMINÉ EN FIN DE COMPTE PAR LA BOMBE ATOMIQUE D'OPPENHEIMER, PERFECTIONNÉE PAR LA BOMBE À NEUTRONS DE Mr S.T.COHEN...

LE SUICIDE MONDIAL JUDÉO CARTÉSIEN

Dans cet univers analytico-spéculatif entièrement privé d'intelligence, c'est à dire d'esprit de synthèse et de sens moral, nous avons réalisé :

La chimification du sol, d'où la stérilité de celui-ci. (50 ans d'engrais chimiques rendent le sol définitivement improductif)

La chimification alimentaire (colorants, conservateurs) et thérapeutique provoquent dégénérescence de la race humaine, et des maladies comme des atteintes chromosomiques héréditaires (tératogénisme).

La disparition de l'humanité QUALITATIVE, du sens moral, de l'esprit de synthèse et du sens esthétique. N'importe quelle musique scandée ou peinture informe sera appréciée par les masses zombifiées.

La croissance exponentielle d'une population purement quantitative.

Des maladies virales vont croître en progression géométrique. Le S.I.D.A. NE FERA QUE PRENDRE DES PROPORTIONS ÉNORMES AUSSI LONGTEMPS QUE NE SERA PAS REENSEIGNÉE LA FIDÉLITÉ DU COUPLE. Bien que le S.I.D.A. n'en soit qu'à ses débuts, cette vérité élémentaire n'est plus à prouver : elle est évidentissime...

Les bombes atomiques, les centrales nucléaires, les sous-marins atomiques coulés, peuvent générer tous les Tchernobyl.

Les déchets nucléaires instockables et non neutralisables peuvent être un véritable cataclysme.

Les ordures ménagères, produites de façon exponentielle, sans temps suffisant pour les détruire, peuvent nous envahir avec typhus, peste et choléra...

La disparition des forêts pour la publicité et le bulletin de vote, notamment, auront des conséquences écologiques cataclysmiques.

Les espèces animales et végétales sont en train de disparaître à une vitesse effrayante parachevant un déséquilibre écologique irréversible.

LA DISPARITION DE LA CLASSE PAYSANNE QUI ASSURE SEULE UNE VIE AUTARCIQUE NATIONALE PEUT RÉDUIRE UN PAYS DU JOUR AU LENDEMAIN À LA FAMINE PAR UN SIMPLE DÉSORDRE POLITICO-FINANCIER AGENCÉ PAR LA FINANCE.

Le métissage institutionnalisé qui est un véritable CRIME CONTRE l'HUMANITÉ crée un racisme PERMANENT ET INÉVITABLE. Il va dégénérer en LIBANISATION DES PAYS ET EN GUERRES CIVILES.

LA PSEUDO LIBERTÉ DE LA FEMME la masculinise, lui enlève ses qualités de mère et d'épouse, absolument nécessaires à L'ÉQUILIBRE DES ENFANTS. Divorces et carence maternelle vont produire une délinquance juvénile mondiale, des suicides de jeunes, et une convergence vers les Michael Jackson et Madona et vers la drogue... L'HUMANITÉ EST AINSI VIRTUELLEMENT PRIVÉE DE DEVENIR.

UN CHÔMAGE MONSTRUEUX va bientôt atteindre les 2 milliards d'individus. Parmi ceux-ci les aînés seront compétents mais il y aura une masse informe privée de formation, analphabète ou illettrée.

Les mégalopoles seront saturées d'automobiles et de gaz délétères. Le ravitaillement deviendra impossible. Les forêts déjà détruites, seront corrodées par les gaz d'échappement des voitures, comme c'est le cas en Allemagne.

La couche d'ozone disparaîtra insensiblement livrant les humains à des radiations mortelles.

Il est à remarquer que même si on annulait les méfaits de certains paramètres précités, IL SUFFIT D'UN SEUL de ceux-ci pour assurer notre destruction (déchets atomiques, surpopulation mondiale, disparition maternelle...)

Que ferait un roi, c'est à dire un être né providentiellement avec un esprit de synthèse dans une telle conjoncture ?

RIEN.

Il faudrait déjà éliminer tous les humains impropres à la vie en laissant fonctionner la sélection naturelle. Il faudrait supprimer toute forme de chimification alimentaire et thérapeutique y compris la vaccination systématique qui détruit les systèmes immunitaires. Il faudrait abolir totalement le règne de l'argent et le remplacer par la valeur du travail. Il faudrait laisser se reconstituer la hiérarchie humaine en fonction de la densité spirituelle de chacun qui est NOTRE SUPRÊME INÉGALITÉ (mais notre égalité devant Dieu !).

C'était l'antique réalité des Castes que l'Occident dégénéré ne comprend plus.

Malgré l'abolition sociale du régime des castes, IL NE PEUT ÊTRE ABOLI PSYCHOLOGIQUEMENT : NOUS N'AVONS D'AMIS ET DE RELATIONS PROFONDES QU'EXCLUSIVEMENT AVEC CEUX DE NOTRE CASTE.

UN BRAHMANE EST AUJOURD'HUI VOUÉ À L'INCOMPRÉHENSION ET LA SOLITUDE TOTALES.

Le Marxisme qui a tué tue et tuera encore

Dans « 1984 » de George Orwell, la société socialiste a ses dogmes dans toutes perspectives et il est interdit sous peine des plus graves sanctions, de les remettre en cause.

Nous en sommes là en cette fin du XXème siècle. PERSONNE n'oserait mettre en question la démocratie, bien qu'il soit le pire des régimes puisqu'il opère progressivement une destruction concrète et abstraite radicale, le Freudisme aboulisant et « libérateur », la médecine et les engrais chimiques, les vaccinations systématiques qui désintègrent le système immunitaire etc...

Ce dogmatisme totalitaire s'est spectaculairement manifesté dans l'affaire Faurisson dont nous avons parlé.

Il ne fut jamais s'exprimer librement dans les journaux et éditeurs officiels. On le condamna à 300.000.000 de centimes d'amende qu'il ne pourra jamais payer. On décréta pourtant que le sérieux de ses travaux n'était pas mis en cause. Il réclama des commissions de contrôles PLUS SÉVÈRES QUE CELLES DE KATYN (!!!) SANS JAMAIS LES OBTENIR !

LA LICRA SAISIT LE TRAITEMENT DU PROFESSEUR POUR PUBLIER LE JUGEMENT ET *OMIT TOTALEMENT LE PASSAGE CONCERNANT LE*

SÉRIEUX DE SES TRAVAUX A DISCUTER AVEC DES SPÉCIALISTES ET LE PUBLIC !!!

Honnêteté juive !

Mais il ne se passe pas un jour sans que partout, même dans les films populaires, « Big Brother » capitalomarxiste, ne nous inflige le matraquage subliminal et hypnotique des » *6-millions-chambres-à-gaz* », dont tout le monde finit par avoir la nausée...

L'interdiction absolue et atroce de discuter le dogme est apparue. Le bûcher est promis à l'imprudent, comme au Moyen Âge, il était infligé aux sorcières !

Et pourtant l'étude objective de ce problème ne laisse aucun doute.

Voyons objectivement les réalités communistes...

Ces réalités furent dénoncées par Soljenitsyne, par Pascalini, par Kroutchev lui-même. On peut parler d'environ 150.000.000 de morts...

Il est vrai qu'ils n'étaient pas Juifs, qu'ils furent exterminés par des Juifs, et que dans ce cas 150 millions vrais sont très inférieurs à 6 millions faux ! Telle est la comptabilité concernant « cette vile semence de bétail »...

Le régime communiste imposa de la façon la plus totalitaire les mesures suivantes : il dispersa l'Assemblée Constituante et introduisit la pratique des exécutions sommaires. Il écrasa les grèves et quand les paysans spoliés se révoltèrent, il les anéantit de la façon la plus féroce. Il brisa l'Église et réduisit 20 provinces à la famine.

Ce fut l'effroyable famine de la Volga de 1921. Enfin, après avoir ruiné la Russie par la guerre civile, il appela l'Amérique à l'aide. Cette Amérique qui avait déjà financé la révolution par ses financiers Juifs, Warburg, Loeb, Schiff, Sasoon, Hammer etc., vint donc. Mais on a effacé dans la mémoire du peuple le sauvetage de millions de vie par l'AMERICAN RELIEF ADMINISTRATION.

Il est à remarquer que les régimes socialistes de quelque teinte que ce soit, ne vivent que par le Capitalisme dont ils sont à la fois l'ennemi et l'émanation...

Les premiers camps de concentration où l'on rassemblait des nombres énormes d'humains furent créés par le régime bolchevique. (Les Anglais firent aussi des camps atroces en Afrique du Sud pour les Boers, mais s'ils furent meurtriers, ils n'eurent jamais l'envergure de ces abattoirs de millions de gens).

Pendant les 80 ans qui précédèrent la Révolution Bolchevique on comptait 17 exécutions capitales par an et cela MALGRÉ LES ATTENTATS RÉPÈTÉS CONTRE LA VIE DES TSARS.

Or la TCHEKA exécuta plus de 1000 PERSONNES PAR MOIS ET DANS LES ANNÉES 1937 SOUS LA TERREUR STALINIENNE IL Y AVAIT 40.000 EXÉCUTIONS PAR MOIS...

DEPUIS 1941 IL EST DE LA PLUS PARFAITE ÉVIDENCE QUE LE CAPITALISME LIBÉRAL A SANS CESSE AIDÉ LA RUSSIE A RENFORCER SON RÉGIME HYPERTOTALITAIRE.

(Sans doute au nom des droits élémentaires de l'homme et du citoyen !)

À YALTA, sans nécessité apparente pour les démocraties libérales, celle-ci ont reconnu l'occupation par les Soviétiques de la Mongolie, de l'Estonie, de la Lettonie, de la Lituanie, puis 7 ou 8 pays d'Europe ont été livrés à l'U.R.S.S.

Ensuite pendant 3 décennies, les abandons se succédèrent.

Il y a en Afrique de plus en plus de pays satellites dans une situation affligeante... Presque toute l'Asie est aux mains des Communistes.

Portugal et Espagne, malgré quelques convulsifs rejets, sont tombés dans le précipice marxiste.

PENDANT 30 ANS LES OCCIDENTAUX ONT CÈDÉ AU COMMUNISME TOTALITAIRE PLUS QU'AUCUN VAINCU N'A CÈDÉ À SON VAINQUEUR.

On a cédé le Vietnam, la Corée du Nord, et demain ce sera le Japon, Formose, la Malaisie, les Philippines, la Thaïlande et 10 pays Africains et plus...

Pourquoi pas, puisqu'un homme politique occidental, Willie Brand, disait : « J'accepterais la détente même avec Staline »...

MÊME LORSQU'IL EXÉCUTAIT 40.000 PERSONNES PAR MOIS, SANS AUCUN DOUTE...

Et on ose nous parler de Hitler, qui n'a fait que mettre dans des camps (« pas plus pénibles que les camps soviétiques » nous a dit Bloch-Dassault lui-même) ses ennemis de toujours qui empêchaient la renaissance de l'Allemagne...

Comment se traduisait la détente en U.R.S.S ?

Ceux qui tentaient de franchir le mur de la honte afin de se réfugier à l'Ouest et de fuir le paradis soviétique, ÉTAIENT MITRAILLÉS SANS PITIÉ AU NOM DE LA LIBERTÉ DÉMOCRATIQUE.

Malgré les risques connus qu'ils couraient, CERTAINS ONT PRÉFÉRÉ TROUVER LA MORT DANS CETTE FUITE HÉROÏQUE.

Comment se manifestait encore cette détente ? Le seul fait de s'attabler avec un Américain était un délit qui coûtait 10 ans de prison.

On pouvait lire dans les journaux : « Les impérialistes américains sanguinaires veulent asservir le monde ».

Cela est exact, même par le Communisme, car les milliardaires importants qui ont financé le bolchevisme sont des circoncis communistes (Hammer a fondé le parti communiste américain et ne fut jamais inquiété lors du Mac Carthysme !). MAIS EST-CE LÀ UN BEAU TITRE DE DÉTENTE ?

Seul le parti gouverne ET DE FAÇON INFINIMENT PLUS TOTALITAIRE QUE LES TZARS.

En 40 ans il n'y a eu que de dérisoires simulacres d'élections. Le peuple n'a ABSOLUMENT AUCUNE INFLUENCE. Ni la presse ni le pouvoir judiciaire n'ont la moindre indépendance et liberté. TOUTE PENSÉE QUI N'EST PAS CELLE DE L'ÉTAT EST ÉTOUFFÉE DANS L'ŒUF.

Depuis l'affaire Faurisson nous sommes dans cette voie...

Sous ce terrible régime les MOLOTOV et autres bouchers qui ont assassiné des millions de gens, ne passent devant aucun tribunal et se retirent avec de confortables pensions.

LA CONSTITUTION N'A PAS ÉTÉ APPLIQUÉE UN SEUL JOUR.

Toutes les décisions sont mûries en secret par un petit groupe d'irresponsables et s'abattent comme la foudre sur le peuple.

Des milliers de personnes sont soumises à des « régimes spéciaux » en hôpitaux psychiatriques et des injections de produits chimiques détruisent une partie de leurs cellules cérébrales.

Il existe des milliers et des milliers de prisonniers politiques.

Lorsque le régime a condamné un homme, il ne trouve ni logement ni travail. Les jeunes ne croient plus à l'Enseignement Supérieur totalement réductionniste et propagandiste. Ils préfèrent ne pas entrer à l'université.

Soljenitsyne ne comprend pas que les démocraties aient utilisé un tel régime bien pire que le Nazisme, alors que le Nazisme était la seule force politique capable de venir à bout du bolchevisme...

(Il n'a pas lu Mein Kampf, qui le lui expliquerait très bien !).

« On aurait vu après » dit Soljenitsyne.

« Nous avons tué le mauvais cochon » disait Churchill...

Le but final de l'hégémonie du dollar ne serait-il pas un condominium Américanomarxiste, comme celui annoncé par George Orwell dans « 1984 », condominium dont Yalta serait les prémices ?

Les délices du Communisme chinois ne sont pas meilleurs : 60 MILLIONS DE PAYSANS CHINOIS EXTERMINÉS PARCE QU'ILS NE VOULAIENT PAS SE COUCHER SUR LE LIT DE PROCUSTE BOLCHÉVIQUE.

POURTANT CHACUN SAIT QUE TCHANKAITCHEK ET MAC ARTHUR ÉTAIENT PRÊTS À EMPÊCHER LA CHINE DE SOMBRER DANS LE COMMUNISME ET QU'ILS EN FURENT TOUS DEUX EMPÊCHÉS PAR L'INTERVENTION IMPLACABLE DU GOUVERNEMENT U.S.A...

Il n'est pas inutile de constater en passant que les cadres de la Chine Communiste ont été formés par les Américains et les Jésuites... (conférence de Marc Blancpain).

En U.R.S.S, sans parler des millions de victimes qui périrent pendant la révolution financée par les banquiers juifs américains, 60 millions furent exterminés entre 1932 et 1939. Ce fait fut dénoncé PAR LES COMMUNISTES EUX-MÊMES À UNE ÉMISSION « APOSTROPHES » DE BERNARD PIVOT.

Comme nous l'avons dit la grande majorité des bourreaux étaient des circoncis au 8ème jour comme FRENKEL ET YAGODA QUI À EUX SEULS SONT RESPONSABLES DE MILLIONS DE MORTS.

Silence absolu sur cette vérité mais les 6-millions-chambres-àgaz sont ventilés, martelés tous les jours dans les media malgré l'impossibilité arithméticotechnique dénoncée par RASSINIER et FAURISSON. On se demande s'il existe UNE SEULE ETHNIE au monde qui ferait des procès suivis de condamnations implacables, sur le seul fait de minimiser à tort ou à raison, le nombre de ses victimes dans une guerre ayant eu lieu 50 ans auparavant, et dont l'ennemi a été totalement vaincu...

CE SEUL FAIT PSYCHOLOGIQUE PROUVE L'IMPOSTURE DE l'HOLOCAUSTE. C'est pourquoi seules des MESURES TOTALITAIRES PEUVENT ARTIFICIELLEMENT MAINTENIR LE MYTHE.

Un fait historique est bien établi : dès l'instauration du régime bolchevique en 1918, c'est à dire 15 ans avant les K.Z hitlériens, les camps de concentration ont été créés pour les ennemis du régime : monarchistes, sociaux-démocrates, anarchistes. Ce furent des bourreaux Juifs qui administrèrent les camps. Le commissariat du peuple des affaires intérieures avait sous son autorité la Guépéou, la milice, l'administration des camps de concentration.

Le sinistre YAGODA était chef du N.K.V.D. OURITSKI, SORENSON, JEJOFF étaient ses collaborateurs.

C'est sous leur contrôle que fonctionnait la direction principale des camps : DAVIDOVITCH, BERMAN, en étaient chefs, et KOGAN, SEMEN, FIRINE, APETTER, étaient chargés de diverses régions ou secteurs. APETTER était chargé de LA DIRECTION GÉNÉRALE DES PRISONS.

Comment ose-t-on nous parler des 6-millions-chambres-à-gaz, MÊME VRAIS, quand on sait de façon certaine que l'univers concentrationnaire bourreau de dizaines de millions de Russes A ÉTÉ CRÉE ET ENTRETENU PAR 50 BOURREAUX D ORIGINE JUIVE ???

Ne faut-il pas plus encore qu UN CULOT MONSTRE ???

Souvenons-nous aussi que l'idéologue MARX, comme LÉNINE, (petit juif adopté) comme les membres du gouvernement révolutionnaire, étaient d'origine juive et que leurs victimes furent si nombreuses que les historiens ne parviennent pas à se mettre d'accord à des dizaines de millions près...

Qui a été heureux sous ce régime ou l'alcool imbibe QUARANTE MILLIONS D'INDIVIDUS ? On y mange un peu, peut-être, à condition d'exterminer les millions de bouches qui seraient au chômage, par des famines organisées, ou les Goulags.

Comment ce régime pourrait-il nourrir le pays quand on sait que l'Ukraine qui était le grenier à blé du monde entier sous les tzars,-n'est même plus capable de fournir du blé pour la seule Ukraine ??? ! ! !

Qui s'est révolté à Prague, à Berlin-Est, à Budapest, à Gdansk, à Varsovie, sinon LES OUVRIERS ET LES PAYSANS ?

Le communisme n'a jamais défendu ni les premiers ni les seconds car LE COMMUNISME, comme toutes les formes de socialisme d'ailleurs, PREND TOUT A TOUS.

On n'en finirait pas de dresser la liste des groupes humains exterminés par ce régime abominable. Un million et demi de Musulmans ont été déportés ou massacrés :

LES MUSULMANS DE CRIMÉE LES BLAKARSLES

LES KARATCHAIS

LES TCHETCHENES LES INGOUCHES...

À une émission de Bernard Pivot, Mme Carrère d'Encausse, historienne très officielle pourtant disait ceci :

« Même si l'expérience communiste avait réussi, ce qui n'est aucunement le cas, elle ne valait pas un prix aussi effrayant en vies humaines »...

Un écrivain Juif interviewé récemment par Jacques Chancel disait après avoir évoqué ce panorama : « COMMENT PEUT-IL Y AVOIR UN SEUL COMMUNISTE AU MONDE » ?

Poser la question revient à formuler un diagnostic psychiatrique.

Il est certain en tout cas qu'en RUSSIE SOVIÉTIQUE IL N'Y EN AVAIT PAS UN SEUL EN DEHORS DE LA « NOMENKLATURA »...

Tolérance, tolérance !

> « *En 1984, le plus intelligent sera le moins normal* ».
> *George Orwell.*

Il y a de la tolérance :

Pour le Marxisme qui extermine des millions de gens dans le monde entier.

Pour la pornographie et la permissivité sexuelle qui dégradent l'homme dans son essence et le bestialise.

Pour les films de violence et de cul.

Pour les homosexuels, eux-mêmes victimes de la tolérance,

Pour une nourriture chimiquée. Pour l'encouragement à la masturbation (facteur d'homosexualisation) et de dégradation morale et physique.

Pour les assassins de 5 personnes ou les violeurs de petites filles. Pour une pilule pathogène, cancérigène et tératogène.

Pour l'avortement self-service.

Pour les trafics de fœtus et d'enfants réputés non-nés et après expérience de laboratoire, QUAND ILS COMMENCENT À MARCHER SONT JETÉS DANS DES INCINÉRATEURS (livre : « Bébés au feu »). (Alors que l'avortement pour eugénisme FUT RETENU COMME

CRIME DE LÈSE-HUMANITÉ CONTRE LE NAZISME AU PROCÈS DE NUREMBERG ! ! !)

Pour les pollueurs de tous poils qui rendent stériles lacs et mers, exterminent les espèces animales et végétales...

AUCUNE TOLÉRANCE POUR LA VÉRITÉ :

Pour le Professeur FAURISSON QUI VOULAIT NOUS FAIRE CONNAÎTRE LA RÉCONFORTANTE NOUVELLE DE L'ERREUR DES 6 MILLIONS CHAMBRES À GAZ !

AUCUNE TOLÉRANCE POUR TOUT CE QUI EST PROPRE, AUTHENTIQUEMENT LIBRE.

IL N'Y A DE TOLÉRANCE QUE POUR L'INTOLÉRABLE.

IL N'Y A DE TOLÉRANCE QUE POUR CE QUI NOUS EXTERMINE.

Il y a de la tolérance pour « LES MUSIQUES QUI TUENT »...[8]

---

[8] MEYERLANSKI, circoncis au 8ème jour, parrain de la MAFFIA U.S.A, a tenu le F.B.I. en laisse par un dossier de chantage qu'il détenait sur HOOVER, chef du F.B.I. Aucune lutte contre la MAFFIA ne fut possible tant que Hoover était vivant, même pas par la bonne volonté de Robert Kennedy que la Maffia assassina. (Canal+ 18/6/94).

Les musiques qui tuent

Le public naïf croit que le Rock 'n Roll, le Rapp et les pseudomusiques de ces décennies sont des formes inoffensives de divertissement et un engouement passager d'une jeunesse exaltée. CELA EST ABSOLUMENT FAUX.

D'ailleurs les Beatles ne s'y trompaient pas lorsqu'ils déclaraient :

« NOTRE MUSIQUE EST CAPABLE DE CAUSER UNE INSTABILITÉ ÉMOTIONNELLE, UN COMPORTEMENT PATHOLOGIQUE, VOIRE MÊME RÉVOLTE ET RÉVOLUTION. LE ROCK'N ROLL EST LE CENTRE ÉNERGÉTIQUE D'UNE RÉVOLUTION MONDIALE... »

Il semble que cette déclaration ne comporte aucune ambiguïté et nous l'allons montrer. Serait-il possible qu'un tel déferlement rythmique régressif ne produisît aucun effet PHYSIQUE, PSYCHOLOGIQUE, MENTAL, MORAL, SPIRITUEL sur l'individu et sur les masses ?

Seul un débile mental pourrait affirmer l'innocuité de ce mégacrime de lèse-humanité dont des sociétés financières à identité sans ambiguïté tirent d'immenses profits.

Malheureusement de tels débiles peuvent aujourd'hui se trouver à profusion CAR LA FINALITÉ DE CES

« MUSIQUES » EST PRÉCISÉMENT DE PRODUIRE UN NOMBRE EXPONENTIEL DE DÉBILES MENTAUX SUR LA PLANÈTE ENTIÈRE...

Examinons du concret vers l'abstrait les effets de ces pseudomusiques.

Voyons d'abord les hystéries collectives, les émeutes, les rixes qui éclatent lors de festivals de ces bruits atroces :

À Vancouver, pendant un spectacle des Beatles, il a suffi de 30 minutes pour que 100 personnes soient piétinées, assaillies, grièvement blessées...

À Melbourne, plus de 1000 personnes ont été victimes de graves blessures lors d'un festival rock.

À Beyrouth une foule hystérique de participants ne put être dispersée qu'à l'aide de 5 lances hydrauliques.

À Altamont aux U.S.A, en 1969, un festival des Rolling Stones a attiré 300.000 personnes. Plusieurs jeunes périrent asphyxiés et trois moururent d'overdoses.

À Cincinnati, aux U.S.A, au Colisée River Front, en 1975, onze jeunes ont été piétinés à mort par les 18.000 spectateurs qui ont défoncé les barrières pour entrer au festival. Le groupe, « the Who », A COMMENCÉ SON SPECTACLE COMME SI DE RIEN N'ÉTAIT...

À la fin du spectacle les spectateurs frénétiques ont envahi la scène ce qui entraîna l'asphyxie de plusieurs autres spectateurs.

Au cours d'un week-end rock à Los Angeles, 650 JEUNES ONT TROUVÉ LA MORT. Les réfrigérateurs de la morgue étaient déjà remplis à capacité, les corps furent déposés dans les couloirs le long des murs, des deux côtés. Une affreuse odeur de mort envahissait l'édifice. Les corps ne pouvaient pas être identifiés. Les victimes étaient des jeunes qui avaient laissé la maison familiale.

Résumons déjà en citant « the big beat » de FRANCK GARLOCK.

« Les disciples du chaos et du désordre n'auraient pu trouver un véhicule plus parfait pour promouvoir et inculquer leurs idées et leur « philosophie » dans la jeune génération de tous les pays du monde. Or dans les pays où le rock est le plus populaire U.S.A et Angleterre, on constate que non seulement le taux de délinquance juvénile est le plus élevé du monde, mais aussi la croissance la plus rapide du taux de criminalité chez les jeunes, les naissances hors mariages, les actes de violence, les meurtres et les suicides... »

Ces faits les plus évidents démontrent par conséquent que la révolution des pseudomusiques telles que le Rock n roll etc., a causé la plus parfaite perversion de la jeunesse que le monde ait jamais connue.

« Pervertissez la jeunesse, vous vaincrez la nation « ai-je entendu dans la littérature de gauche. Voilà qui va plus loin que la phrase de CRÉMIEUX : « Possédez la presse, vous posséderez l'opinion »...

Quels sont les effets, physiques, organiques de ces pseudomusiques ?

Ils sont tragiques. Le plus important est l'hypotrophie progressive de la glande génitale interne, qui comme l'a démontré le Docteur Jean Gautier, endocrinologiste, est l'organe du SENS MORAL, de l'amour de Dieu, de la volonté, de l'attention volontaire et des plus nobles qualités humaines.

L'INSUFFISANCE DE CETTE GLANDE MÈNE AUTOMATIQUEMENT AU RÉDUCTIONNISME MENTAL, À L'ATHÉISME, à l'absence de SENS MORAL. Nous savons depuis 40 ans que cette glande est atrophiée chez les déments.

Les observations les plus variées, selon les tempéraments, ont été faites quant aux effets pathologiques de ces musiques répétitives, scandées, aux textes ignares.

Je dois dire que lorsque j'entends par hasard ce genre de « musique », je ressens dans l'axe de mon corps des coups de boutoirs douloureux et insupportables. Le plus extraordinaire est que même lorsque je me bouche les oreilles, je ressens encore physiquement cet ébranlement de tout mon être. Il est donc évident que pour trouver plaisir à de telles scansions, il faut être déjà désintégré. On les absorbe alors COMME DE LA DROGUE dont le drogué ne peut se passer. Elles demeurent insupportables à qui a gardé son corps sain et son âme.

On a constaté cliniquement un certain nombre d'effets : changement du rythme cardiaque et de la respiration. Sécrétions accrues des glandes endocrines en particulier de l'hypophyse qui comme chacun sait est le chef d'orchestre automatique de l'organisme. (Le chef d'orchestre volontaire étant la génitale interne). Quand la scansion s'accentue le larynx se contracte, quand la musique « descend », il se relâche. Le métabolisme de base et le taux de sucre dans le sang se modifient au cours d'une audition.

On peut donc envisager de « jouer » sur l'organisme humain comme sur un instrument et en fait, certains compositeurs de musique électronique manipulent le cerveau en COURT-CIRCUITANT LES FACULTÉS CONSCIENTES, TOUT COMME LE FAIT LA DROGUE...

Le rythme prédominant dans le rock et le pop conditionne le corps et stimule les fonctions hormonales.

L'intensité amplifie les effets : au-delà de 80 décibels l'effet est désagréable et au-delà de 90 il devient nuisible. Or dans les concerts rock on mesure 106-108 décibels au centre de la salle et 120 près de l'orchestre !

Aussi les spécialistes des oreilles découvrent chez les jeunes des problèmes d'audition, des surdités précoces, qui n'atteignent normalement que les personnes âgées.

On constate également une augmentation des maladies cardiovasculaires et des troubles de l'équilibre.

Hélas, les méfaits « auditifs » sont doublés d'effets « visuels » dont la négativité n'a rien à envier aux effets auditifs.

Au plan visuel l'intensité des éclairages spéciaux et l'utilisation des rayons lasers produisent des dommages irréversibles aux yeux de certaines personnes. Si le rayon pénètre dans l'œil il peut produire une brûlure de la rétine, avec formation d'une tache aveugle permanente.

En outre les éclairs de lumière vive qui fusent au rythme de la musique provoquent parfois des vertiges, et des phénomènes hallucinatoires.

LE GOUVERNEMENT BRITANNIQUE A D'AILLEURS PUBLIÉ UNE MISE EN GARDE À CE SUJET ET L'A RÉPANDUE EN MILIEU SCOLAIRE. Le célèbre musicothérapeute ADAM KNIESTE nous dit à ce sujet :

« Le problème central causé par la musique rock chez les patients que j'ai traités, découle clairement de l'intensité du bruit qui provoque l'hostilité, l'épuisement, le narcissisme, la panique, l'indigestion, l'hypertension et une étrange narcose. LE ROCK N'EST PAS UN PASSE-TEMPS INOFFENSIF, C'EST UNE DROGUE PLUS MORTELLE QUE L'HEROÏNE ET QUI EMPOISONNE LA VIE DE NOS JEUNES... »

Au plan sexuel les vibrations de basses fréquences dues à l'amplification des guitares basses auquel s'ajoute l'effet répétitif du « beat » (battement scandé) produisent un effet considérable sur le liquide cérébro-spinal.

À son tour ce liquide affecte directement l'hypophyse qui commande la sécrétion d'hormones. Le résultat global est un DÉSÉQUILIBRE DES HORMONES SEXUELLES ET SURRÉNALES AINSI QU'UN CHANGEMENT RADICAL DU TAUX D'INSULINE DANS LE SANG, de sorte que les diverses fonctions de contrôle des

INHIBITIONS MORALES SONT TOTALEMENT NEUTRALISÉES.

Les effets psychologiques ne sont pas moins graves : L'influence DÉPERSONNALISANTE est extrême. On subit des traumatismes psychoaffectifs profonds.

Voici les constatations patentes :

Modifications des réactions émotives allant de la frustration à la violence incontrôlable. Perte du contrôle aussi bien conscient que réflexe, des capacités de concentration.

Diminution considérable du contrôle de l'intelligence et de la volonté sur les pulsions subconscientes.

Surexcitation neurosensorielle produisant l'euphorie, la suggestibilité, l'hystérie et dans certains cas, l'hallucination.

Troubles sérieux de la mémoire, des fonctions cérébrales et de la coordination neuromusculaire.

État dépressif allant jusqu'à la névrose et la psychose surtout si musique et drogue se combinent.

État hypnotique ou cataleptique faisant de la personne une sorte de zombie ou de robot. TENDANCES SUICIDAIRES ET HOMICIDES, considérablement accrues par l'audition quotidienne et prolongée de ces sortes de musiques.

Automutilation, autoimmolation, autopunition surtout dans les grands rassemblements. Impulsions irrésistibles de destruction, de vandalisme et d'émeutes à la suite de concerts ou festival rock...

Les effets MORAUX découlent automatiquement de cette tragédie clinique : sexe, drogue, révolte, magie noire, satanisme, d'une autre époque...

À l'horreur des sons et des effets de lumière il faut ajouter l'agression subliminale. Cette dernière consiste à introduire dans les textes des éléments suggestifs qui seront reconstitués par le conscient et influenceront la victime, c'est à dire tous les jeunes du monde entier.

Il n'est pas nécessaire d'insister sur cet effet très réel, car les textes eux-mêmes peuvent très bien influencer en tout cynisme, sans aucun besoin d'effets subliminaux.

Voilà un texte de chanson, hélas célèbre qui illustrera clairement un aspect de ce crime monstrueux de lèse-humanité que constituent ces pseudomusiques :

« Dieu m'a dit de t'écorcher vif
Je tue les enfants

J'aime les voir mourir
Je tue les enfants

Je fais pleurer les mamans
Je les écrase sous mon auto
Je veux les entendre crier

Leur donner à manger des bonbons empoisonnés
Et gâter leur Halloween... »

On se demande comment les pouvoirs politiques et judiciaires n'interviennent pas pour châtier exemplairement de pareils crimes où la perversité s'ajoute à l'infantilisme...

Dans l'album KILLERS (tueurs) du groupe Queen, si l'on joue la musique à rebours on obtient : « commence à fumer de la marijuana ».

Dans la chanson « when electricity came to Arkansas », il existe une section inintelligible qui jouée à rebours donne : » Satan, Satan, Satan, il est Dieu, il est Dieu, il est Dieu » et le message se termine par un rire démentiel.

On pourrait écrire un livre pour citer les effets subliminaux, de caractère satanique, blasphématoire, ou d'encouragement à la drogue ou à la sexualité bestiale.

AUSSI EST-IL CLAIR QUE L'INTELLIGENCE, LA VOLONTÉ, LE LIBRE ARBITRE, ET LA CONSCIENCE MORALE SUBISSENT UN TEL ASSAUT PAR LA VOIE DE TOUS LES SENS QUE LEURS CAPACITÉS DE DISCERNEMENT ET DE RÉSISTANCE SONT DIMINUÉES OU PUREMENT ET SIMPLEMENT NEUTRALISÉES.

Dans cet état de confusion mentale et morale, la voie est **TOTALEMENT OUVERTE** aux défoulements les plus violents des pulsions refoulées, haine, colère, jalousie, vengeance, sexualité. Les vedettes rock, **MALGRÉ LEUR DÉBILITE PATENTE, DEVIENNENT DES IDOLES A VÉNÉRER.**

IL S'AGIT LA D'UN ERSATZ DU SENTIMENT RELIGIEUX PERVERTI VERS LA BESTIALITÉ ET LA NEUTRALISATION DE L'ÊTRE.

Cet envoûtement a des conséquences macabres : celui des « groupiez » ou filles qui accompagnent « l'idole », se livrent à tous ses caprices pour être remplacées par d'autres filles à la tournée suivante. Il y a des suicides provoqués par la mort de la « vedette, » des meurtres comme celui de John Lennon.

Rien ne peut plus résister à l'érosion inévitable de la conscience, du cœur et de l'esprit pour ceux qui écoutent ces épouvantables régressions musicaleuses rythmées dont on ne peut protéger les siens que par le PRINCIPE D'AUTORITÉ et l'explication de tout ceci lorsque l'intelligence du jeune est assez développée. EN ATTENDANT, L'IMPÉRATIF ABSOLU DE L'INTERDICTION EST INDISPENSABLE À QUI VEUT SAUVER SES ENFANTS CAR LORSQU'ILS SERONT EN ÂGE DE COMPRENDRE IL Y AURA BIEN LONGTEMPS QU'ILS SERONT POURRIS...

L'esprit de cette subversion se trouve dans le texte de JERRY RUBIN, anarchiste :

« Elvis a réveillé nos corps, les changeant du tout au tout. Le hard rock animal qui détient son secret dans le BEAT ÉNERGIQUE, pénétrait chaudement à l'intérieur de nos corps : le rythme entraînant faisant surgir toutes les passions qui étaient refoulées, retenues. Le siège arrière d'une automobile était le théâtre de la révolution sexuelle, tandis que la radio de cette auto servait de médium à cette subversion. Le Rock a marqué le début de la révolution.

Nous avons fusionné une nouvelle vie politique avec un style de vie PSYCHÉDÉLIQUE. Notre manière de vivre, notre acide, nos vêtements freaky, notre musique rock, c'est ça LA VÉRITABLE RÉVOLUTION... »

TOUT CELA EST DONC PARFAITEMENT CLAIR.

QUI FINANCE ?

C'est le Mondialisme. Pour être sûr d'atteindre la jeunesse indifférente aux discours et aux stratégies politiques il a confié à l'agence WICCA le soin de mettre sur pied des studios de production rock pour assurer la diffusion mondiale des œuvres des groupes les plus agressifs et les plus débiles. Parmi les plus connus des studios de production figurent :

Zodiac Productions, Atlantic Productions, Capitol Records Inc. Mercury, Inter global music, aristo records, etc.

Jerry RUBIN ne laisse aucun doute sur son identité d'origine.

Un certain GURGY LAZARUS encaisse de confortables milliards sur cet immense crime de lèse-humanité. Je l'ai vu une fois à la télévision.

Son physique est tellement immonde qu'on ne pourrait pas imaginer pire à la direction de l'Enfer...

Affreux symbolisme : « NOUS AVONS LE VISAGE DE NOTRE ÂME », disait Carrel...

Tout ceci fait donc partie intégrante du complot mondialiste dans le but de conduire la jeunesse vers l'INTERNATIONALISME CORRESPONDANT À L'AVÈNEMENT D'UN SEUL GOUVERNEMENT MONDIAL.

La rupture successive des liens avec la famille, la religion, la nationalité, et l'ethnie culturelle, fait que les jeunes perdent le sens de leur appartenance à tel groupe ou tel pays, mais ont le sentiment d'être CITOYEN DU MONDE ; Le citoyen mondialiste, atone, abruti, drogué, incapable d'autres convictions que celles subies par la subliminalisation des mass media, sans foi ni loi, sans obligation envers parents, Dieu, Patrie et maître, tout dévoué tel un zombie voteur producteur consommateur envers les Immondes qui le manipulent occultement lui mettant dans la main le sanglant drapeau de la liberté psychédélique...

Y a-t-il un SEUL parti politique qui se soit levé répétitivement, comme ils le font tous pour l'ineptie arithmético technique des *6-millions-chambres-à-gaz*, afin de dénoncer cette désintégration de notre jeunesse mondiale ?

Quel parti hurle tous les jours contre les musiques qui tuent et la drogue qui « profite et est gérée par la Haute Finance juive » ???

AUCUN.

À PROPOS DU DR A. CARREL ET DE LA MANIE DE DÉBAPTISER LES RUES QUI PORTENT SON NOM

Comment la spéculation circoncise qui mènent les peuples aux déchirements sanglants et à une dégénérescence unique dans l'Histoire, pourrait-elle accepter sans hystérie l'existence d'un véritable génie dont la conscience fournissait tous les paramètres de conscience nécessaires à une humanité heureuse et équilibrée ?

Impossible. Aussi les municipalités avachies subissent-elles sans résistance les pressions de la circoncisocratie afin de débaptiser les rues Carrel ; On parle de 16 villes. Je n'ai pu écrire à tous les maires, mais j'ai au moins fait l'effort de m'exprimer auprès des maires de Strasbourg, Béziers et Limoges.

Messieurs les Maires et Conseillers municipaux, J'apprends par le presse qu'on vous a contraints à une réflexion quant à l'opportunité de supprimer le nom d'ALEXIS CARREL à la rue qui porte son nom dans votre ville.

Je voudrais attirer votre attention sur cet incident grotesque ajouté à la grotesquerie de notre « syphilisation » (Baudelaire).

Carrel est le plus grand esprit que je connaisse depuis les Grecs. Ses prouesses chirurgicales sont largement dépassées par sa lucidité de penseur et depuis 1934, date de la parution de « L'HOMME CET INCONNU », tout prouve qu'il avait raison en tout et que l'état de décomposition purulente dans laquelle nous nous trouvons se situe largement au-delà de ses pronostics, non pas pessimistes, il s'en faut, mais réalistes.

TOUTES LES GRANDES CIVILISATIONS ONT ÉTÉ EUGÉNISTES et aucune n'a accepté la prolifération exponentielle de tarés moteurs et psychiques, de délinquants et de criminels chouchoutés. AUCUNE n'a accepté le GIGANTESQUE HOLOCAUSTE de centaines de millions d'enfants normaux dans le ventre de leurs mères...

ABSOLUMENT AUCUNE.

Nous sommes dirigés par la Haute Finance et le Marxisme Juifs.

Je suis moi-même Juif et fort honteux de l'être quand je vois le rôle que jouent mes congénères dans la ruine et le suicide de l'humanité, assistés des guignols de la politique.

NI LES UNS NI LES AUTRES n'ont la moindre autorité intellectuelle pour vous faire supprimer de vos villes le nom de Carrel, qui à la tête de l'État n'aurait certes pas généré par le libéralisme et le marxisme Juif :

Un chômage monstrueux en croissance exponentielle. La chimification du sol et sa stérilisation.

La disparition d'une humanité qualitative.

Le retour à la barbarie comme dans les villes américaines, les banlieues françaises, les massacres inter-ethniques.

Les maladies virales comme le S.I.D.A. générée par la disparition voulue de toute morale et l'expansion de la pornographie.

Les bombes atomiques et à neutrons, les Tchernobyl passés et à venir l'invasion des déchets nucléaire d'une extrême dangerosité

L'invasion des ordures ménagères avec typhus, peste, choléra probables la disparition des forêts, l'assassinat de l'agriculture et des paysans.

La disparition de la classe moyenne et des P.M.E.

Les mélanges ethniques institutionnalisés avec libanisation des pays et racisme endémique, créé et voulu par les pseudo « antiracistes » pour lesquels l'antiracisme n'est que prétexte à leur hégémonie, à leur dictature absolue, notamment sur les mass média.

La pseudo liberté de la femme qui lui enlève toute qualité de mère et d'épouse et livre les enfants à la drogue et à la délinquance.

Les musiques qui tuent pathogènes, tant sur le plan mental que somatique, et criminogènes les mégalopoles saturées d'automobiles et de gaz délétères qui seront bientôt inravitaillables.

La disparition exponentielle des espèces animales et végétales accentuant ainsi le déséquilibre écologique.

La disparition de la couche d'ozone livrant l'homme et la nature à des radiations mortelles.

Soyez sûrs que la direction de l'État suivant la conscience de Carrel n'aurait JAMAIS ABOUTI À UN TEL SUICIDE QUE LE JUDÉO CARTÉSIANISME NOUS ASSURE implacablement.

La lecture de l'HOMME CET INCONNU vous en convaincra et je termine par une citation de ce livre qui résume parfaitement cette lettre :

« LES GRANDS CRIMINELS NE SONT PAS DANS LES PRISONS MAIS AU FAÎTE DE LA SOCIÉTÉ LIBÉRALE »...

Ne vous infligez pas le ridicule devant l'Histoire de débaptiser une rue qui porte le nom d'une élite véritable, qui aurait assuré une survie saine de l'humanité s'il en avait eu le pouvoir.

L'institut sur l'Homme que Carrel avait créé grâce au Maréchal Pétain était une institution raisonnable et nécessaire afin de protéger l'humanité contre ceux qui, pourvus d'immenses tares, la détruisent...

Croyez, Messieurs, à mes sentiments cordiaux.

L'AHURISSANT CHURCHILL

Il faut débaptiser toutes les rues qui portent son nom ! ! !

Un ancien fonctionnaire dit dans un article du Toronto Star du 20 juin 1992, que Churchill voulait que 100.000 inférieurs soient stérilisés ou mis dans des camps ! Il révéla que des papiers gouvernementaux secrets rendus publics récemment, dévoilent que Churchill après qu'il fut nommé ministre de l'Intérieur en 1910, était tracassé par le fait de l'effondrement moral et que les gens de faible intelligence avaient plus d'enfants que les classes éduquées. Il pensait que cela mènerait au déclin de la race britannique.

Il avait ajouté : « Je crois que la source qui nourrit le flot de la folie doit être tarie et scellé avant que l'année ne s'écoule »...

Dans un article de 1920 (photocopie ci joint), il publie une réflexion fort intelligente et lucide sur la question juive et exprime sans ambiguïté les dangers du judaïsme international spéculatif...

Décidément, plus une rue pour Churchill ! ! !

Comme le montre l'article de 1920, (voir traduction), la lucidité de Churchill quant au danger du suicide planétaire que nous vivons par la juiverie internationale était parfaite, comme l'était sa volonté de pratiquer l'eugénisme, comme tout pays raisonnable.

Un niagara de preuves par 9 montre qu'il avait raison en tout devant la décomposition judéocartésienne générale de l'humanité.

Hélas Churchill succomba. Il se fit confisquer par la Juiverie internationale. Il se laissa investir par les financiers et nous nous souvenons comment le financier BARUCH influença Churchill qui retourna comme une crêpe le colonel Beck. Il avait, avec Hitler, réalisé un plein accord qui fut rompu ; ce qui obligea Hitler à envahir la Pologne...

C'est probablement cet asservissement contre sa conscience qui le livra à la boisson. Il fut littéralement acheté par la Juiverie qui épongea ses dettes considérables.

Malgré sa lucidité il s'engagea dans une guerre totale contre l'Allemagne qui tentait héroïquement de sauver l'homme et de le libérer de la dictature atroce du dollar qui aujourd'hui nous extermine...

En 1920 il se serait allié à Hitler pour combattre le Bolchevisme, dont comme Soljenitsyne, il connaissait les forces pulsionnelles et idéologiques « circoncises ».

En s'alliant avec Staline IL SUICIDA L'HUMANITÉ TOUT ENTIÈRE.

Lorsque Hitler lui envoya RUDOLPH HESS, ce « criminel de paix », pour tenter de réaliser la paix dans une alliance contre les forces bolcheviques, il l'emprisonna sans même le recevoir CAR IL NE FALLAIT SURTOUT PAS L'ÉCOUTER PUISQUE LA JUIVERIE AMÉRICAINE VOULAIT ABSOLUMENT LA GUERRE, dans laquelle

elle entraîna les États Unis, malgré tous les efforts de véritables élites comme LINDBERG.

Pourtant il était lucide, car en 1945, devant l'ambassadeur des États Unis il proféra ce mot historique :

« Nous avons tué le mauvais cochon »...

SIONISME CONTRE BOLCHEVISME, UN COMBAT POUR L'ÂME DU PEUPLE JUIF PAR RT, HON. WINSTON CHURCHILL

(Extrait du « *Illustrated Sunday Herald* » du 8 février 1920)

« Certaines personnes aiment les Juifs et d'autres ne les aiment pas ; mais aucun homme sensé ne peut douter du fait qu'ils sont, incontestablement la race la plus formidable et remarquable qui soit apparue à la surface de la terre. Disraeli, premier ministre Juif d'Angleterre, chef du parti conservateur, fut toujours fidèle à sa race et fier de son origine. Il dit lors d'une circonstance bien connue : « Le Seigneur traite les nations comme les nations traitent les Juifs.

« Il est certain que lorsque nous considérons l'état misérable de la Russie qui, de tous les pays du monde a le plus cruellement traité les Juifs, et que par contraste, nous constatons les chances de notre pays qui semble avoir été préservé des affreux périls de ce temps, nous devons admettre que rien de ce qui est arrivé depuis dans l'Histoire du monde, n'a pu infirmer la vérité de la confiante assertion de Disraëli.

BONS ET MAUVAIS JUIFS

L'incessant conflit entre le bien et le mal, toujours présent dans le cœur de l'homme, n'atteint nulle part une aussi grande intensité que dans la race juive. La dualité de la nature humaine ne s'exprime nulle part de façon si fortement et si terriblement exemplaire. Nous devons aux Juifs, dans la Révélation Chrétienne, un système éthique qui, même entièrement séparé du Spirituel, serait incomparablement le don le plus précieux fait à l'humanité, don riche, il faut le dire, de toutes sagesses et connaissances fusionnées ensemble. C'est sur ce système et c'est sur cette foi qu'a jailli des runes de l'empire romain, la totalité de notre présente civilisation. IL SE PEUT BIEN QUE CETTE MÊME ÉTONNANTE RACE PUISSE DANS LES TEMPS PRÉSENTS, CRÉER UN PROCESSUS QUI EN ÉLABORANT UN AUTRE SYSTÈME DE MORALE ET DE PHILOSOPHIE AUSSI MALFAISANT QUE LE CHRISTIANISME A ÉTÉ BÉNÉFIQUE, RÉDUIRAIT EN CENDRES IRRÉMÉDIABLEMENT, S'IL N'EST PAS ÉTOUFFÉ DANS L'ŒUF, TOUT CE QUE LE CHRISTIANISME A RENDU POSSIBLE.

Les choses se passeraient quasiment comme si l'Évangile du Christ et de l'Antéchrist étaient prédestinés à jaillir du même peuple, et que cette race mystique et mystérieuse ait été choisie pour les manifestations suprêmes à la foi du divin et du satanique.

JUIFS « NATIONAUX »

Il ne peut y avoir de plus grande erreur que d'attribuer à chaque individu une partie reconnaissable des qualités qui constituent le caractère national. Il y a toutes sortes d'hommes dans tout pays et toute race, des bons des mauvais et pour la plupart des êtres moyens. Il n'y a pas plus grande erreur que de dénier à un individu du fait de sa race ou de ses origines, le droit d'être jugé selon ses mérites et son comportement personnels. Dans le peuple juif au génie si particulier, les contrastes sont plus éclatants, les extrêmes plus largement marqués, les conséquences plus concluantes.

En cette époque fatidique, il y a trois grands courants principaux de conception politique parmi les Juifs. Deux de celle-ci sont porteuses d'efficacité et d'espoir pour l'humanité, et cela à un très haut degré, mais la troisième est radicalement destructive.

Il y a d'abord les Juifs qui demeurant dans tous les pays de par le monde, s'identifient avec ce pays, entrent dans sa vie nationale, et tandis qu'ils adhèrent fidèlement à leur propre religion, se considèrent comme les citoyens à part entière du pays qui les a reçus.

Un tel Juif vivant en Angleterre dirait : » je suis un Anglais qui pratique la religion juive ». Cela est une conception digne et utile au plus haut degré. Nous en Grande Bretagne savons bien que pendant le grand combat l'influence de ce qu'on peut appeler les « Juifs Nationaux » dans maints territoires se reporta en majorité aux côtés des Alliés ; et dans notre propre armée des soldats Juifs ont joué un rôle des plus distingués, les uns s'élevant à la tête de l'armée et les autres gagnant la « Victoria Cross » pour leur courage.

Les Juifs nationaux russes, en dépit de la situation infériorisante dont ils ont souffert, ont réussi à jouer un rôle honorable et utile dans la vie nationale même en Russie. En tant que banquiers et industriels, ils ont énergiquement favorisé le développement des ressources économiques de la Russie et ils furent les tout premiers à créer ces remarquables organisations, les sociétés coopératives russes. En politique leur soutien a été apporté majoritairement aux mouvements libéraux et progressistes, et ils ont été les plus solides « supporters » de l'amitié avec la France et la Grande Bretagne.

JUIFS INTERNATIONAUX

En violente opposition à toute cette sphère d'efforts juifs, s'élèvent les projets de l'internationale juive. Les adhérents de cette sinistre confédération sont, pour la plupart, issus des malheureuses populations des pays où les Juifs sont persécutés à cause de leur race. La plupart sinon tous, ont abandonné la foi de leurs ancêtres et ôté de leur esprit tout espoir spirituel en un autre monde.

Ce mouvement parmi les Juifs n'est pas nouveau. Depuis le temps de Spartakus, Weishaupt à celui de Karl Marx, et ensuite de Trotsky (Russie), Bela-Kun (Hongrie), Rosa Luxembourg (Allemagne), et Emma Goldman (U.S.A), cette conspiration mondiale pour le renversement de notre civilisation et la reconstitution de la société sur la base d'un arrêt du développement, d'une malfaisance envieuse, et d'une impossible égalité a été constamment grandissante.

Elle a joué, comme un écrivain moderne Mme Webster l'a démontré, un rôle définitivement évident dans la tragédie de la révolution française.

Elle a été le ressort principal de tous les mouvements subversifs au XIXème siècle. Maintenant cette clique de personnalités extraordinaires du sous-monde des grandes cités d'Europe et d'Amérique a pris dans ces griffes les cheveux du peuple russe et est devenue pratiquement maîtresse incontestée de cet énorme empire.

LES JUIFS TERRORISTES

Il n'est pas nécessaire d'insister quant au rôle joué par ces Juifs internationaux, pour la plupart athées, dans l'accomplissement actuel de la révolution bolchevique russe. Il est, sans aucun doute, d'une très grande importance. Leur rôle ici l'emporte sur tous les autres.

Si l'on excepte Lénine,[9] la majorité des figures dirigeantes sont Juives. De plus la puissance motrice comme l'inspiration prennent leur source parmi des leaders Juifs. Ainsi Tchitcherine, russe de pure souche, est éclipsé par son subordonné Litvinoff, et l'influence de Russes comme Boukharine, ou Lunacharski ne peut être comparée au pouvoir de Trotsky ou Zinovieff, le dictateur de la citadelle rouge (Pétrograd) ou de Krassin ou Rudec, tous Juifs. Dans l'institution soviétique la prépondérance des Juifs est encore plus étonnante. Et la partie dominante, sinon principale du système de terrorisme appliqué par la Commission extraordinaire de combat contrerévolutionnaire, a été pris en main par des Juifs et dans certains cas remarquables, par des Juives.

---

[9] Lénine était un petit Juif orphelin adopté par la famille Oulianov.

La même néfaste prépondérance fut exercée par les Juifs pendant la brève période de terreur lorsque Bela Kun dirigeait la Hongrie.

Le même phénomène s'est présenté en Allemagne (particulièrement en Bavière) aussi longtemps qu'il a été permis à cette folie de fondre sur les Allemands temporairement prostrés. Bien que dans tous ces pays il se soit trouvé de nombreux non-Juifs en tout point aussi néfaste que le pire des révolutionnaires Juifs, le rôle joué par ces derniers quand on considère l'insignifiance de leur nombre par rapport à la population, est stupéfiant.

PROTECTEUR DES JUIFS

Il est inutile de dire que les passions de vengeance les plus intenses ont été exacerbées dans le cœur du peuple russe. Partout où l'autorité du général Denikin pouvait s'exercer, la protection fut toujours accordée aux populations Juives et des efforts considérables furent faits par ses officiers pour empêcher les représailles et punir ceux qui en étaient les instigateurs. Cette situation prévalut tellement que la propagande Petluriste contre le général Denikin, le dénonça comme « protecteur des Juifs ». Les demoiselles Healy, nièces de Mr Tim Healy, en racontant leur expérience personnelle à Kiev, ont déclaré que, à leur connaissance, en plus d'une occasion, des officiers qui avaient commis des délits envers les Juifs, avaient été dégradés et envoyés au front.

Mais les hordes de brigands qui infestent le vaste espace de l'empire Russe n'hésitent pas à satisfaire leur goût du sang et de la vengeance au détriment des populations juives innocentes, à chaque fois que l'occasion s'en présente. Le brigand Makhno, les hordes de Petlura et de Grégorieff qui marquaient tous leurs succès par les massacres les plus ignobles, trouvèrent partout parmi les populations à moitié hébétées et dans une demi fureur, une réaction avide vers un antisémitisme dans sa forme la plus immonde.

Le fait que dans de nombreux cas, les intérêts Juifs, comme leurs lieux d'adoration, font exception à l'hostilité bolchevique universelle, a eu pour effet d'associer de plus en plus la race juive aux horreurs qui sont actuellement perpétrées.

Cela est une injustice pour des millions de gens inoffensifs dont la plupart sont eux-mêmes victimes du régime révolutionnaire.

Il devient par conséquent particulièrement important de créer et de développer un mouvement juif bien marqué qui éloignera les esprits de ces fatales associations d'idées. C'est pour cela que le Sionisme a actuellement un sens si profond pour le monde entier.

UNE PATRIE POUR LES JUIFS

Le Sionisme offre une troisième sphère aux conceptions politiques de la race juive. En contraste aigu avec l'internationalisme communiste il présente aux Juifs une idée nationale d'un caractère impératif.

L'opportunité et la responsabilité d'assurer à la race juive dans le monde entier une patrie et un centre de vie national, incombent au gouvernement britannique du fait de la conquête de la Palestine.

La stature d'homme d'État, comme le sens historique de Monsieur Balfour, furent prompts à saisir cette opportunité.

Des déclarations ont été faites qui ont décidé irrévocablement de la politique de la Grande Bretagne.

L'énergie farouche du Docteur Weissman, le cerveau qui s'occupe des aspects pratiques du projet sioniste, soutenu par de nombreux et des plus éminents Juifs anglais, comme par la pleine autorité de Lord Allenby, se concentrent tous vers la réalisation et le succès de ce mouvement profondément motivant.

Il est clair que la Palestine est beaucoup trop petite pour admettre plus d'une fraction de la race juive. Il est aussi clair que la majorité des Juifs nationaux ne souhaite pas y aller. Mais si, comme cela se pourrait, pendant la durée de notre vie, un État Hébreux était créé au bord du Gourdin, sous la protection de la couronne britannique, et qui comprendrait trois à quatre millions de Juifs, ce serait un événement dans l'Histoire du monde qui serait positif à tous les points de vue, et particulièrement en harmonie avec les intérêts les plus authentiques de l'empire Britannique.

Le Sionisme est déjà devenu un facteur fondamental dans les convulsions politiques de la Russie, en tant qu'influence concurrente puissante dans les cercles bolcheviques du système communiste international. Rien ne peut être plus significatif que la fureur avec laquelle Trotsky a attaqué les Sionistes en général et le Docteur Weissmann en particulier.

La cruelle pénétration de son esprit ne lui laisse aucun doute quant au fait que ses visées d'un état communiste mondial sous domination juive sont directement contrecarrées et empêchées par le nouvel idéal qui dirige les énergies et les espoirs des Juifs de tous les pays vers un but plus simple, plus vrai et plus facile à atteindre.

Le combat qui commence entre Juifs Sionistes et Bolcheviques n'est rien moins que le combat pour l'âme du peuple juif.

DEVOIRS DES JUIFS LOYAUX

Dans ces circonstances il est particulièrement important que les Juifs nationaux de tous les pays qui sont loyaux à leur terre d'adoption se portent en avant à toute occasion comme l'ont déjà fait de nombreux Juifs anglais, et prennent une part éminente dans toutes les mesures de combat contre la conspiration bolchevique. De cette manière ils pourront défendre le nom Juif et montrer clairement au monde entier que le mouvement bolchevique n'est pas Juif, mais répudié avec véhémence par la grande masse de la race Juive.

Mais une résistance négative au Bolchevisme dans tous les domaines est insuffisante. Des alternatives positives et praticables sont nécessaires dans les perspectives morale et sociale, en construisant avec la plus grande rapidité possible un centre National Juif en Palestine qui puisse devenir non seulement un refuge pour les opprimés des malheureuses terres d'Europe centrale, mais qui sera aussi un symbole de l'unité juive et le temple de la gloire juive.

Il s'agit là d'une tâche qui appelle toutes les bénédictions... »

***

Hélas, Churchill n'avait pas compris que Sionisme et Bolchevisme avaient parties liées, qu'on hurlerait sur un faux holocauste et se tairait sur le véritable holocauste de dizaines de millions de gens par les Juifs révolutionnaires et concentrationnaires bolcheviques...

Il n'avait pas compris que les innocents engendraient les Marx, les Freud et les Soros. Il n'avait pas compris la tragédie de la circoncision au 8ème jour...

Et maintenant « ce rite va tout détruire à la frontière des nations » (Dominique Aubier).

Essai sur le judéo-christianisme le judéocartésianisme et le dogme de l'holocauste

N'est-il pas ahurissant de constater qu'Eisenhower, Churchill, et Pie XII n'ont jamais parlé ni dans leurs mémoires, ni avant ni après la rédaction de celle-ci de l'Holocauste Juif, alors que les U.S.A, l'Angleterre et le Vatican possédaient un réseau d'espionnage d'une efficacité patente ?

Chacun sait par exemple, que le Vatican disposait en Pologne d'un réseau si efficace que jamais les chambres à gaz n'eussent pu échapper à ses investigations subtiles et implacables. Les trafics nécessaires à l'achat et à l'élaboration des chambres à gaz ne lui eussent pas plus échappé que les trafics et les factures des crématoires dont il connaissait tout.

Cette simple observation dévoile la statue boursouflée de l'imposture, confirmée par LA RÉACTION PSYCHOLOGIQUE de ceux à qui on annonce la bonne nouvelle de l'inexistence des chambres à gaz et de l'énorme inflation du chiffre de 6.000.000 soulignée par les démonstrations arithmétique et technique.

Il est tout de même stupéfiant de ne trouver aucune trace de l'holocauste ni dans « Croisade en Europe » d'Eisenhower, ni dans « l'Histoire de la seconde guerre mondiale » de Churchill, tous deux écrits APRÈS LE PROCÈS DE

NUREMBERG. Et pourtant cet holocauste, on nous en rebat les oreilles de façon hystéricomédiatique même dans les films à grand public. Il est vrai que le cinéma est entièrement entre les mains circoncises.

Il est vrai aussi que les Occidentaux sont particulièrement mûrs pour l'hypnose holocaustienne.

Les Noirs eussent probablement réagi différemment : ils auraient tiré grand orgueil de cette extermination et auraient prévenu les Juifs que s'ils continuaient à pleurnicher ils en extermineraient dix fois plus.

Les Asiatiques auraient présenté leurs plus humbles excuses en attendant patiemment le moment d'exterminer le mensonge et les menteurs.

Nous, par contre, traitons ce mensonge comme un dogme religieux digne de l'adoration perpétuelle, sans jamais mentionner les 50 bourreaux carcéraux et concentrationnaires Juifs qui ONT EXTERMINÉ 60 MILLIONS DE GOYS EN URSS...

Et pourtant tout le monde les connaît depuis que Soljenitsyne a publié leurs noms et photographies dans le tome II de l'ARCHIPEL DU GOULAG.

Il s'agit donc d'un dogme milleneufcentquatrevingtquatresque de religion d'État, tel que si bien décrit par George Orwell dans son roman « 1984 » le dogme est bien gardé par LA LOI ANTICONSTITUTIONNELLE ET ANTIDROITS DE L'HOMME de l'inquisition StalinoGayssotienne.

Il faut donc que nous ayons perdu tout héritage spirituel et que celui-ci se soit métamorphosé en égoïsme et matérialisme puants. Nous vivons dans la religion d'État médiatique de la démocratie libérale.

Comme la religion chrétienne d'État, elle a ses dogmes contre nature, ses exigences DE CROYANCES ABSOLUES. Il est partant, bien évident que les hérétiques seront persécutés car l'alignement sur « 1984 » d'Orwell et le « meilleur des mondes » d'Huxley DEVIENT LA CONDITION SINE QUA NON DE SURVIE.

Les dogmes fondamentaux de cette société hors nature sont les suivants :

Toutes les races sont égales et de façon absolue sauf, comme disait Coluche, « les Juifs plus égaux que les autres », et qui ont, cela est implicite, de nombreuses qualités supérieures (Voir : ROTHSCHILD, MARX, FREUD, EINSTEIN, PICASSO, OPPENHEIMER, S.T COHEN, BENEZAREFF, SOROS, FLATOSHARON, WARBURG, HAMMER, GURGILAZARUS, DAVID WEILL, SIMONE VEIL, MEYERLANSKI, parrain de la MAFIA, et consorts)...

Le racisme est le plus énorme des crimes, hormis le racisme antiblanc qui est une vertu compréhensible : il n'est aucunement un crime pas même un délit. Toutes les nations doivent être multiraciales, SAUF ISRAËL (! ! !) car les Juifs ont besoin d'une patrie. Les autres n'en ont aucunement besoin et l'on peut les négrifier, les arabiser, les asiatiser ad libitum...

Le paradis viendra sur la terre quand toutes les races auront disparu, que les sangs seront mêlés sauf le sang Juif qui doit garder sa propre identité. Le militarisme est un mal à moins qu'il ne soit utilisé contre l'Afrique du Sud ou un ennemi d'Israël.

Les mâles féminisés et les femmes masculinisées sont normaux et souhaitable, comme l'homosexualité.

Préserver son ethnie est donc un crime. Par contre on peut la massacrer ou la réduire à la famine, si l'on est un président marxiste et dans ce cas on aura droit à aides et poignées de mains de nos délicats présidents libéralo-socialistes.

Ces présidents marxistes d'Afrique, d'Amérique et d'Asie ne seront jamais traités de criminels de lèse-humanité et jouiront comme Pol Pot, d'une entière liberté. Ce titre est exclusivement réservé à ceux qui voudraient empêcher les Juifs de nuire, en les mettant dans les camps ou en les tuant par action guerrière.

Adolphe Hitler est le MAL ABSOLU, ET LE NATIONAL SOCIALISME LA PIRE INVENTION DE L'HISTOIRE.

Que Hitler ait rendu en quelques années, du travail et un idéal à son pays ne compte pas. NOS PSEUDO DÉMOCRATIES OU TOUT EST DÉSINTÈGRÉ ET POURRI EST LE RÉGIME POLITIQUE IDÉAL.

Cela doit être enseigné depuis la maternelle et TOUT DÉVIANT NE PEUT ÊTRE QU'UN PSYCHOPATHE IRRÉCUPÉRABLE QU'IL FAUT ABSOLUMENT « STALINO-GAYSSOTISER »...

L'holocauste qui est en fait UNE INEPTIE ARITHMÉTICOTECHNIQUE est le pire crime de l'Histoire mais pas du tout les 200 millions de goys exterminés par le COMMUNISME INTERNATIONAL, JUIF DANS SON ESSENCE PAR SES IDÉOLOGUES ET SES FINANCIERS.

Nous sommes tous coupables de l'Holocauste et on ne peut se racheter que par une adhésion voire une reddition inconditionnelle aux démocraties libéralo-socialistes.

Que cela se résorbe en une POLLUTION BIOLOGIQUE, MORALE, ÉCOLOGIQUE, ÉCONOMIQUE, PORNOGRAPHIQUE, TOXICOLOGIQUE PLANÉTAIRE, est sans aucune importance pour les synarques de la judéocratie mondialiste ENTIÈREMENT PRIVES DE SENS MORAL ET D'ESPRIT DE SYNTHÈSE.

L'important est d'affirmer la pseudodémocratie avec l'égalité de SOROS, WARBURG et du chômeur, lesquels chômeurs seront incessamment un milliard sur la planète selon le club de Rome.

IL EST ÉVIDENT QUE SANS LE BULLETIN DE VOTE LES CIRCONCIS PERDENT TOUS LES POUVOIRS PUISQUE L'ON NE VOTE QUE POUR CEUX QU'ILS MANIPULENT.

Si une tradition religieuse reprenait le pouvoir démocratiquement, on annulerait très démocratiquement les élections. Pour ceux qui me disaient que la démocratie permettait démocratiquement de choisir un autre régime qu'elle, je leur rappelle la récente annulation des élections Algériennes...

Seuls les minables partis impliquant l'absence totale des véritables valeurs peuvent avoir des élus.

Ces dogmes ignobles et contre nature sont enseignés dans les écoles, prêchés par les gouvernements, affirmés par les cours de Justice et sont également ajoutés à la dogmatique de toutes les mouvances Chrétiennes.

ET POURTANT BIEN QUE LE PLUS CRÉTINEUX DES CRÉTINS PUISSE VOIR QUE CES DOGMES IMBÉCILES SONT LA RECETTE IDÉALE DU CHAOS SOCIAL, ÉCONOMIQUE, DE L'EXTINCTION RACIALE, DES MILLIONS DE GOYS EMBRASSENT EN BÊLANT CES CROYANCES SUICIDAIRES QUI VONT À L'ENCONTRE DE TOUTES LES LOIS DE LA NATURE.

POURQUOI ?

C'est tout simplement parce que ces dogmes faciles exercent une puissance démagogique religieuse bien supérieure à celle des Églises Établies. Ils satisfont le besoin d'appartenir à un troupeau qui a abdiqué toute liberté réelle. Ils nourrissent un certain besoin d'ordre et même d'idéal confus pour une masse qui a abdiqué toute liberté.

On les retrouvera AUSSI BIEN CHEZ LE CATHOLIQUE PRATIQUANT QUE CHEZ LE MEMBRE DE L'UNION DES ATHÉES.

Il faut voir, fait psychologique écrasant, comment ces fantômes d'hommes se soumettent au bizutage immonde des écoles. Quel homme digne de ce nom ne préférerait pas mourir ou tuer plutôt que d'embrasser une tête de cochon, comme on a pu le voir à la télévision ?

La masse n'a aucun sens critique et sans guides spirituels elle est perdue.

Enfin ces dogmes absurdes n'exigent aucune discipline personnelle, sont détachés de toute Transcendance, encouragent l'égoïsme et le laisser-aller.

L'Homme devenu sa propre caricature, veut croire à tant de balivernes. Il y rajoute la foi inconditionnelle dans l'imposture de l'Holocauste qui devient LE dogme fondamental de la nouvelle religion. Religion qu'il n'est même pas conscient d'avoir adoptée.

Tout cela et nous pouvons le constater AU-DESSUS OBJECTIF DE LA MÊLÉE ET DE TOUT PARTI-PRIS, EST L'ANTITHÈSE RADICALE ET ABSOLUE DU NATIONAL SOCIALISME.

Le national-socialisme constatait : L'inégalité flagrante des ethnies.

Il se préoccupait légitimement de son ethnie et pas du tout de haine raciale (la conscience qu'il avait du danger du Judaïsme International, si bien exprimée par Churchill dans son article de 1920, n'a rien à voir avec la haine raciale, étiquette que les Juifs lui imposèrent comme alibi dans leur lutte contre Hitler et cela depuis 1934).

Hitler prônait la communauté des peuples ayant un héritage et un sang communs. Il voulait la pureté ethnique, (telle que les Juifs la pratiquent, ne faisant exception pour des raisons de pénétration, que pour les filles de la noblesse ou de la haute bourgeoisie), l'entraînement militaire, la discipline, des hommes et des femmes responsables.

Il prônait la maternité comme LA vertu majeure.

Il semble donc que le matraquage holocaustique, en dehors de ces avantages politicofinanciers inouïs, a pour finalité essentielle de nous CACHER QUE HITLER AVAIT RAISON DANS TOUT CE QUI EST ESSENTIEL.

N'importe quel esprit objectif qui se sera penché sur le problème de Hitler et du National-Socialisme sait que cet organisateur avait en un temps record, fait émerger son pays de la pourriture de Weimar où TOUT ÉTAIT JUIF, vers une incroyable et merveilleuse communauté en harmonie avec la nature !

Hitler avait même protégé les animaux par un code spécial et leur faire du mal de quelque manière que ce soit, était un crime.

Il avait redoré sa patrie d'un héritage Germanique, de valeurs fondamentales, d'une haute finalité.

LE RÉSULTAT FUT LE MIRACLE SOCIAL ET ÉCONOMIQUE QUE L'ON SAIT ET QUI RELAIES EN QUELQUES ANNÉES À PARTIR DE 6 MILLIONS DE CHÔMEURS A ABASOURDI LE MONDE ENTIER.

LES CIRCONCIS NON JUIFS ONT DONC CONÇU L'IMPOSTURE DE L'HOLOCAUSTE POUR VOILER LA VÉRITÉ DE LA FAÇON LA PLUS ÉPAISSE SANS JAMAIS LA REMETTRE EN QUESTION ALORS QUE CE SERAIT UNE EXCELLENTISSIME NOUVELLE !!!

Il est donc parfaitement évident que la destruction du mythe de l'Holocauste qui d'ailleurs ne signifie intrinsèquement rien devant les 60 millions exterminés en URSS par 50 bourreaux Juifs, est un coup mortel porté à la religion libéralosocialiste.

Ergo : croyance en l'Holocauste = démocratie.

Ce qui est ahurissant dans l'affaire du dogme holocaustique, c'est que pendant des années après la guerre, PERSONNE N'EN A JAMAIS PARLÉ. Puis au bout de 8 à 10 ans ce fut l'explosion hystérique. Quand on montre aux gens l'absurdité ARITHMÉTIQUE, TECHNIQUE ET PSYCHOLOGIQUE de cette fable (fable d'ailleurs conçue grotesquement car si les Juifs avaient dit qu'on avait massacré 3 millions des leurs en les fusillant ou en les pendant, l'Holocauste eût été PARFAITEMENT CRÉDIBLE, malgré une inflation arithmétique réelle même avec ce chiffre), ils ne veulent pas savoir et réagissent comme le Musulman devant la viande de porc.

ILS SONT ALLERGIQUES A LA VÉRITÉ QUI DÉRANGE LEUR CONDITIONNEMENT.

Ils demeurent affectifs et ne peuvent faire intervenir leur intelligence, tels des enfants, tels des hypnotisés.

Ce qui est remarquable c'est que, comme le disait Hitler, « plus le mensonge est gros et plus ils y croient ». Aussi comment ne serait-il pas facile aux Juifs dominant tout et notamment les média, de transformer ce mythe absurde en vérité historique ? Vérité à ne jamais contrôler, comme l'imprudent FAURISSON ou le malheureux NOTIN, qui d'ailleurs ne s'intéressait pas du tout à l'holocauste mais a voulu prendre cet exemple médiatique pour démonter la puissance conditionnante de la presse, conditionnante car hypnotique, comme l'athée-lévy-sion...

Il semble que les gens veulent se sentir coupables : il semble que la culpabilité soit un héritage psychologique du Christianisme, un conditionnement structurel.

Quand nos ancêtres furent christianisés, trop souvent par la force, les pères de l'Église commencèrent un programme éducationnel de soumission, de superstition, et d'AUTODÉVALORISATION.

Le sentiment de culpabilité commença avec la manière stupide dont fut traité le péché originel, que l'endocrinologie m'a démontré être sexuel mais qui devait être traité tout autrement (une mauvaise utilisation de la sexualité provoque une exacerbation de la thyroïde glande de la tentation et une insuffisance de la génitale interne. On peut comprendre la conséquence tragique quand on sait que l'exacerbation thyroïdienne produit orgueil, imagination morbide, et que la diminution de l'activité de la génitale interne amoindrit amour de Dieu, esprit de synthèse et sens moral). Les malheureuses Sœurs et Frères qui s'accusaient d'avoir couché avec le diable étaient brûlés vifs. Ces succubes et ces incubes, étaient la victime d'une thyroïde turgescente, d'une incapacité d'assumer leur chasteté et ils s'imaginaient avoir accompli le crime des crimes en couchant avec le diable, d'autant que leur état glandulaire insatisfait leur avait conféré un véritable orgasme.

La psychologie générale était donc que nous étions des pécheurs nés méchants et corrompus et que nous ne pouvions rien faire sinon nous courber et demander pardon à un Dieu Juif. La chair est mauvaise, il faut haïr la chair, se haïr soi-même, être coupable, se confesser et ainsi être sauvé.

Au début du Christianisme l'application hystérique de cette culpabilité prit un tour lugubre. Les jeunes filles méprisaient leur corps et étaient convaincues que toute relation sexuelle était le mal (CF : « Jésus conçu sans péché » : ce qui implique que la relation charnelle de Joseph et Marie époux légaux, était un péché !) et les condamnait à l'enfer éternel.

Hommes et femmes erraient de par l'Europe se torturant, se flagellant, haïssant la vie et suppliant la mort de les délivrer. Cela est écœurant et hors nature mais nous devons connaître les faits car ils affectent notre vie contemporaine.

Le mot JUDÉO CHRISTIANISME est parfaitement explicite. Les origines du Christianisme sont juives. Le lavage du cerveau communiste procède rigoureusement de la même méthodologie psychologique. Le dogme de l'Holocauste procède lui-même de la sclérose dogmatique bimillénaire.

Les blancs sont donc psychologiquement conditionnes pour subir l'hégémonie juive. Paradoxalement si ma lucidité devant les faits y échappe, c'est précisément parce que je suis Juif.

Ce conditionnement de culpabilité rend facile la manipulation des Blancs par les média, les professions libérales, les gouvernements et la justice totalement « circoncis » (Il ne faut pas utiliser le mot « Juif », car ce mot n'a qu'une acception strictement religieuse : le gangstérisme normatif du JUDÉO cartésianisme n'est pas juif).

Ce fut un jeu d'enfant de précipiter les Blancs dans l'intégration raciale, L'immigration massive des non Blancs, la libération de la femme qui allait exterminer le concept de famille et réduire les enfants à la douleur, au suicide, à la drogue, à la délinquance, aux musiques pathogènes...

Un autre jeu d'enfant fut de les « holocauster »...

Cette croyance dogmatique au mythe absurde et incontrôlé de l'Holocauste est une conséquence directe du façonnage psychologique opéré par le Christianisme historique.

Il n'est pas nécessaire d'être un Chrétien pratiquant pour être profondément « holocausté ». Les humanistes patentés qui sont des Chrétiens moins la superstition, réduits à diviniser l'homme qui va s'homonculiser en trois siècles, sont aussi infectés quand ils ne le sont pas davantage puisqu'ils constituent la totalité de la classe politique.

Il y a bien quelques Chrétiens qui sont conscients de la nécessité de préserver l'ethnie et qui n'ont, comme Churchill, aucun doute sur le danger mortel du spéculationisme amoral, asynthétique et international circoncis. Mais ils demeurent influencés par la Bible Juive.

Ces Chrétiens plus ou moins lucides basent leur philosophie de la vie et de l'avenir sur les sables mouvants de la perversion judaïque.

Peut-on lire un livre plus plein d'exterminations de peuples, de lâcheté, d'incestes et autres horreurs... ?

L'histoire est d'ailleurs formelle : CE FUT TOUJOURS DANS LES PAYS CHRÉTIENS ET EXCLUSIVEMENT DANS CES PAYS QUE LE SPÉCULATIONISME ATHÉE JUIF DE LA FINANCE, DES IDÉOLOGIES MEURTRIÈRES, DE LA SCIENCE POLLUANTE A RÈGNÉ.

Le Christianisme historique qui depuis le IIIème siècle a oublié toutes les règles de la vie qui font l'homme et l'unisse au Transcendant a été la première énorme multinationale juive qui a servi de nid À TOUTES LES SPÉCULATIONS JUDÉO CARTÉSIENNES DU LIBERALO SOCIALO BOLCHEVISME.

On peut parfaitement comprendre que bien que non ennemi déclaré de l'Église, Hitler se soit efforcé de protéger la jeunesse de l'influence judéo-chrétienne.

Aujourd'hui une masse d'esclaves égoïste et matérialiste pornographiée, (La première fortune d'Angleterre revient à un pornographieur tandis que la reine n'est qu'au 57ème rang des fortunes anglaises : symbole dérisoire de l'inversion de toutes les valeurs), ne pourra jamais accéder à une espèce humaine hautement évoluée pouvant mener le monde du chaos à l'âge d'or.

Quand on voit dans des films documentaires, sur des photos, la beauté des jeunes Allemands du IIIème Reich, leur clair regard plein d'idéal, on se dit que EUX AURAIENT PU. Quant à nous regardons dans le métro la hideur biotypologique des morts-vivants holocaustés, enveloppés dans cet uniforme de la connerie internationale qu'est le bluejeans LEVIS. L'Église pastorale a eu l'immense mérite de la charité de la culture monastique, de la splendeur de Vézelay et de Chartres, de la Sainteté de François d'Assise et de Monsieur Vincent. Mais l'Église dogmatique a fait de l'Histoire une sclérose doctrinaire où les notions redoutables d'hérésie et d'anathème, que le Paganisme avait ignorées, ont fait couler des mers de sang et de larmes...

Le dogme, défi à l'intelligence élémentaire, et au sens moral, confiture d'abscons et de contradictoire, hérita de la Synagogue au Dieu exclusif, tyrannique et jaloux, le Dieu justicier des théologiens qui relève d'une mentalité primitive où la justice tribale est fondée sur la loi du Talion et la pratique du bouc émissaire.

Il était fatal que cette religion de doctrinaires et de théophages qui ignore depuis 2000 ans environ les règles qui font l'homme et l'unissent à Dieu, culmina dans le JUDÉO CARTÉSIANISME, c'est à dire le spéculationisme athée de Rothschild de la finance libérale réduisant à toutes les pollutions et famines mondialistes, de Marx, bolchevisant, robotisant et exterminant les hommes par dizaines de millions, D'Einstein et des atteintes génétiques du nucléaire, d'Oppenheimer et sa bombe atomique, de S.T Cohen et sa bombe à neutrons, de Freud et son aboulisme pornographieur, de Djérassi et sa pilule pathogène et tératogène, de Weisenbaum et ses ordinateurs qui mettront les hommes en cartes, de Picasso et son art de charnier...

En 5000 ans de racisme, INCONNU JUSQU'À EUX, ceux qui pratiquent la circoncision au 8ème jour de la vie (cause FONDAMENTALE d'un traumatisme hormonopsychique qui rend compte de leur PARTICULARISME CONSTANT DANS LE TEMPS ET L'ESPACE, ont fondé quatre religions révolutionnaires : Judaïsme, Islamisme, Christianisme et Marxisme. Cette dernière, MYSTIQUE ATHÉE, étant le point final suicidaire du Judéo-Cartésianisme, terminant lui-même dans les fracas le JUDÉO-christianisme.

La condamnation du Christ par Ponce Pilate, Romain, au supplice de la croix, supplice romain, ne fait aucun doute.

MAIS IL EST CERTAIN que les Juifs ont largement insisté pour que le supplice ait lieu. La communauté juive ne voulait pas qu'il y ait la moindre ambiguïté quant à leur NON-complicité avec celui qui était considéré comme un Zélote alors que les Romains noyaient impitoyablement toute révolte dans le sang.

On peut parfaitement comprendre que la communauté juive voulait montrer clairement aux Romains qu'il n'y avait chez eux aucune velléité de révolte et que pour eux, cet agitateur qui défrayait la chronique était un grand danger potentiel.

Mais le problème historique de la Crucifixion est-il là ?

En réalité c'est au moment où le RothschildoSoros-Marxo-Freudo-Einsteino-Picassisme est en train de finir de détruire toutes les valeurs contenues dans le symbole christique que l'Église choisit pour s'avachir honteusement devant la circoncisocratie mondialiste.

Triste Église qui écrase ses valeurs alors que l'orthodoxie judaïque n'a pas bougé d'un millimètre. Un grand Rabbin disait :

« Si j'étais Catholique, je serais intégriste car étant Juif je suis à coup sûr intégriste »...

On voit que le rabbinat est parfaitement complice des spéculatifs athées circoncis qui sont tous criminels devant la Thora.

Elle ne dit rien et Israël reçoit SOROS en grande pompe...

Georges Steiner résume tout dans cet apophtegme lapidaire : « depuis 5000 ans Nous parlons trop, paroles de mort pour nous et pour les autres ».[10]

---

[10] Quelques années seulement après la première rédaction de ce livre, LE SUICIDE EST DEVENU LA PREMIERE CAUSE DE MORTALITE CHEZ LES JEUNES : *Vive la pseudo-démocratie juive...*

AFFAIRE TOUVIER

Chaque jour une phrase d'un de mes amis et collaborateurs me vient à l'esprit devant le comportement des hommes :

« *Les circoncis au 8ème jour finiront par exercer une totale hégémonie sur l'humanité du fait de l'insuffisance mentale du plus grand nombre des êtres humains* »...

Un livre de mille pages ne rendrait pas compte de ce phénomène tant il serait inexhaustif. Quelques symboles se présentent à mon esprit.

Madame Klarsfeld, non juive, qui assiste depuis 50 ans à la décomposition de l'humanité sous l'égide circoncise, décomposition qui ne doit rien ni au IIIème Reich ni à Vichy, et qui persiste à poursuivre cinquante ans après, des pseudocriminels de guerre de deux régimes qui avaient rendu l'honneur et la propreté à son peuple.

Elle assiste silencieuse aux macro crimes de lèse-humanité JUDÉO-cartésiens devenus normatifs. Et pourtant elle sait très bien qu'elle n'a vu ni sous Vichy, ni sous le IIIème Reich, un enfant drogué, un enfant suicidé, 4 millions de chômeurs, l'invasion immigrée, l'avortement d'enfants sains (rappelons que l'avortement pour raisons eugénistes légitimes fut retenue comme crime de lèse-humanité contre l'Allemagne au procès de Nuremberg !!!), la pollution chimique, la disparition des forêts, la pornographie, la Maffia tentaculaire etc.

Arno Klarsfeld, qui n'est pas Juif puisque sa mère ne l'est pas, a pu faire le même constat historique et poursuivre le malheureux Touvier, sans s'étonner de voir 50 avocats circoncis ou maçons, s'acharner sur un vieillard cancéreux de 80 ans qui n'avait qu'un seul avocat et cela 50 ans après la fin de 2 régimes auxquels la pourriture actuelle ne doit rien...mais où tout, absolument tout, est « circoncis »...

Barbie, qui savait être condamné d'avance dans un cirque imbécile.

Il pouvait déshonorer la Résistance dont il connaissait toutes les magouilles, et il n'a pas dit un mot.

Il pouvait faire le procès de ces cinquante années de crimes de lèse-humanité qui ne doivent absolument rien au Nazisme, mais TOUT au libéralobolchevisme circoncis. Il n'a rien fait et s'est laissé condamner comme une serpillière...

Touvier, qui incontestablement a dû, en laissant fusiller 7 Juifs, en épargner 23, car il est douteux que les Allemands se soient contentés de si peu, après l'assassinat de Philippe Henriot, dont nous pouvons mesurer la lucidité 50 années après lorsque nous relisons ses discours d'ailleurs bien pâles par rapport à l'atroce réalité...

Touvier aurait pu justifier son option politique en faisant le procès implacable de ces 50 années de macrocrimes qui ne doivent rien à Vichy : Après un tel réquisitoire, radicalement écrasant, il aurait pulvérisé le prétoire, et suprême victoire, se faire condamner quand même. Il n'a RIEN dit.

Barbie comme TOUVIER se sont comportés comme des complices de leurs accusateurs...

Et suprême démonstration de la sottise goy : Maître Trémollet de Villers, avocat de Touvier, qui à la lettre qui suit ce préambule me répond :

« Je défends Touvier et non l'humanité tout entière »...

Or l'adversaire avait naïvement et officiellement déclaré qu'il s'agissait avant tout du procès de Vichy... !

L'épicentre du problème était donc pour Mr Touvier de justifier son option politique de 1940 devant la pourriture quintessenciée et prétendue démocratique de ces 50 années qui ne doivent rien à Vichy...

On ne comprend pas.

Comme je l'ai dit et comme nous l'allons voir, il n'y a pas tant de question juive qu'une question de l'insondable connerie goy...

Les Juifs ont le don de la décréation. Les Goys, celui de la connerie...

Ce procès, 50 ans après, d'un vieillard cancéreux qui avait choisi la propreté, avait vu fusiller BRAZILLACH, qui pour moi, vaut 100.000 congénères, qui avait assisté à 50 années de décomposition putrescente judéocartésienne et vu nos enfants se suicider dans une conjoncture juive matérialiste sans pitié, m'inspira les lettres qui suivent...

LETTRE À MAÎTRE TRÉMOLLET DE VILLERS (AVOCAT DE MONSIEUR PAUL TOUVIER)

Mon cher Maître,

J'ai lu « oublier Vichy » de Me Klein, et votre livre « Touvier est innocent ».

Il m'est difficile d'exprimer mon indignation, laquelle exigerait que je pusse exploser un livre de 1000 pages pour être soulagé en une seconde. Il y a peu de mots pour impartir l'horreur indicible que m'inspire cette affligeante affaire qui montre que mes congénères ne connaissent pas de limites à l'outrecuidance, l'hystérie et l'inconscience majeure.

Il apparaît aussi que le manque de courage et d'intelligence des Goys a quelque chose d'incommensurable car, après tout, pourquoi supportent-ils tant de mensonges, comment se laissent-ils ainsi subliminaliser ???

Pourtant les évidences sont là visibles par tous et seule l'hypnose peut empêcher de les voir... De la lecture de ces livres il apparait immédiatement ceci : D'une part Mr Touvier, jugé, gracié par le Président Pompidou, n'a pas à être de nouveau confronté à la Justice : qu'il le soit est en contradiction formelle avec la Constitution et les Droits de l'Homme.

De plus, 50 ans APRES LA GUERRE, voilà qui est unique dans l'Histoire de l'humanité et qui souligne cliniquement l'hystérie prodigieuse des Klarsfeld et consorts, qui demeurent d'ailleurs PARFAITEMENT MUETS sur les 50 bourreaux carcéraux et concentrationnaires circoncis qui ont exterminé environ 60 millions de Goys en U.R.S.S. avec KAGANOVITCH, beau-frère de Staline en tête.

ON ATTEND À CE SUJET LES PROCÈS ET LES MONUMENTS COMMÉMORATIFS :

Il doit s'agir d'un oubli, d'une négligence, d'une simple étourderie de Monsieur KLARSFELD... ?

D'autre part le livre de Me Klein montre avec une désarmante naïveté ce que vous clamez : il s'agit du procès de Vichy et de la majorité des français qui ont vu dans le maréchal le restaurateur de la France par-delà le fumier mineur que nous venions de vivre sous la IIIème république.

Je dis « mineur » car nous pataugeons aujourd'hui dans un purin majeur, puisque la république de Weimar est en infiniment plus *grave* aux dimensions de la planète (écologie, drogue, criminalité, dictateurs marxistes sanglants propulsés mondialement, Mafia, 150 guerres, iatrogénisme, tératogénisme, déchets nucléaires, Tchernobyl etc.).

Or ces crimes de lèse-humanité surdimensionnés ne doivent rien au IIIème Reich ou à vichy mais tout, absolument tout, à la conjoncture capitalistomarxiste où règnent en maîtres les circoncis au 8ème jour...

(Je ne dis pas « Juifs » car ces maîtres et leurs spéculations sont criminels devant la Thora et l'on ne peut reprocher aux Juifs véritables que de garder un silence complice devant ces imposteurs).

Le vrai procès réside donc dans l'option politique de monsieur TOUVIER et nulle part ailleurs.

Il est incontestablement « coupable » de cette option et c'est pourquoi il lui appartient de la justifier par un terrible et radical réquisitoire...

On voit dans votre livre les lettres du Colonel Rémy, héros de la résistance, et du Général Laurent qui pourtant auraient fait fusiller Touvier au moment de la guerre : l'un et l'autre parlent sans ambiguïté en faveur de Paul Touvier.

Il ne faut pas s'attendre à cela de la part des hystériques du type Klarsfeld à qui 5000 ans d'Histoire quant aux exactions et parasitisme juif n'ont rien appris !

La modestie et l'effacement devraient pourtant les guider surtout si l'on sait, comme tout le monde a pu s'en informer depuis 1979 que le mythe des *6-millions-chambres-à-gaz* est une ineptie arithmetico-technique comme l'a prouvé définitivement le rapport Leuchter spécialiste des gazages aux U.S.A., et le contre rapport LEUCHTER exige par les exterminationistes eux-mêmes...

JAMAIS les paramètres qualitatifs et quantitatifs d'un antisémitisme potentiel sanglant n'ont été mieux réunis en 5000 ans d'Histoire, qu'ils ne le sont actuellement.

Il y a donc lieu de plaider « banalement » selon votre livre, quant au fait que Mr Touvier en laissant fusiller 7 Juifs en a sauvé 23, (bien dérisoire représailles des Allemands devant l'assassinat de Philippe Henriot) mais surtout de plaider quant aux raisons de l'option politique de Mr Touvier au regard de ces 50 années de macro-crimes contre l'homme et l'humanité qui ne doivent radicalement rien ni au IIIème Reich ni à Vichy...

Il y a dans ces cinquante années un réquisitoire gigantesque contre mes congénères hyper criminels de lèse-humanité, un réquisitoire infrangible et irréfragable.

De quoi sommes-nous témoins depuis 50 ans, dans ce monde démocratique avec ses marxmerdia et l'athée-lèvy-sion ?

Que voyons-nous depuis que ni Hitler ni le Maréchal Pétain n'ont plus la moindre responsabilité ???(je remonterai un peu plus loin en ce qui concerne le super crime contre les DROITS DE L'HOMME qu'accomplit en toute impunité le MARXISME TENTACULAIRE).

Depuis 1917 le régime soviétique s'est maintenu au pouvoir strictement par la terreur. En 4 ans Lénine a massacré plus de 2 millions et demi de citoyens. Kaganovitch, Yagoda, Frenkel, Jejoff, Rappaport, Abramovici, Ouritski, Firine, Apetter, et 50 autres circoncis au 8ème jour, ont massacré 60 millions de personnes dans les camps de concentrations, les travaux Forcés, les GOULAGS (Voir Soljenitsyne).

L'U.R.S.S est le premier pays du monde à avoir institutionnalisé la terreur comme système de gouvernement.

La TCHEKA n'avait d'autre finalité que d'exterminer les anticommunistes DJERINSKY ne disait-il pas : « nous sommes pour la terreur organisée ».

LÉNINE disait aussi : « la terreur doit être légalisée, en tant que principe, le plus largement possible »...

5 millions de paysans russes exterminés sous le stalinisme. Pourquoi ? Ils résistaient à la collectivisation forcée, contre nature.

Environ 8 millions de morts en Ukraine On organisa une famine délibérée et dantesque et cela en plein hiver. On déposséda les Ukrainiens de leurs céréales et de leurs semences.

Cette délicieuse équipe gouvernementale de circoncis extermina les minorités ethniques de la VOLGA, des KAJAKS, des TCHECHENES, des KIRGHISES, des TATARS...

20 millions de Russes sont enfermés dans des camps de concentrations et ils y meurent de faim, d'épidémies, d'épuisement...

LES CAMPS ALLEMANDS POUR JUIFS ET COMMUNISTES N'EXISTAIENT PAS ALORS !

N'oublions pas que toute l'équipe gouvernementale soviétique était « circoncise au 8ème jour », comme les banquiers U.S.A. ; qui subventionnaient ce délicat régime d'épanouissement des droits de l'homme (Warburg, Lœb, Sasoon, Hammer etc.)...

On réprimait la délinquance des enfants par la peine de mort à l'âge de 12 ans !

On exécutait pour larcins, fuite à l'étranger, mauvaises exécutions de travaux agricoles, pour grèves dans les entreprises.

Staline étendit son empire en Asie et en Europe par la terreur. Il provoqua des génocides en Lituanie, Lettonie, Estonie, repeuplés par des Russes.

La terreur fut planifiée dans les satellites européens : goulags, peine de mort, balle dans la nuque, comme à Katyn plus tard (méthode habituelle et consacrée) rideau de fer, mur de la honte, pour empêcher de fuir le paradis communiste...

Les financiers circoncis USA et les politiciens occidentaux serpillières financent les tyrans marxistes d'Asie, l'Afrique, d'Amérique du Sud, qui massacrent leurs peuples, les livrent à la famine, comme en Érythrée, aux tortures comme le supplice du pneu enflammé autour du cou qui fait fureur...

Les pays qui ne reçoivent aucune aide sont ceux qui ont un système de vie humain et convenable mais qui, O dérision, violent les droits de l'homme !

Le Chili, (récemment félicité par la banque mondiale pour ses réalisations sociales et économiques exceptionnelles ! ! !), la Corée du Sud, Taiwan, et l'Afrique du Sud que l'on s'efforce de marxiser avec l'alibi de l'apartheid et qui sera demain livrée à la misère marxiste et aux massacres intertribaux...

Mais les Noirs d'Afrique sont tous dans la misère, SAUF CEUX DE L'APARTHEID !

Les Noirs du Mozambique tentent de rejoindre ceux de l'Afrique du Sud où l'on vit bien. Mais les mines posées à la frontière les fait exploser : atroce mur de la honte qui respecte la liberté des Droits de l'homme.

Par contre les tyrans Jaruzelski, Castro, Tito, le Duc Tho, Mengistu, Chadli, Brejnev et consorts et successeurs ont empoché des milliards de dollars USA, comme tous les atroces dictateurs marxistes sanglants sur tous les continents. L'argent « humanitaire » qu'on leur verse leur sert à eux-mêmes et à l'achat d'armes que le Kremlin leur livre...

Quand on se souvient de ce qu'était l'Angola et l'Éthiopie ! Aujourd'hui des tyrans rouges les ont livrés à la famine, à la misère, aux massacres.

Quel mépris des droits de l'homme que cette complicité de notre « bêtisentia » dans l'expansion tentaculaire du marxisme par les banques circoncises, nos impôts et les armes du Kremlin...

Mais, petite parenthèse, ces dizaines de millions de morts NON-circoncis ne valent pas les 6 millions (même vrais) d'Auschwitz ! 1000 goys ne valent pas UN Juif et on peut les baigner et les occire dans le marxisme sanglant.

En U.R.S.S. le marxisme était bon pour les autres : 95% des émigrés Russes aux U.S.A étaient des circoncis au 8ème jour !

En 25 ans de 1960 à 1985, l'Afrique a connu une cinquantaine de coups d'état pour instaurer des tyrannies rouges massacreuses et affameuses.

Nos défenseurs des droits de l'homme n'ont jamais invite les démocraties à s'indigner contre l'établissement de ces régimes atroces qui allaient massacrer et affamer leurs peuples en instaurant des régimes marxistes.

La gauche qui se prétend démocratique, n'a pas d'objections quand il s'agit de renverser un régime de droite où tout le monde est heureux, par une sanglante dictature marxiste. L'aberration et la cécité sont exceptionnellement mises en évidence par des journalistes non encore complètement robotisés :

MICHEL COLLINOT s'indigne : « quand je vois le Chili au banc des nations parce que le général Pinochet l'a sauvé de la dictature communiste et que dans le même temps notre assemblée refuse l'urgence sur la dictature de CHADLI qui assassine 1500 manifestants en une semaine, je me demande à quel degré de cécité et de mauvaise foi nous sommes tombés »...

GIESBERT dans le Figaro, stigmatise : « l'indignation sélective de la classe politique et des intellectuels Français. Le Président de la République, le Premier Ministre, restent muets lorsque les mitrailleuses du Président Chadli tuent des centaines de lycéens algériens sans défense, alors que toute l'intelligentsia française dénonce « l'horrible dictature de Pignochait qui utilise exclusivement DES CANONS À EAU CONTRE LES MANIFESTANTS »...

Il s'agit bien sûr de cet horrible régime récemment félicité par la banque mondiale pour ses réalisations sociales et économiques, réalisations positives que l'on ne verra jamais dans une dictature de massacreurs et affameurs rouges.

Rappelons que le Duc Tho, chef communiste Vietnamien, obtint le prix Nobel de la Paix (avec Kissinger !). Il avait à peine mis son prix dans sa poche qu'il envahit le Sud Viêt-Nam. Un million de boatpeople s'enfuient. 500.000 mourront en mer de Chine ! ! !

Silence des droits de l'homme et fermeture des écluses bancaires pour ces gens-là : s'il le faut on les contraindra à retourner dans leur enfer même s'ils préfèrent mourir...

A-t-on vu UN seul échappé politique de Taiwan, du Chili, de Corée du Sud ou même d'Afrique du Sud ? Quarante dictateurs marxistes sanglants en Afrique !

Vivent les droits de l'Homme...

Et Monsieur Klarsfeld dans sa mouvance communiste est complice de ces macrocrimes de lèse-humanité...

Bien sûr il choie et assiste selon l'argent des financiers circoncis et nos 139 impôts distribués par nos Mitterrand de gauche comme de droite d'ailleurs, les 40 tyrans sanglants, en attendant de liquider marxistement la Côte d'Ivoire, le Maroc, la Tunisie, le Zaïre, le Togo etc...

C'est en bonne voie : bientôt l'Afrique entière, Afrique du Sud inclue, sera une immense famine, en attendant d'être un énorme cimetière où triompheront définitivement les droits de l'homme et du citoyen !

Il faut supposer que Monsieur Klarsfeld pourfendeur de vestiges octogénaires de régimes qui ignoraient de si immondes horreurs, dans sa mouvance communiste, applaudit à la misère indienne du Nicaragua.

Les 200.000 Indiens Miskitos, Sumos, Ramas, qualifiés par les Racistes sandinistes d'inassimilables, voient leurs villages bombardés, et leurs résistants exécutés sommairement. Le Ministre de l'Intérieur, Tomas Borge, dit-il pas :

« Nous sommes décidés s'il le faut à éliminer jusqu'au dernier les Miskitos pour implanter le sandinisme sur la côte Atlantique du Nicaragua »...

C'est clair !

Comme le disait Jacques Soustelle dans le Monde en 1984 : « villages incendiés, récoltes détruites, viols, déportations »...

Vivent les droits de l'Homme de monsieur Klarsfeld...

Le macrocrime de mise en œuvre tentaculaire et mondiale du marxisme est à lui seul si horrible, si monumental qualitativement et quantitativement, (écrasement de l'homme physique et mental) que même si les 6 millions chambres à gaz étaient vraies (nous savons qu'il s'agit d'une ineptie arithméticotechnique), ils seraient une infime brouille au regard de ce crime dantesque et universel...

Il y aurait beaucoup à dire sur le crime du Freudisme qui rejoint le crime marxiste en désintégrant l'homme de l'intérieur. Il réduit l'homme aux dimensions phallovaginales et n'est pas étranger à la mentalité marxiste qu'il prépare, et au pornographiage mondial qui mènent les jeunes à la débilité des Madona et Michael Jackson, à la drogue et au suicide...

Ce crime freudien s'inscrit intégralement dans l'orbite capitalomarxiste et il n'aurait eu aucune chance de se manifester sous Hitler ou sous Pétain. C'est un fait !

Mais ce gigantesque crime marxiste mondial n'est pas le seul crime majeur de lèse-humanité de cette pseudodémocratie où les circoncis SONT LES SEULS VRAIS MAÎTRES.

Quelles horreurs nous sont imposées depuis 50 ans, depuis que ni Hitler, ni Pétain n'ont plus aucun pouvoir ?

Nos enfants laïcisés, privés de toute éducation morale et spirituelle, livrés aux « musiques qui tuent » pathogènes et criminogènes (par production physiologique exagérée d'adrénaline et d'endorphines), à la drogue, à la délinquance, au suicide par milliers (2ème cause de mortalité chez les enfants et adolescents).Sous Hitler ou sous le Maréchal pas un seul enfant suicide, drogue ou alcoolique. A-t-on jamais vu en Allemagne Nazie en en France Vichyssoise un retraité contraint d'abattre son fils devenu un monstre par la drogue ???

La chimification du sol qui se stérilise en 50 ans.

La chimification alimentaire et thérapeutique systématique, qui atteint l'homme au niveau chromosomique d'où dégénérescence générale, maladies de dégénérescence telles que cancers, maladies cardio-vasculaires, désordres mentaux.

Disparition d'une humanité qualitative avec surpopulation en croissance exponentielle, disparition de tout esprit de synthèse, comme du SENS MORAL.

Disparition du sens esthétique qui permet de prendre l'uniforme blue jeans ou Picasso pour des « valeurs ».

Retour à la barbarie comme on le voit en Amérique du Sud, du Nord et dans les banlieues françaises, anglaises et ailleurs.

Maladies virales comme le S.I.D.A. qui vont augmenter en progression géométrique puisqu'il n'est plus question de parler au couple d'AMOUR ET DE FIDÉLITÉ.

Les bombes atomiques comme à Hiroshima et Nagasaki (crimes de guerre d'ailleurs inutile), les centrales nucléaires et leur Tchernobyl potentiels, les sous-marins atomiques coulés aux dangers inévitables.

Les déchets nucléaires instockables et non neutralisables.

Les ordures ménagères envahissantes qu'on ne pourra traiter à temps.

La disparition des forêts si utiles aux dérisoires bulletins de vote, exclusivement destinés aux pantins asservis par la Haute Finance et le marxisme circoncis. Et cela avec d'incalculables conséquences écologiques. Les espèces animales et végétales qui disparaissent à une vitesse exponentielle, parachevant un déséquilibre écologique irréversible.

Disparition de la classe paysanne, assassinat de l'agriculture, pouvant seule assurer une vie autarcique. Le moindre désordre politico-économique peut réduire un pays à la famine, puisqu'il peut lui supprimer même sa nourriture pathogène, chimiquée...

Le métissage institutionnalisé qui crée un racisme permanent et inévitable qui dégénère automatiquement en Libanisation (Allemagne, France) et en guerres civiles.

La pseudolibération de la femme qui éradique ses qualités de mère et d'épouse, agence un nombre délirant de divorces, tandis que les enfants livrés à la douleur, deviennent des délinquants. Tous ceux passant devant les tribunaux sont issus de couples séparés ou dont la mère travaille intensivement hors du foyer (Pr Heuyer). Toutes les femmes aisées peuvent pallier en apparence cette carence. En réalité les troubles psychologiques restent patents bien que non évidents aux critères matérialistes psy. Ainsi ces malheureux jeunes vont plonger dans Michael Jackson et le devenir humain sera annulé... Il leur restera chômage, drogue, suicide. À noter en passant que les jeunes qui ont une éducation catholique même médiocre, ne se suicident jamais !

Un chômage qui atteindra incessamment un milliard d'individus selon le club de Rome. Des milliards de pauvres, d'affamés, d'analphabètes.

Les mégalopoles seront saturées de gaz délétères. Le ravitaillement deviendra impossible. Les forêts déjà en voie de destruction seront de plus corrodées par les gaz d'échappement.

La pornographie généralisée facteur de dégénérescence physiologique, psychologique, d'homosexualisation (masturbation précoce encouragée + carence en vitamine E), de S.I.D.A. La couche d'ozone disparaît, livrant les humains à des radiations mortelles.

L'avortement self-service d'enfants sains, tandis que les débiles et les criminels sont chouchoutés.

La pilule pathogène et cancérigène, qui provoque blocages ovariens, arrêt de croissance, frigidité (Pr Jamain).

Tous ces crimes, sans aucune exception sont dus au Capitalo-Marxisme meurtrier et suicidaire.

N'importe qui ayant lu MEIN KAMPF et constate les réalisations de Hitler et du Maréchal est parfaitement convaincu. Il n'y a la aucune ambiguïté.

Aucun des crimes précités n'eussent été possibles sous Vichy ou sous le IIIème Reich.

Ils avaient, Hitler et le Maréchal, l'un et l'autre le respect de la nature. Ils avaient aussi le souci des droits de l'homme et non de la crapule. L'abolition de la peine de mort dans un contexte aussi meurtrier envers les innocents a quelque chose d'immondissime.

Sauvons les violeurs et assassins de petites filles, sauvons les meurtriers de vieilles dames, mais massacrons les Indiens du Nicaragua pourvu que le pays soit marxiste !

Voilà, Mon cher Maître, les raisons de l'option politique de monsieur Touvier que j'admire et respecte.

Moi-même à 20 ans, élevé dans une famille circoncise de la finance, je me suis engagé contre Hitler, J'ai cru !

Mais ces 50 ans d'horreurs mondiales dont mes congénères tirent toutes les ficelles m'ont ouvert les yeux.

Toute personne qui aura conservé son intelligence par-delà tous les paramètres judéo-cartésiens qui la détruisent, seront comme moi, en accord avec la réalité des faits.

Si plus personne ne comprend l'élémentaire, alors le suicide de la planète sous l'égide de mes congénères ne peut manquer de survenir à brève échéance.

De Gaulle disait que « les Français étaient des veaux ». S'ils sont des zombies alors ils méritent le suicide où se mêleront victimes et bourreaux.

L'épicentre de cette affaire étant l'option politique de Mr Touvier, je demeure votre témoin majeur si vous le voulez.

À vous, cœur et lumière

Roger Dommergue de Ménasce engagé volontaire en 1944, Professeur retraité après 40 ans d'enseignement secondaire et supérieur. Officier du mérite et du dévouement français.

En 1994 Le malheureux TOUVIER, 50 après, est condamné pour avoir laissé fusiller 7 Juifs et en avoir sauvé 23 en 1944.

Crime inexpiable !

EN 1994 Le Docteur Goldstein massacre 51 Palestiniens. Pas un mot !

À l'émission 7/7 d'Anne Sinclair en Juin 1994, les deux événements sont cités. Tam-Tam pour l'un, silence complet pour l'autre.

Cela serait à mourir de rire si ce n'était pas aussi radicalement immonde...

Affaire Touvier : Lettre au Président de la Cour d'Appel de Versailles

15 mars 1994

Monsieur le Président, Messieurs les Juges assesseurs,

À la veille du procès Touvier, je me dois en toute conscience, en tant que Juif, Professeur et Philosophe de vous apporter ce témoignage.

Je désapprouve de façon radicale et absolue ce procès Touvier cette farce intenté à Mr Touvier qui fit partie il y a cinquante ans, du dernier régime propre de la France. Lorsque je me suis engagé en 1944 contre le Nazisme, j'ai cru dans ma naïveté que c'était pour que nous vivions dans un régime encore plus propre que celui du Maréchal.

Cinquante ans après je m'aperçois que nous gisons dans la pourriture et la décomposition absolues, que l'horreur et l'inversion sont devenues normatives et que mes congénères tirent toutes les ficelles dans tous les domaines y compris dans celui de la justice asservie par des lois anticonstitutionnelles et staliniennes...

Mes congénères, je ne dis pas les « Juifs » mais la secte des circoncis au 8ème jour, car ces gens-là ne sont PAS Juifs : toutes les spéculations suicidaires qui règnent en Libéralo-Marxisme sont criminelles et hérétiques devant la Thora.

Puisque mes congénères ont clamé sans ambiguïté qu'il s'agissait avant tout du procès de VICHY et que Mr Touvier ne faisait que servir d'alibi à un tel dessein, je lui ai conseillé, une fois la partie inique du procès réglée (Touvier déjà jugé, 50 ans après, 7 Juifs fusillés pour en sauver 23), de justifier son option politique 50 ans après devant la pourriture quintessenciée du régime actuel, sans aucun doute le pire des régimes puisqu'il assassine l'homme et la planète dans toutes leurs manifestations.

J'ai donc envoyé la lettre dont je vous joins copie à Me Trémollet de Villers qui a la lourde tâche, à travers un alibi, de défendre l'humanité tout entière.

Cette lettre met en évidence l'obscénité ubuesque et inique de cette farce juridique mise en œuvre par la Klarsfeldomanie : donnez la police et la Justice à Mr Lévy, il ne sera plus ridicule et voilà le XXème siècle...

Ces gens-là dont je me désolidarise, sont en train de concentrer de façon maximale tous les paramètres de l'antisémitisme comme jamais aucun moment de l'Histoire.

Je crains hélas, que les prochaines manifestations d'un antisémitisme qui gronde partout et que ne parvient pas à cacher leur mainmise totalitaire sur les média, ne deviennent une affligeante réalité qui n'aura besoin d'aucun révisionnisme...

J'ajoute que l'aspect farce de ce procès, cette maxijérémiade en porte-à-faux, est monumentalement accru devant les **VÉRITABLES PROBLÈMES ANGOISSANTS** auxquels le Judéo-Cartésianisme nous oblige à faire face.

Sous le IIIème Reich, comme sous Vichy, ni les SOROS ni les MARX n'étaient possibles, ni bien sûr, la déliquescence que leurs règne implique.

Croyez Monsieur le Président et Messieurs les Juges, à l'assurance de mon profond respect.

CE QU'AURAIT DÛ DIRE TOUVIER
POURQUOI J'AI CHOISI LE MARÉCHAL

Parce que sous le Maréchal il n'y avait pas de Soros, qui déstabilise une monnaie d'un coup de téléphone, possédant comme Warburg, Hammer et consorts des pouvoirs monstrueux qu'aucun souverain de l'Histoire humaine n'a jamais possédés.

Parce que précisément sous le Maréchal il n'y avait pas de politiciens achetés et magouilleurs immergés dans leur nullité comme dans leurs magouilles.

Parce que le Maréchal a libéré la France de la tutelle la plus honteuse celle de la finance. Parce que sous le Maréchal il n'y avait pas de Marxisme exterminateur de dizaines et de dizaines de millions de gens sous l'égide des Kaganovitch, Frenkel, Jagoda, Firne, Jejoff, Appeter, Abramovici et 50 autres circoncis au 8ème jour.

Il n'y avait pas des millions de chômeurs.

Il n'y avait pas la destruction des paysans, des artisans, des petites et moyennes entreprises au bénéfice des multinationales de la finance internationale « qui gère la drogue ».

Il y avait même une mission de restauration paysanne.

Il n'y avait pas de jeunesse débraillée, vêtue de cet uniforme de la connerie internationale, le blue-jeans Lévy, livrée au chômage, au désespoir, à la drogue, au suicide, aux musiques pathogènes et criminogènes par production physiologique exagérée d'endorphines et d'adrénaline et menant à la mentalité toxicomaniaque.

Il n'y avait pas l'abrutissement organisé par les MARX MERDIA et L'ATHÉE-LEVY-SION. Il n'y avait pas les bombes atomiques, à neutrons et les Tchernobyl d'Einstein, Oppenheimer et S.T.Cohen.

Il n'y avait pas le Freudisme aboulisant, pornographiant et préparant la mentalité marxiste. Il n'y avait pas la pornographie de Benezareff et consorts.

Il n'y avait pas une dégénérescence massive confite dans l'athéisme.

Il n'y avait pas de destruction de la famille par travail de la mère hors du foyer, divorce à la carte, pilule pathogène et tératogène, avortement self-service.

Il n'y avait pas une croissance monstrueuse et exponentielle de la délinquance.

Il n'y avait pas de nucléaire, non seulement avec ses Tchernobyl mais avec ses déchets instockables et non neutralisables.

Il n'y avait pas la destruction des forêts, des espèces animales et végétales. Il n'y avait pas la mort de la terre par la chimie de synthèse.

Il n'y avait pas la chimification généralisée de la nourriture et de la thérapeutique ainsi que l'accroissement exponentiel des maladies cardio-vasculaires et du cancer qui ne cesse de croître malgré les recherches officielles qui ne touchent pas aux CAUSES RÉELLES.

Il n'y avait pas l'expansion tentaculaire de la Maffia.

Il n'y avait pas de vie possible pour un violeur et assassin de petites filles ou meurtrier de vieilles dames : d'ailleurs de tels criminels n'existaient pas sous son régime !

Il n'y avait pas l'expansion normative de l'homosexualité et de la pédophilie.

Il n'y avait pas de S.I.D.A. et l'organisation de la débauche des enfants sous prétexte de lutte contre ce fléau qui serait entièrement enrayé par l'amour et la fidélité du couple.[11]

Il n'y avait pas d'invasion d'émigrés avec libanisation des pays et racisme organisé PAR UN PSEUDO ANTIRACISME.

Il n'y avait pas en un mot, le chaos sanglant du SOROSMARXISME et ses 150 guerres depuis la chute de Vichy et du IIIème Reich.

Il n'y avait pas non plus de Boudarel ni de Pol Pot exterminateur reconnu de 4 millions de Cambodgiens. (à ce jour pas du tout inquiétés !)

Il n'y avait d'ailleurs pas de dictateurs marxistes sanglants qui exterminent leurs propres peuples et les réduisent à la famine comme on le voit en Afrique, Amérique du Sud, Asie...

En un mot J'AI CHOISI LE MARÉCHAL CAR IL CRISTALLISAIT UNE FRANCE EXEMPTE DE TOUTE POURRITURE...

---

[11] Voir page suivante lettre au Cardinal Lustiger.

Lettre au Cardinal Lustiger Archevêque de Paris

7 avril 1994

Excellence,

Quand je vois cette immonde émission sur le S.I.D.A. qui n'est qu'une universelle incitation à la débauche, alors que PAS UNE FOIS il n'a été dit par les animateurs que la seule prophylaxie de cette maladie était L'AMOUR ET LA FIDÉLITÉ DU COUPLE, quand je vois une mère disant : « mon fils de 10 ans sait qu'il doit mettre un préservatif pour faire l'amour »... je suis atterré et je me sens envie de mourir...

Quand je vois ce zombifiage des Goys, manipulés entièrement par les circoncis au 8ème jour, avec la complicité du silence du rabbinat et de vous, alors que TOUTES les spéculations circoncises qui règnent sont criminelles devant la THORA COMME DEVANT L'ÉVANGILE, je me demande quelle option il y a entre le zombifiage et l'héroïsme inutile... Le SEUL qui exprime des idées conformes à la santé de la France est LE PEN et je vous ai vu et entendu le condamner !!!

Il n'y a plus rien à faire, RIEN. Je vous envoie copie d'une page de la CONJURATION JUIVE CONTRE LE MONDE CHRÉTIEN de Copin Albancelli. Dédicacé à l'archevêque de Tours en 1909, il n'était même pas découpé !

La connerie goy n'était donc pas tellement inférieure à ce qu'elle est aujourd'hui, puisque même un archevêque n'a pas compris l'importance de ce livre désormais interdit par des lois staliniennes, antidémocratiques, et anticonstitutionnelles.

Comme je comprends les jeunes qui ont gardé une âme et qui préfèrent se suicider devant un tel monde où même vous, vous taisez alors qu'on vous voit tout le temps à la télévision.

Vous ai-je entendu une seule fois dire avec force que la seule solution au S.I.D.A. était l'amour et la fidélité du couple, que cela était la vraie liberté, et non la débauche généralisée et orchestrée par les Freud, les Simone Veil, les Benezareff et consorts ?

Savez-vous que toute activité sexuelle organique ou mentale avant la dernière puberté (vers 18 ans) est un massacre du corps et de l'esprit ? (effondrement moral, avachissement physique, tuberculose, schizophrénie, affaiblissement du système immunitaire multipathogène, dégénérescence de la race)

Ce ne sont pas les sexologues circoncis qui vous le diront bien au contraire. Que direz-vous au Bon Dieu quand vous le rencontrerez bientôt ?

« Seigneur je ne pouvais rien faire et j'ai soutenu les congénères financiers pourrisseurs et pornographes par mes silences bien à propos ! Vous pensez bien Seigneur qu'ils ne m'auraient pas mis là où je suis s'ils avaient pensé que je clamerais la vérité élémentaire »... ?

À qui parler aujourd'hui à part THIBON qui est très âgé et qui est le dernier philosophe chrétien avec qui je m'entends très bien malgré mon désaccord sur le dogme mais qui me rejoint sur l'essentiel de la conscience...

Je n'espère pas plus de réponse de vous que de SOROS, BENEZAREFF ou SIMONE VEIL aux côtés de laquelle (énorme symbole !) je vous ai vu...

À vous,

COR ET LUX

ALORS ?

Le monde moderne est né de l'argent, il périra par l'argent. Qui est l'argent ?

Qui a financé simultanément les Allemands, les Alliés et la Révolution Bolchevique puis est venu en 1919 en Europe comme négociateur de la paix ? Le financier WARBURG.

Qui possédait en 1940 autant de pétrole que les 3 puissances de l'Axe ? Le financier HAMMER.

Qui peut déstabiliser une monnaie d'un coup de téléphone ? SOROS.

La finance circoncise, le Marxisme circoncis la science circoncise, le Freudisme circoncis sont quatre autismes supérieurs qui exterminent l'humanité par le règne de l'antipensée. L'épicentre psychohormonal causal est la circoncision au 8ème jour qui suit la naissance.

La synthèse de domination circoncise n'est pas véritablement planifiée. Elle est relativement inconsciente car les circoncis, et c'est là leur malheur, sont entièrement privés d'esprit de synthèse.

Ils sont par contre doués sans mesure pour toutes les spéculations à court terme. Cela explique que les protocoles des sages de Sion sont nécessairement un faux.

Cette synthèse de domination suicidaire n'est que relativement élaborée en conscience et est de caractère empirique (Concertations, entraides internationales, abandon de ceux qui seront bien plus utiles à la cause comme victimes de l'antisémitisme).

Cette synthèse dominatrice est donc automatique : en effet la disparition des élites providentielles qui sont l'essence même de toute théocratie naturelle, l'insuffisance mentale de la grande majorité des humains, atout majeur de la stratégie circoncise, leur confèrent automatiquement tous les pouvoirs puisque la pseudo égalité démocratique qu'ils ont imposée maçonniquement et laïquement promeut ipso facto l'inégalité de Warburg et du chômeur...

La seule solution au devenir de l'humanité dans le chaos libéralomarxiste circoncis est la suppression radicale et absolue de la circoncision au huitième jour, premier jour des vingt et un jours de la première puberté

Cela sauverait in extremis l'humanité, mais je ne vois que peu de chance que ce livre soit compris et que des capitaux qui sont tous « Juifs » mettent en œuvre sa prise de conscience.

Nous allons étudier maintenant dans la dernière partie de ce livre « folie et génie », les bases fondamentales de la société, bases sans lesquelles elle est nécessairement réduite au chaos et à l'anéantissement que nous vivons en cette fin du XXème siècle.

FOLIE ET GÉNIE

(Œuvre du Docteur Jean Gautier endocrinologiste.)

Le texte magistral qui suit m'a été enseigné par le Dr. J.Gautier, endocrinologiste et physiologiste de génie. Son œuvre mérite mille prix Nobel et dépasse complètement le Judéo-Cartésianisme dont toutes les équations convergent vers la pulvérisation de l'Homme.

L'épicentre de ses travaux, qui amènent un prodigieux éclairage sur la connaissance de L'HOMME, est basé sur la découverte fondamentale de la prédominance fonctionnelle du système hormonal sur le système nerveux et l'être en général.

Le système nerveux ne joue qu'un rôle très effacé dans des activités complexes, Il nous permet surtout d'enregistrer nos automatismes et il est un pont entre notre nature hormonale et nos actions.

Il peut bien sûr mettre une glande endocrine en action, mais cela ne veut pas dire qu'il la commande fonctionnellement.

En fait nos actions se font à l'instigation de notre système nerveux, mais c'est notre nature hormonale qui va déterminer la qualité de nos actions.

Prenons un exemple très simple : Chopin est au piano, une porte s'ouvre, il va tressaillir, c'est un thyroïdien émotionnel, un hypersensible.

Kroutchev est au piano. Une porte s'ouvre. Il ne bouge pas. C'est un surrénalien, pas du tout émotionnel et insensible. Le système nerveux a chez l'un et l'autre réagi différemment, selon leur nature glandulaire.

C'est donc bien le système hormonal qui est notre maître psychophysiologique. Il est le roi de l'organisme, le système nerveux n'est que le premier ministre.

Le Dr Gautier a pu ainsi éclairer la race, l'hérédité, les types glandulaires,[12] les conséquences des mutilations sexuelles à la première puberté qu'il a aussi mise en évidence et bien d'autres choses encore comme le rôle des endocrines organiques.

Mon seul mérite est d'avoir pénétré les arcanes de son œuvre et de tenter de la faire comprendre de la manière la plus claire possible.

L'exposé qui suit, à l'épicentre de la survie de l'humanité, n'est pas le plus facile de son œuvre, mais est passionnant.

Il est à remarquer que la lettre de Monsieur Valérie Giscard d'Estaing, date de peu de temps avant le début de son septennat.

---

[12] Thèse sur le thyroïdien : « le dandysme, hyperthyroïdie physiologique » (1971).

Or la politique suivie par ce Président de la République fut l'antithèse radicale et absolue de la prise de conscience exprimée dans ces pages.

Pourquoi ?

Parce que tous les politiciens de tous les partis sont soumis à la dictature absolue de la haute finance et du marxisme circoncis.

Ils sont donc radicalement emprisonnés dans les mots d'ordre du parti dans lequel on les a coulés comme du béton.

Il y a quelques esprits supérieurs qui « savent bien » mais qui savent aussi qu'ils doivent ignorer ce qu'ils savent s'ils veulent faire carrière.

Ils sont peu nombreux.

Il y a l'immense majorité des politiciens, qui façonnés depuis la maternelle jusqu'à des concours aussi absurdes que l'E.N.A., l'Agrégation ou Polytechnique, ne peuvent conceptualiser aucun des critères élaborations psychologiques supérieures, et qui par conséquent, croiront agir librement dans leur coterie, alors qu'ils sont parfaitement robotisés. Le conditionnement pseudodémocratique est irréversible. Il en résulte que tous les politiciens de tous les partis œuvrent en toute inconscience, « librement » vers le chaos et la déchéance universelle.

Tout « changement » annoncé est un leurre : il ne peut y avoir de changement que par l'introduction dans la vie des hommes des concepts de la spiritualité authentique et de l'intellectualité supérieure.

Sans cela cancer et folie progresseront jusqu'au néant. Entrons dans le vif du sujet.

Devant la postérité les œuvres humaines sont fort diverses. Il y en a qui demeurent, d'autres qui sombrent.

Seuls les CLASSIQUES ont droit à la pérennité.

Les œuvres humaines ont eu pour créateurs des esprits différents. Celles que l'on admire toujours ont des particularités que l'on retrouve chez l'Homme de génie. Celles qui s'estompent dans la mémoire des hommes ont des rapports avec la mentalité des fous-lucides. On comprend sans peine que la survie de l'Humanité est liée à la connaissance parfaite de ces deux concepts.

Pour être en bonne santé, l'homme doit vivre dans un environnement sain. Cet environnement est à la fois concret, nourriture, hygiène, et abstrait, éducation, livres, média. Autrement dit tout ce qui alimente notre corps par notre estomac et notre esprit par les neurones cérébraux. *En d'autres termes, l'homme de la conjoncture actuelle, nourri de pain blanc totalement mort (carence en vitamine E) de sucre blanc (chélateur du calcium du corps et des dents), de nourriture et de médicaments chimiques (pathogènes et tératogènes), de tabac, d'alcool (cancérigènes), de Freud, de Marx, de la science d'Einstein et d'Oppenheimer, du système bancaire de Rothschild, Rockefeller, Hammer, Warburg, Soros et consorts, qui créent toute la conjoncture, peut-il, cet homme être en bonne santé, n'est-il pas mené par des fous lucides, et non par des génies indispensables à l'équilibre et à la santé des peuples ?*

La peinture de Picasso et toutes les horreurs dites » abstraites » (alors que la peinture peut être tout ce qu'on veut sauf « abstraite »), le centre Pompidou, peuvent-ils stimuler le développement du sens de la beauté, comme le feraient Chartres, Bach ou Giotto ?

Ce qu'on appelle le progrès, par une très curieuse inflation sémantique, avance à grands pas. Promu par ce qu'il est convenu d'appeler, selon la même inflation, « la science », il n'inclut aucunement les concepts moraux, spirituels, esthétiques et authentiquement intellectuels et il conditionne hélas, LA VIE DES HOMMES DANS SA TOTALITÉ.

Il y détermine des modalités auxquelles l'homme ne peut s'adapter.

Il fait surgir un océan de problèmes pratiques, théoriques, financiers, sociaux, politiques, QUI SONT ABSOLUMENT INSOLUBLES sans retourner à des perspectives étrangères à l'endormissement actuel.

La vie moderne qui aurait dû apporter plus de facilité d'existence, plus de bien être, INCITE LES HUMAINS À AVOIR DE MOINS EN MOINS DE RESPECT DE LA PERSONNE HUMAINE.

Chaque individu est de plus en plus sacrifié à l'Étatisme, à homme-masse, qui possède tous les droits et n'a aucun devoir...

La moindre observation de synthèse nous montre que tout va de plus en plus mal dans cette société du XXème siècle. En quelques années, depuis la lettre de Mr Giscard d'Estaing, la situation a considérablement empiré (3 millions de chômeurs, 6 millions d'immigrants, le S.I.D.A., la drogue mondiale, la Maffia etc.). LES POLITICIENS SONT TOTALEMENT IMPUISSANTS ET LIVRÉS À DES FORCES QUI LES DÉPASSENT ET QUE SOUVENT LEUR CONDITIONNEMENT NE SOUPÇONNE PAS.

Les guerres, d'origine exclusivement financières, ne sont sans doute que l'ébauche criminelle de celle qui nous attend, à moins que l'effondrement biologique sous l'effet de la chimification de la terre, des aliments et de la thérapeutique, comme l'environnement pourri, ne rendent la vie sur terre impossible à une échéance plus brève encore.

Il est donc fondamental de savoir si les idées régnantes dans l'officialité sont celles de gens sensés ou si elles ne sont pas les fabulations imaginaires et purement spéculatives de cerveaux déséquilibres.

Il ne suffit pas qu'une idée ait quelqu'apparence logique pour qu'elle soit bonne et ne soit pas la source d'effondrements spirituels, biologiques, écologiques etc. et partant de luttes fratricides, de persécutions de conflits internationaux.

Les savants officiels (férus d'analytisme et de spécialisation) ayant éprouvé de grandes difficultés à étudier l'homme, ont cherché à lui appliquer toutes sortes d'investigations : microscope, analyse chimique, mesures physiques et électriques, donnée de laboratoire.

Ces données de laboratoire ont pris le pas sur des constatations faites par l'homme pendant des millénaires et que des mots, des « images verbales », avaient consacrées. Elles sont en fait de petites synthèses qui rendent compte de certaines propriétés humaines assez différentes, mais qui avaient été reconnues comme ayant une origine identique. (Exemple : « sensibilité » pour rendre compte à la fois de la sensibilité physique et mentale.)

Cette valeur si grande attribuée aux données de laboratoire est-elle justifiée ?

Qui a raison ? Le savant officiel qui procède par analyse ou les humains dont le langage est comme une synthèse ?

Ce n'est certes pas parce que les hommes se sont trompés vis à vis des phénomènes universels que leurs sens saisissaient fort mal, pour que leur sensibilité ne leur ait pas permis de sentir ce qui se passait en eux-mêmes. Les savants officiels sont donc dans une grave impasse quant à la méconnaissance de l'homme. Il est donc bienvenu de savoir si leur pensée ne s'éloigne pas diamétralement de celle de l'Homme de génie.

Voyons la réalité.

Non seulement les méfaits sans précédents de la science sur l'homme biologique et l'écologie est tragique, mais le corollaire de la progression de la folie banale est stupéfiant (folie « banale » pour la différencier de la folie « majeure » qui la produit) et condamne sans appel la psychiatrie officielle.

Non seulement toutes les formes de délinquance s'accroissent (meurtres, toxicomanie, homosexualité, délinquances diverses et hélas, délinquance juvénile) mais après la seconde guerre mondiale la folie avait doublé aux U.S.A. Le nombre des déments étaient il y a une vingtaine d'années, (autour de 1960-1970) de quarante millions.

Ce chiffre énorme ne peut que croître en progression géométrique puisque non seulement les causes fondamentales qui ont engendré cette démence s'aggravent d'autres causes pathogènes. Dans un pays de 200.000.000 d'habitants, ce chiffre est déjà apocalyptique.

Nous allons d'ailleurs assister à une folie, criminalité et homosexualité normatives tandis que les victimes des criminels, des violeurs ou des pédophiles n'intéresseront plus personne.

Ce ne seront plus les foules vêtues de bluejeans baveux, surmontés de coiffure « Afro-Look » ou de crânes rasés qui seront des exhibitionnistes, mais ceux qui persisteront à se vêtir avec élégance et à garder leur personnalité.

Les gens sains seront taxés de folie et de subversion, poursuivis devant les tribunaux à la solde de criminels majeurs qui ouvriront les prisons et aboliront la peine de mort.

En un mot les meurtriers vont se transformer en juges puisque toutes les formes de crimes, même ceux condamnés à Nuremberg (avortement pour cause d'eugénisme !), seront légalisés : vente d'armes à tous les pays marxistes, marxisme, pilule pathogène, pornographie, chimification etc.

La justice va être engorgée de délinquants, voleurs ou magouilleurs à tous les niveaux, et ne pourra faire face. Le « Racisme » croîtra du fait de la juxtaposition antiphysiologique et antipsychologique d'ethnies différentes. Aux U.S.A., les vols de drogués, à main armée, ne sont pas pénalisés deux ans après la perpétration du délit. Rien ne va s'arranger et aux U.S.A. personne n'ose sortir de chez soi sans révolver après 17 heures.

Tout le monde doit donc saisir l'importance de la discrimination entre la folie et le génie.

Il est peu rassurant de penser que ceux qui sanctionnent notre liberté ne sont aucunement informés de ce problème fondamental.

La connaissance de ce problème réglera ipso facto celui de l'évolution de l'homme et de la préservation de son environnement.

Que devons-nous penser de ces intelligences qui ont un don extraordinaire, une déformation exagérée de l'esprit qui leur procurent à la fois un grand talent et de grandes faiblesses mentales et morales ?

Peuvent-ils nous diriger sans nous détruire et se détruire eux-mêmes ?

On a pu voir à la télévision un avocat d'origine juive parler avec brio en faveur de l'expansion de l'anarchie sexuelle, déguisée en « liberté ».

Son exposé analysé était pourtant d'une parfaite nullité SPIRITUELLE, MORALE, ESTHÉTIQUE ET INTELLECTUELLE. Il rallia pourtant les suffrages de 9 témoins présents sur le plateau. (Il est vrai qu'ils avaient été soigneusement choisis parmi des demeurés, comme le révélait leur biotypologie, au simple coup d'œil).

Qu'est-ce qu'un criminel de droit commun qui a assassiné par misère, par passion ou même par intérêt, a cote de ce monstre a forme humaine jouissant de la considération générale sans que la justice ne s'émeuve et ne déclenche contre lui une action pour incitation gravissime a la débauche ???

Ne pouvons-nous nous demander si nous sommes satisfaits de nous être engagé pendant la guerre contre le Nazisme pour nous voir diriger 35 ans plus tard par une élite pourrisseuse que le Nazisme précisément combattait ?

Le Nazisme aurait-il accepté cette immonde caricature de la liberté qui permet la manipulation de tous les politiciens avec le niagara de drogue, chimification, pornographie, pilule, avortement, délinquance, homosexualité, freudisme, marxisme, scandales financiers, Mafia etc. ???

Le problème se pose donc d'une manière aiguë : les auteurs dont les qualités de langage, le maniement des sentiments et des idéologies sont hors de pair, véhiculent souvent des idées perverses, anti-humaines, déséquilibrées.

C'est pourquoi il nous faut étudier la différence entre le fou et l'homme de génie.

On peut sans aucun doute placer JEAN-JACQUES ROUSSEAU parmi les fous-lucides. Ses idées, son style, ses conceptions sont commentées favorablement par nombre de professeurs, et pourtant tous les psychiatres sont aujourd'hui d'accord pour diagnostiquer chez lui une démence caractérisée.

Qui a raison, les Professeurs ou les psychiatres ?

Pouvait-il à la fois être fou dans sa vie et sensé dans ses œuvres ? L'idée est puérile.

Si nous sommes capables de nous tromper à ce point sur les qualités mentales d'un auteur, on peut penser que nous risquons de choisir fort mal les intelligences lors des examens et concours officiels qui nous servent à former nos professeurs, nos savants, nos légistes et nos gouvernants.

Dans l'état actuel des choses on peut affirmer que nos examens et concours ne nous permettent pas de sélectionner des êtres capables de tendre vers les qualités de l'homme de génie.

Dans les circonstances actuelles cette assertion ne paraîtra choquante à personne, hormis à ceux dont l'intégrité mentale a été détruite par la conjoncture que nous allons analyser.

Les hommes de génie sont absents de l'officialité et ALBERT CAMUS me confiait que depuis la disparition de CARREL et son amie SIMONE WEIL, il n'en existait aucun dans la conjoncture. En revanche il y a de plus en plus d'auteurs dont les élucubrations vont à l'encontre de l'homme.

(Un auteur connu, d'origine juive, nous affirmait récemment, parmi une foule d'exemples d'aberrations, que « l'instinct maternel n'existait pas » et que « les homosexuels n'étaient ni des malades ni des pervers ». Affirmation délivrées malgré une ignorance totale de l'endocrinologie)

Lorsque nous connaîtrons les qualités foncières de l'homme de génie nous serons alors en mesure de constituer une véritable élite susceptible de diriger les nations. Quelles sont les qualités communes au fou et a l'homme de génie ?

LA MÉMOIRE

Les déments qui ont conservé une certaine intelligence la conserve bien. Certains peuvent en avoir une des plus puissantes et passer brillamment un concours mnémonique tels que l'internat en médecine ou l'agrégation de Droit. Certains peuvent réciter plus de mille vers. D'autres peuvent se souvenir des traits d'une personne qui a posé devant eux pendant une demi-heure et faire leur portrait. D'autres peuvent effectuer une addition complexe à simple lecture.

Les hommes de génie ont une souvenance beaucoup moins efficiente et se plaignent bien souvent de leur mémoire. La mémoire actuelle qui nous permet de nous souvenir de faits précis, leur manque souvent. La mémoire des noms, des chiffres, des évènements peut leur faire partiellement défaut. Cette sorte de mémoire se rencontre souvent chez des gens ayant une grande facilité d'élocution mais qui sont totalement dépourvues de qualités géniales.

Le génie sera surtout caractérisé par l'ordre dans l'esprit. L'esprit génial ne se souvient pas de nombreuses choses avec de multiples détails mais tout est organisé dans sa mémoire en fonction de la valeur des idées. Les unes sont principales et fortement fixées. Les idées secondaires sont adjointes à celle-ci et les incidentes à ces dernières.

L'ESPRIT GÉNIAL EST HIÉRARCHISÉ

Il est donc formé pour le travail intellectuel, pour les élaborations, pour les découvertes. Il n'est aucunement constitué pour parler ou écrire avec faconde sur les sujets les plus divers et sans profondeur.

Les souvenirs des déments sont au contraire étranges, originaux, pleins de bizarrerie, fort hétéroclites en général. Ils correspondent aux sensations qui les ont frappés. Leurs tendances affectives établissent le choix de leurs souvenirs sans la discrimination par les critères supérieurs dont nous parlerons.

Jugement et volonté sont les moteurs de la pensée du génie. L'imagination.

Elle est très vivace chez le fou comme chez l'homme de génie.

On pourrait dire que c'est la particularité dominante la plus intense et la plus caractéristique. Mais la qualité est très différente chez l'un et chez l'autre.

Chez les déments elle est : exubérante, facile, exagérée, fantastique, anarchique, fabulique, désordonnée.

Chez l'homme de génie elle est : disciplinée, elle obéit aux sentiments élevés, sous l'effort de l'esprit et de la volonté.

Il doit en effet prendre conscience de toute la réalité sans rejeter aucun élément qui fausserait l'objectivité et il doit en particulier accepter dans son champ de conscience les idées qui ne flattent pas ses tendances ou ses idéologies. Sans ces conditions il ne pourrait parvenir à la connaissance.

En conséquence toutes les valeurs humaines sont respectées par son cerveau dans le temps et l'espace.

Son imagination ne divague pas et tend vers une finalité. Elle est un effort de découverte dans le cadre fourni par l'expérience. Toutes les données de ce cadre son intégrées. Elle utilise les élaborations psychologiques les plus diverses pour aboutir à une œuvre déterminée, voulue. L'imagination du dément n'a au contraire aucune limite ni règle. Elle n'a aucune finalité. L'esprit de découverte est différent chez le fou et l'homme de génie.

Le fou pourra avoir une inspiration, une intuition, sa découverte sera spontanée, imprévisible. Celle d'une mentalité géniale sera le fruit d'un grand effort poursuivi avec de grandes difficultés. L'intuition l'aide et la volonté lui permet de parvenir.

LOGIQUE ET RAISON

Les psychologues ont cru pouvoir reconnaître une pensée valable à la qualité du raisonnement, de la logique. Ils se sont partiellement trompés dans leur affirmation. Ce sont en effet les qualités que l'on trouve les plus développées chez certains fous.

On les trouve très développées chez les persécuteurs persécutés.

Leur logique est forte, sans fêlure, brutale, implacable. Aussi la désigne-t-on du qualificatif de « morbide » comme si un tel enchaînement des idées dépassait les bornes de la normale, révélant un état pathologique.

La logique de l'homme de génie est beaucoup plus précaire : il est difficile d'être logique lorsque l'on n'est pas fou !

Elle est donc moins rigide, plus lâche, plus floue, laissant la place libre au sentiment « qui perçoit la réalité de façon plus directe que l'intelligence » (Carrel), à l'intuition.

Le fou quant à lui est littéralement victime d'un enchaînement d'arguments. Il ne donne d'importance et d'intensité qu'à une systématisation qui asservit l'intelligence et la prive de toute initiative efficace. Chez beaucoup de déments la proximité de deux faits dans le temps et l'espace les enchaînent inéluctablement dans leur esprit comme cause à effet. Le génie en est beaucoup moins certain car l'expérience lui a enseigné que deux phénomènes se passant l'un près de l'autre peuvent n'avoir entre eux que de lointains rapports. Il ne veut pas être l'esclave des apparences.

Par exemple, je vois l'hypothalamus réguler les endocrines donc c'est le système nerveux qui commande celles-ci. Mais l'observation basée sur une étroite analyse conduit à l'erreur.

En réalité c'est le système nerveux qui sera commandé fonctionnellement par le système hormonal car il est le premier constitue.

Ceci n'est qu'un exemple parmi des milliers d'autres.

Le fou n'utilise que ses sensations vis à vis des phénomènes. Le génie y substitue son esprit et ne conclut jamais sur une observation strictement analytique et quantitative.

Il sait qu'il perdrait ainsi son champs de vision de la réalité totale. Il fait donc en permanence acte d'intelligence et de compréhension.

Le fou n'argumente son interprétation que sur ses sens et son affectivité et cela de manière si serrée, si éloignée des faits, si implacable, que son déséquilibre mental se montre clairement.

Repensons à cet avocat qui prêchait la « liberté » sexuelle anarchique dans une argumentation qui défiait l'équilibre mental le plus élémentaire.

Il faut savoir à cet égard que l'utilisation de la sexualité avant la dernière puberté, (vers 18 ans) entraîne un déséquilibre thyroïdien qui mène l'être à la déchéance, à l'absence de sens moral à l'aboulie, qui en fera une proie rêvée de la conjoncture démente.

Ce qui manque aux déments :

L'attention volontaire. La volonté.

Les élaborations psychologiques supérieures. Le sens moral.

Cela constitue l'identité foncière de la folie.

Remarquons en passant que cette identité peut fort bien s'accommoder de grandes possibilités mnémoniques et analytiques exigées aux concours qui recrutent...

Nos élites !

PERTE DE L'ATTENTION VOLONTAIRE

Les psychiatres, même dans la conjoncture déliquescente où nous vivons, sont bien d'accord : les fous n'ont pas d'attention, ils n'ont que de l'attirance, des préoccupations.

Il est bon de définir L'ATTENTION.

Il ne suffit pas de porter longtemps son esprit sur quelque chose qui vous plaît, qui vous gratifie, vous attire, pour faire preuve d'attention.

Les objectivité, les forces naturelles, les êtres se présentent à nous sous deux formes : l'une qui est agréable, facile, utile, qui suscite en nous une attirance ; l'autre difficile, pénible, préjudiciable, qui provoque en nous une tendance à la fuite, en même temps qu'elle peut faire naître en nous un état de crainte, d'angoisse qui se traduit par une préoccupation. Il n'y a pas d'attention véritable dans ces cas.

La véritable attention nous sert à fixer notre esprit sur des sensations ennuyeuses, pénibles, désagréables, fatigantes, parfois préjudiciables ; elle peut aussi nous permettre de nous détourner de sensations idées qui nous sont agréables, faciles et nous procurent du plaisir, et cela dans un but de véritable objectivité, de sens moral, d'altruisme. La véritable découverte ne peut se faire que par une attention puissante, puisqu'elle doit tenir compte de TOUS les aspects d'un phénomène, depuis son aspect spirituel le plus élevé jusqu'à son aspect matériel le plus modeste.

L'INTELLIGENCE

Elle se manifestera chez le génie par la beauté, l'harmonie, l'ordre, la mesure dans la pensée, le courage contre les conformismes.

Le fou se manifestera par l'outrance, le désordre, l'exubérance, le déséquilibre.

L'APTITUDE AU TRAVAIL

Le génie retrouve toutes ses facultés lorsqu'il se met au travail. Le fou est inconséquent, lunatique. Il ne peut diriger son labeur. Un jour il travaille avec furie, et le lendemain il ne pourra rien faire. Il est le jouet de ses tendances et de sa vitalité.

LES DIVERS MANQUES D'ATTENTION CHEZ LE FOU

Certains sont inattentifs à tout. Ce sont les instables intellectuels : leurs sens ne se fixent pas. Les mongoliens, les myxœdémateux ne sont attirés par rien. D'autres déficients ne sont attirés que par des sensations fortes, mais leur pensée en est rapidement détournée par la moindre chose vue ou entendue.

Ce sont les maniaques, les idiots, les déments précoces et séniles. D'autres présentent selon leur état fonctionnel et organique, des tournures sentimentales qui modifient leur attention avec leur manière de voir.

Ainsi, un fou circulaire en état d'agitation aura des idées optimistes, et en état de dépression mélancolique, il aura des idées pessimistes.

C'est l'état fonctionnel qui présidera a la qualité de l'attention.

Le dément peut être fixé sur ses idées : il sera difficile de lui faire cesser sa tâche même pour le repas. Les déments séniles racontent perpétuellement les mêmes histoires. Les mélancoliques et les persécutés ont une préoccupation délirante, une idée de vengeance par exemple, qui reste dominante et dont ils ne peuvent se libérer. Cette dominante de leur esprit fait que toutes les sensations, toutes les idées, tous les événements sont déformés et interprétés pour servir d'aliment à leur thème délirant de systématisation. En outre certains maniaques ou paralytiques généraux ont une attention si déficiente qu'ils jugent les éléments qui leur sont préjudiciables comme bénéfiques et visseras.

Les mélancoliques considèrent ce qui leur est profitable comme nuisible.

Les fous n'étant aucunement maîtres de leur sensations et de leurs idées ne présentent aucune possibilité d'attention.

Malheureusement ce manque d'attention n'est pas seulement le propre des aliénés. Il est aussi le propre de pseudointellectuels qui ont la parole dans les media, de savants officiels, alors qu'il est normal chez l'enfant, le primitif, et l'homme normal en état de rêve.

PERTE DE LA VOLONTÉ

La psychiatrie est convenue que les fous sont abouliques. Il faut aussi définir la volonté.

Une action faite longtemps et avec persévérance peut ne pas impliquer du tout l'exercice de la volonté. C'est le cas si cette action vous plaît, flatte vos sens, vos passions, vos convictions que vous ne voulez pas remettre en question même devant les faits votre intérêt social et matériel, mais n'est pas dirigée vers sens moral et objectivité.

La volonté bien au contraire consiste à faire des actes pénibles, fatigants, qui vont à l'encontre de nos tendances naturelles et de nos convictions. Ceci en raison d'une idée supérieure d'altruisme et de sens moral vers une finalité non égoïste et éloignée.

Dans la vie courante la volonté nous sert à ne pas nous faire de mal à nous-mêmes, par exemple à éviter de fumer (ce qui est très difficile car le tabac détermine précisément aboulie quant à sa consommation) ou à ne pas être nuisible à notre prochain.

Lorsque nous faisons le bien par respect de la personne humaine nous faisons acte de volonté.

Pour un savant qui écrit et découvre pour en savoir plus long, en tirer quelque profit, ou se mettre en vedette, on ne peut parler de volonté.

La volonté n'apparaît chez l'homme de science que lorsque celui-ci dans une parfaite probité, une impartialité d'investigation, il ne promulgue des connaissances qu'il a pu acquérir que celles qui seront profitables à l'homme du point de vue de sa personne morale. Cet élément altruiste est essentiel au concept de volonté.

En effet chez tous les êtres on peut trouver une impulsion persistante à agir fortement qui s'apparente aux obsessions : *cette sorte d'obsession se rencontre très marquée chez les abouliques.*

Les déments ne peuvent avoir de volonté car ils ne pensent qu'à eux.

Ils sont fondamentalement égoïstes. Ils n'ont aucun sentiment vis à vis des autres. Ils ne songent qu'à la satisfaction de leurs tendances. Ils n'obéissent qu'aux récompenses et aux punitions. L'enseignement, les raisonnements n'ont aucune prise sur eux.

Remarquons que petits enfants -jusqu'à 18 ans !-n'ont pas d'interstitielle active (glande de la volonté). Ils sont parents du dément. Mais si les raisonnements sont peu valables, *l'exemple et l'autorité sont les deux mamelles de la véritable éducation.*

« Je me lave et je suis brave parce que Papa se lave et est brave ».

« Je ne touche pas aux allumettes parce que Papa l'a interdit » (et non pas « parce que je peux mettre le feu », ce qui est incompréhensible à un tout petit enfant.)

Sans ces deux principes *il n'y a aucune éducation possible.*

Il est évident que plus les parents seront évolués spirituellement et intellectuellement, plus ils apporteront une éducation élevée à leurs enfants. Ainsi ils pourront mener leurs enfants à Carrel, Chopin, au lieu du disco, de la drogue, de Marx et Freud. Je rappelle qu'il n'y a pas de délinquants ni de suicidés chez les enfants recevant une éducation Catholique, même médiocre. Par contre j'ai connu en maçonnerie bien des frères dont les enfants se sont suicidés...

PERTE DU SENS MORAL

Les déments n'ont aucune notion du bien et du mal. L'altruisme est pour eux un mot VIDE DE SENS.

Ils n'ont aucune bonté, ils sont menteurs, hypocrites, méchants, pervers, prêts à battre les autres malades, à déchirer et dérober leurs vêtements, ou ce qui leur fait envie. Ils n'ont aucune pudeur, ne pensent qu'à assouvir leur instinct génésique quand ils en ont. Ils ne peuvent résister à leurs hallucinations ou impulsions. Ils sont capables de tous les crimes.

PERTES DES ÉLABORATIONS PSYCHOLOGIQUES SUPÉRIEURES

Il nous faut parler longuement de cette faculté mal connue depuis l'effondrement des valeurs réelles.

L'exposé qui suit provient d'études physiologiques : ce sont en effet des possibilités psychiques qui sont conférées par des fonctionnements glandulaires. Disons d'ores et déjà : Il ne saurait y avoir de *véritable intellectuel* sans le maniement de ces élaborations qui permettent seules d'accéder à la *connaissance*. Le dément en est *totalement privé*.

Sera sur ces possibilités du mental que devront être basées les méthodes de recrutement d'une véritable élite et non sur les spéculations analytiques ou des idéologies réductionnistes et suicidaires.

Ce qui n'existe jamais chez le dément.

LES ABSTRACTIONS

Nous avons pratiquement tout à apprendre en psychologie.

Lorsque les mathématiciens et les physiciens s'aperçurent que les chiffres ne leur permettaient pas certains raisonnements mathématiques, ils imaginèrent des symboles alphabétiques pour les remplacer. De leur côté, les philosophes se sont bien rendu compte que la plupart des données sensorielles et sentimentales que nous possédons rendent plus difficiles certaines élaborations intellectuelles comme la *synthèse*.

Mais ils n'ont pas cherché à perfectionner les éléments idéatifs.

C'est ainsi que l'on a cru que des connaissances parfaitement définies, telles que données de laboratoire, visions microscopiques, chiffres, formules algébriques, pouvaient servir à des élaborations psychologiques.

Il y a là une erreur certaine et grave.

Toute donnée exacte recèle en elle-même les valeurs qui lui sont intimement attachées. Elles en forment certains éléments caractéristiques qui ne permettent de les posséder dans l'esprit que sous forme d'une entité définie *qui ne donne pas de possibilité de s'en servir pour des élaborations psychologiques.*

Elles sont donc contraintes de rester telles qu'elles sont et ne peuvent être utilisées que pour des *applications scientifiques.*

De grands savants tels que *Carrel* et *Leconte de Nouys* nous ont mis en garde *contre cette erreur fondamentale.*

Aussi n'est-il pas étonnant que l'esprit ne puisse, avec des mesures, indiquer par une élaboration intellectuelle la forme à donner à un avion, à un navire, pour en augmenter la vitesse. Cela ne peut être obtenu *que par le fruit de l'expérience.*

Or il se trouve que nos idées ordinaires diffèrent peu des sensations, comparables aux visions microscopiques, aux analyses chimiques, aux mesures mathématiques ou physiques, tandis que les autres idées sont des idées-sentiments, qui provenant de conceptions métaphysiques établies au préalable, viennent fausser l'interprétation de tous les phénomènes.

En conclusion les élaborations psychologiques supérieures ne peuvent s'effectuer avec des idées sensations mais avec des abstractions.

Qu'est-ce qu'une abstraction ?

Il semble que ce soit une pensée qui recèle en elle-même une quantité objectivité, de sentiments, de pensées, une sorte de complexe comme « foule », « pays », « charme », « altruisme ». La physiologie nous enseigne que l'abstraction est bien autre chose.

Chaque image verbale correspond à un mot, se compose d'une quantité de fonctionnements organiques. La vue, l'ouïe, le tact, ont fourni des éléments à ce mot. Toute la face et particulièrement la bouche, la langue, les lèvres, le pharynx, ont servi d'organes résonateurs à la prononciation du mot, coopérant avec le pharynx qui donne la voix.

Mais ce n'est pas tout.

Chaque image verbale est le fruit d'un état émotionnel, c'est à dire un ensemble de fonctionnements organiques : pulmonaire, cardiaque, digestif, éliminatoire etc. ainsi que de tous les métabolismes qui modifient leur rythme soit en plus soit en moins, selon l'image verbale constituée.

Tous ces phénomènes sont dirigés par le système hormonal.

Dans les circonstances ordinaires de la vie, le mot avec toutes les participations endocriniennes qui en lient les divers fonctionnements sensoriels et musculaires, a un grand avantage en raison de l'état émotionnel qui y préside et qui est comme un comportement en puissance. Il peut se déclencher, si besoin est, avec une rapidité que ne saurait jamais apporter un raisonnement de l'esprit. Il peut ainsi aider à sauvegarder l'existence du sujet, d'où son utilité.

Mais cette participation sensorielle et émotionnelle au mot qui fait son grand avantage dans la vie de relation, est fort nuisible lorsqu'il s'agit d'examiner un phénomène se rapportant à l'homme.

Il faut alors que ce mot soit intrinsèquement intellectuel se rapportant strictement au phénomène considéré. Il faut que ce mot soit débarrassé de tous les éléments fonctionnels que la personnalité de l'observateur risque de lui apporter.

Il faut que ce mot cesse d'être une image verbale pour devenir purement idéologique, ne soulevant plus aucun état vital chez le chercheur, ni aucun de ses sentiments.

Dégagé ainsi des idées reçues et des théories métaphysiques qu'il affectionne, le mot devient alors une appellation adéquate et impartiale qui portera le nom d'abstraction.

DISCRIMINATION DES VALEURS ABSTRAITES

Les tendances analytiques des sciences positives nous ont habitués à considérer chaque élément composant une objectivité, une force, une pensée, comme ayant une valeur idéative similaire.

Le poids, la dimension, la consistance, la composition chimique et atomique, les diverses propriétés physiques et chimiques d'un corps, sont pour le chimiste ou le physicien, des éléments qui présentent à leurs yeux une valeur idéative équivalente.

Quand on veut établir *une notion d'identité*, ou mieux encore *une synthèse*, il faut choisir les particularités ayant une valeur prédominante, et distinguer les plus importantes des secondaires.

Il en est de même des idées et abstractions qui s'offrent à nous. *Cette discrimination est absolument indispensable dans certains cas et en particulier dans tout ce qui concerne l'homme.*

Un exemple des plus important doit être mentionné ici, *car il se trouve être à la charnière de la connaissance et de l'évolution de l'humanité.*

IL s'agit de la toute-puissance fonctionnelle du *système hormonal.* Qui permet d'éclairer l'homme : la race, l'hérédité, la sexualité, les natures différentes de l'homme et de la femme, la mentalité des mutilés sexuels, l'enfant, l'éducation etc.

Les endocrinologistes officiels ont bien reconnu que notre système nerveux *était entièrement double* par notre système hormonal.

Cela signifie qu'il n'est pas un seul fonctionnement considéré physiologiquement qui ne puisse être obtenu aussi bien avec le système hormonal qu'avec le système nerveux.

On peut *parfaitement* se rendre compte que certaines fonctions comme la reproduction, la marche du tractus génital chez la femme, les pubertés, l'hérédité, s'effectuent sans l'intervention du système nerveux et que ce sont nos endocrines qui y procèdent.

Dans ces conditions la question se posait de savoir lequel de ces deux systèmes possèdent la prédominance fonctionnelle.

Voilà une discrimination d'abstractions considérable : deux systèmes différents dont le mode causal est en opposition : le système glandulaire agit par des phénomènes chimiques et le système nerveux par des excitations physiques.

Pour résoudre *ce vaste problème* on comprend qu'il faut *absolument abandonner ses opinions personnelles, ses sentiments, ses conceptions et ne s'inquiéter que des faits en présence sous peine de tomber dans une gravissime erreur.*

Cette possibilité de discrimination se trouve rarement chez les êtres et moins encore chez les universitaires dont la formation mnémonicoanalytique pousse à se fixer obsessionnellement sur ce qui a été appris par l'analyse, *sans pouvoir aller plus loin dans le temps et l'espace.*

Par exemple : « je vois l'hypothalamus réguler les endocrines » *donc* c'est le système nerveux qui dirige le système hormonal »...

Ce raisonnement analytique est rigoureusement logique et convaincra quiconque a aussi un esprit analytique.

Le malheur est que cette logique est absurde et que la synthèse qui englobe cette observation *mènera à une conclusion radicalement opposée.*

Il faut noter que ce genre de logique viciée dirige actuellement toute la planète et qu'il est normal que *cette logique soit la formule du suicide de l'humanité.*

Il est évident que s'il en était autrement, si le potentiel mental qui consiste à sortir de l'idée-sensation pour s'élever à une vraie pensée, était donné à nos dirigeants *nous ne serions pas dans une si grande ignorance au sujet de tous les processus de la vie de relation humaine.*

Il est donc évident qu'il ne saurait être question de demander à un dément de faire preuve d'une telle capacité mentale.

Le dément ne possède aucune idée de ce que peut être une discrimination car dans certains cas, il ne peut même pas distinguer ce qui lui est utile et ce qui lui est nuisible.

Il ne peut constituer des abstractions car il ne peut garder longtemps une idée dans son esprit (méditation) surtout si elle lui est désagréable et lui demande un effort. *Il ne peut constituer des abstractions et les méditer.*

NOTION D'IDENTITÉ

Les savants officiels sont férus d'analyse.

Ils pensent qu'en divisant le plus possible toutes les particularités et toutes les propriétés d'un corps, ils parviendront à une connaissance plus complète des objectivités et des problèmes. Ce travail d'analyse ayant été vastement codifié, une liste d'investigations a été fournie afin que les chercheurs découvrent toutes les particularités inhérentes à une entité.

Ainsi l'analyse est devenue surtout une question de manipulation et de routine et *absolument pas d'intelligence.*

Un sujet médiocre, un dément relatif même, ayant un diplôme et un peu d'adresse, peuvent être capables d'analyse.

Or si les méthodes analytiques sont facilement applicables aux entités matérielles et aux forces constantes, elles ne le sont guère pour l'homme.

Chez l'homme on peut faire des recherches de laboratoire sur son ensemble somatique et sur les fonctionnements physiques et chimiques de ses divers organes parce qu'il y a là quelques constantes. *Mais aucun de ces modes d'investigation n'est applicable* à la vie de relation.

Cela signifie que la véritable connaissance de l'homme échappe radicalement à la méthode analytique.

Cette vérité philosophique élémentaire au niveau de la culture d'un adolescent normalement constitué, est *ignoré des universitaires officiels nantis de diplômes.*

Ainsi au sein de l'officialité, *de la psychiatrie*, les manifestations humaines comme la folie et le génie échappent à la connaissance officielle car on ne connaît pas *les critères qui les définissent.*

La variabilité et l'instabilité métabolique fonctionnelle et intellectuelle de l'homme posent aux examens de laboratoire des problème radicalement insolubles.

L'être humain est en transformation continuelle, il subit une évolution organique qui progresse sans arrêt. Il a une pensée toujours changeante et évolutive. Ainsi il devient le siège de modifications physiologiques continuelles. Celles-ci sont inhérentes à l'apparition des images verbales dont résultent les émotions. *Aussi pour les investigations analytiques l'Homme demeure radicalement insaisissable.*

Les endocrinologistes en ont fait l'expérience plus que tous les autres. Ils ont effectué une quantité considérable de recherches expérimentales qui, pour la plupart, sont en contradiction l'une avec l'autre.

Seules celles qui se rapportent à la suppression des organes glandulaires ont donné des résultats pratiquement constants.

Mais ces constatations n'ont pas été considérées à leur juste valeur. Et dans toutes leurs conséquences.

Aussi les endocrinologistes ne nous expliquent que très lentement quelques fonctions organiques et *ne savent toujours rien de l'Homme.*

L'analyse est donc un moyen quasi nul pour aboutir à la connaissance.

Elle peut, sans aucun doute, être une *auxiliaire précieuse* mais, érigée en absolu, *elle sera la source de toutes les confusions.*

Le monde moderne, dans tous ses aspects, en est, globalement un exemple parfait. Il faut dire d'ailleurs que la quantité de données accumulées interdit la discrimination et empêche de voir clair.

Pour la majorité des êtres, marqués par le système actuel d'instruction et qui de ce fait sont fermés à la Connaissance, *il faut rappeler les expériences de Cannon.*

Il démontra la prédominance des endocrines dans nos émotions et sentiments.

Un chat mis en présence d'un chien qui aboie, se place en état de combativité en raison de la sécrétion surrénalienne.

Si l'on supprime tout le système sympathique du chat il conserve ses tendances combatives. Un chien privé de son sympathique, reste doué de toutes les qualités de vie de relation d'un chien normal.

Dans ces conditions comment expliquer que les surrénales privées de toute connexion nerveuse *continuent à fonctionner normalement ?*

Depuis 20 ans les biologistes se trouvent devant ce problème que l'analyse ne pourra jamais résoudre.

Ainsi nous nous trouvons *en régression dans la connaissance de l'homme* et ce cartésianisme inauguré par le matérialisme de Spinoza (circoncis au 8ème jour) et qu'aurait répudié Descartes, *est une paralysie sur la voie de la connaissance de l'homme et de la connaissance tout court.* La science *moderne* est trop nuisible à l'homme et à la planète, trop destructive des valeurs morales et spirituelles, *partant de la santé organique et mentale*, pour que nous puissions avoir le moindre ménagement pour elle.

Nous allons démontrer que la mentalité de ceux qui l'ont conçue est proche de la démence et qu'elle est l'antithèse parfaite du concept génial.

Si l'analyse ne peut mener à aucune *connaissance*, il n'en est pas de même de la *notion d'identité*.

Cette notion est continuellement utilisée par les médecins lorsqu'ils déterminent un diagnostic.

Le médecin cherche une série de signes. Il retient les plus saillants, les plus caractéristiques puis il puise dans sa mémoire les signes identiques correspondant à la description pathologique.

Ce qui est étonnant, c'est que le médecin qui utilise ce mode d'élaborations psychologiques lorsqu'il examine un malade, est incapable de le pratiquer lorsqu'il s'agit de données abstraites.

Il ne peut donc aller plus loin dans l'abstraction. Un exemple spectaculaire nous est offert *par la tragique histoire du Docteur Semmelweiss.*

Ce médecin hongrois découvrit par une *notion d'identité*, la raison pour laquelle les femmes parturientes mouraient dans les hôpitaux dans des proportions qui atteignaient parfois 100%. Il constata des faits très simples : dans la salle où les sages-femmes *qui se lavaient les mains*, s'occupaient des futures mères, celles-ci mouraient dans des proportions relativement faibles. Il n'en était pas de même dans la salle où les femmes parturientes étaient prises en charge par les médecins qui venaient les soigner *sans s'être lavé les mains, après avoir participé à des séances de dissection.*

Dans ce dernier cas la mortalité atteignait couramment 95 à 100%.

Semmelweiss eut alors une illumination confirmée par le fait qu'un de ses amis était mort après une piqûre anatomique, *en présentant exactement les mêmes symptômes que les femmes parturientes qui mouraient comme des mouches.*

Il informa les universités du monde entier (ce que ne pourrait faire aujourd'hui un chercheur qui ne serait pas médecin et professeur), *réduisit a 0% la mortalité des femmes parturientes dans son propre hôpital, mais personne ne le comprit dans le monde médical universel ou il ne reçut que des quolibets.*

Il finit par devenir fou et par se suicider en s'inoculant à lui-même la maladie dont les femmes parturientes mouraient massivement, comme pour donner une ultime démonstration désespérée de sa découverte fondamentale qui, après lui, sauvera des millions de femmes.

Grâce à lui naquirent hygiène, obstétrique et chirurgie moderne.

On pourrait croire par cet exemple que la folie est proche du génie. Ce serait là aussi, une conclusion analytique hâtive, malgré son allure d'évidence. *Il n'en est rien.*

L'homme n'est sain d'esprit que dans la mesure où son système hormonal est en équilibre. La rupture de cet équilibre peut mener à la folie.

Chez un être évolué à tendance thyroïdienne, (émotionnelle, sentimentales) la génitale interne *doit rester active. Or elle est la plus sensible aux influences contrariantes.* Semmelweiss eut à faire face à une marée de mauvaise foi et de sottise confraternelle mondiale. Il eut à combattre méchanceté et animosité. Il en résultat dans son esprit une préoccupation thyroïdienne qui déséquilibra sa génitale interne (ou interstitielle).

Les vrais responsables de sa folie furent ses pairs dont la sottise est sans excuse.

On pourrait croire que, aujourd'hui, des notions d'identité présentées par des chercheurs originaux seraient mieux reçues.

J'ai mis 15 ans à trouver trois personnes capables de constituer mon jury en Sorbonne sur ma thèse : « le dandysme, hyperthyroïdie physiologique ». Aujourd'hui il serait impossible de la soutenir. (25 ans après.)

Les élites capables d'élaborer une notion d'identité et celles capables de les comprendre, ont totalement disparu.

Le suicide de l'humanité est donc certain car elle ne saurait survivre sans génie véritable. La notion d'identité est liée au sentiment, c'est à dire à la génitale interne.

Or cette endocrine n'est favorisée ni par les concours technocratiques, analyticomnémoniques (agrégation, internat, E.N.A., polytechnique etc.).

Ni par l'enseignement laïc privé de toute base religieuse, morale et spirituelle.

Ni par les vaccinations généralisée qui endommagent la génitale interne, le système immunitaire et préparent folie, maladies cardiovasculaires, cancer qui augmenteront en même temps que *d'inutiles recherches officielles* analytiques.

Ni par la chimification du sol.

Ni par la chimification alimentaire.

Ni par la chimification thérapeutique ni par la laideur généralisée des constructions pour logements.

Ni par les musiques régressives et pathogènes ni par la pornographie.

Ni par l'influence marxiste ni par l'influence freudienne.

Ni par la désintégration de la famille, et la femme au travail hors du foyer donnant leurs bébés à la crèche...

L'interstitielle est donc plus faible que du temps de ma thèse et beaucoup plus faible que à l'époque de Semmelweiss.

Il en résulte que ces notions, comme ce livre dans son entier, *ne peuvent être compris que par ceux qui auraient miraculeusement conservé une génitale en parfait état.*

Comme ils sont très rares, il semble que l'humanité soit condamnée à une déchéance irréversible.

LA SYNTHÈSE

L'étude que nous sommes en train de faire est une synthèse.

Pour un esprit analytique qui ne peut jamais voir l'ensemble, qui reste victime des idées-sensations sans pouvoir s'élever à une vraie pensée, ce sera toujours *la contradiction analytique* qu'il verra et jamais l'ensemble synthétique.

En mettant aux postes officiels de la politique et de l'université de tels esprits les circoncis au 8ème jour, savant très bien qu'ils les manipulent « librement ».

Ils font automatiquement ce que Warburg et Marx veulent qu'ils fassent.

C'est cette incapacité de synthèse qui a donné naissance à la phrase suicidaire : « il ne faut pas généraliser ». Or il est évident que cette faculté n'est pas donnée aux esprits analytiques (hypophysaires) qui de ce fait ne peuvent qu'énoncer de fausses synthèses en généralisant sur une insuffisance de paramètres fondamentaux.

Seuls les esprits de synthèse (thyroïdiens plus ou moins interstitiels) peuvent généraliser : saints, génies, grands artistes, véritables philosophes qui ne sont jamais coincés dans un système ou une idéologie et ne visent qu'à l'objectivité.

Cette élaboration psychologique nous permet de considérer nombre d'états et de phénomènes d'y choisir les signes fondamentaux et communs : *nous sommes actuellement en train de faire la synthèse des maladies mentales.*

La synthèse est par excellence l'élaboration psychologique supérieure qui nous permettra de comprendre l'homme et de connaître les phénomènes universels. Les déments sont tout aussi incapables de synthèse que de notion d'identité.

Nous connaissons maintenant les défauts qui caractérisent les déments. *Nous pouvons aussi connaître le fonctionnement physiologique auquel correspondent ces carences.*

On parle beaucoup de la glande génitale interne. Dans le manuel de philosophie d'un de mes fils, j'ai pu lire que l'on avait constaté que cette *endocrine jouait un rôle important dans le courage et le sens moral.* Qui reliera l'œuvre de Gautier aux Professeurs de lycées ? Certes pas la « déséducation internationale »...

Cette glande est en effet LA GLANDE HUMAINE.

Elle confère courage, générosité, sens moral, altruisme, esprit de synthèse, esprit de sacrifice, amour de Dieu et des hommes, idéal désintéressé. Très développée elle peut potentialiser les élaborations psychologiques supérieures : *synthèse, notion d'identité.*

Puisque toutes ces qualités manquent au dément, nous pouvons en conclure que ce malade accuse une INSUFFISANCE DE LA GÉNITALE INTERNE...

On peut constater cette atrophie chez les déments.

Remarquons que le terme « dément » ne s'applique pas seulement à des personnes internées pour des manifestations psychopathologiques spectaculaires, mais à des gens parlant à la télévision, pour prêcher l'obscénité, à des idéologues pervertis, à des sexologues ignares, à des psychiatres qui clament que « le terme fou n'a aucune valeur scientifique », à des hommes d'état, à des membres de l'élite technocratique, doués de pouvoirs technocratiques importants, comme des fabricants d'armes pour le monde entier, à des financiers aucunement concernés par le véritable progrès de l'Humanité, à des conseillers prêchant le droit au suicide et à l'euthanasie etc.

LES ACTIVITÉS INTELLECTUELLES OU MANQUENT TOTALEMENT LES QUALITÉS DU GÉNIE.

À moins d'être égermé par l'officialité, à moins d'avoir perdu toute personnalité, et d'être marqué irréversiblement par la folie de la conjoncture, ce qui est le cas de la majorité et particulièrement de ceux qui ont subi une déformation universitaire freudomarxiste, *nous admettrons que l'homme de génie doit posséder ce qui manque au fou et que chez lui la génitale interne doit être en parfait état.*

Retrouvons nous dans les sciences positives les qualités qui caractérisent l'homme de génie ? Si nous ne les trouvons pas, il ne faut pas s'étonner de voir s'accroître en progression géométrique : pourrissage de l'environnement, effondrement biologique et mental des êtres, maladies cardio-vasculaires, cancers, délinquance multiforme, folie, criminalité, homosexualité (qui pour cette dernière deviendra normative).

Cela ne peut être qu'une conséquence logique car nous l'avons déjà dit : *la nature ne pardonne jamais*.

Lorsque le supérieur n'est pas à la hauteur, l'inférieur détruit le supérieur qui s'autodétruit. Rien ne vit sans ordre, sans synthèse, sans *hiérarchie*.

Jusqu'au siècle dernier nous avons vécu d'illusion en chantant les louanges de la science. Ce siècle présent a fait déchanter tous ceux qui n'avaient pas été privés d'intelligence par le système lui-même.

L'environnement a été pourri, l'homme s'est effondré biologiquement et mentalement, à tel point qu'on n'ose à peine croire ce que l'on voit si l'on observe à la télévision, dans le métro à l'université ces amalgames physicochimiques en bluejeans Lévis, surmontés d'une coiffure en chou-fleur ou en crête de coq, d'une parfaite ambiguïté sexuelle.

La médecine chimique est pathogène et tératogène (le Docteur Pradal expert à l'O.M.S. a gagné 17 procès contre les fabricants de médicaments chimiques). Elle fait pulluler les infirmes psychiques et moteurs (ce que le Dr Alexis Carrel refusait absolument ce qui lui vaut de voir débaptiser toutes les rues portant son nom). Pourtant des personnes aussi officielles que JEAN ROSTAND avait dénoncé cette médecine « pourvoyeuses de tarés ». On est en train de nous fabriquer une race de bêtes intelligentes car le temps des sous-hommes est révolu. La déchéance s'accentue. On a privé l'homme de sa liberté (« la vraie passion du XXème siècle c'est la servitude », disait ALBERT CAMUS). On a constitué son esclavage spirituel, on a fermé sa conscience, on a violé et rendu serf son libre-arbitre, on a détruit son sens moral, on a pornographié la terre entière, et comble du crime, l'enfance elle-même.

Les gens qui pensent encore se sont réveillés de cauchemar.

Ils se sont aperçus qu'on les avait trompés, qu'on les avait littéralement hypnotisés, à partir de la première et surtout de la seconde guerre mondiales.

Nous avons pu constater le phénomène suivant : le concept scientifique et ses réalisations ont tellement effondré les consciences que tout le monde réclame de plus en plus comme une drogue tout ce qui le détruit. L'hypnose est si bien réussie qu'ils ne se rendent pas compte du rapport de cause à effet entre cette science et leur destruction.

Comme les humains n'ont plus de critères pour savoir si une réalisation est géniale ou néfaste, ils ne pouvaient qu'attendre le résultat de ces découvertes pour constater si elles sont perverses, nuisibles ou mortelles.

Le plus souvent la perversion façonne tellement les psychologies que la masse ne peut plus prendre conscience de quoi que ce soit.

Il faut donc de toute urgence reconnaître les œuvres géniales ou parentes du génie et rejeter les autres.

Ces données fondamentales contiennent le bonheur de l'humanité.

La symbiose synthèse-sens moral produit l'œuvre géniale. Il faut donc empêcher de nuire ceux qui émettent des idées perverses même et surtout avec une dialectique qui semble logique et raisonnée et non pas basées sur un élargissement de la conscience qui englobe un maximum de faits.

Nous aurons alors le vrai libéralisme pour les saints, les génies, les grands artistes.

MÉFAITS DE LA SCIENCE MODERNE

Cette science ne possède que quelques vérités scientifiques immédiates relativement certaines parce que mesurables et matérielles.

En ce qui concerne l'interprétation des forces qu'elle étudie, elle en est réduite aux Hypothèses, autrement dit à des approximations, parfois à des erreurs, puisqu'une hypothèse est remplacée par une autre.

Les scientifiques travaillent donc dans l'erreur.

De plus l'absence d'esprit de synthèse fait qu'elle ignore ipso facto, les conséquences mortifères de ses découvertes.

Cette infériorité provient de la tournure exclusivement *analytique* de la science. En effet pour un cerveau analytique l'erreur se présente comme une vérité ou comme une possibilité et la vérité lui est inaccessible *puisqu'elle exige pour être perçue les élaborations psychologiques supérieures.*

On voit donc que l'humanité pataugera dans le suicide aussi longtemps qu'elle sera privée de véritables élites.

Si la science procédait par notions d'identité et par synthèse, elle aboutirait à des certitudes sur lesquelles se poseraient d'autres certitudes de plus en plus complémentaires.

Une idée comique des savants modernes est de croire que les organismes vivants fonctionnent physiquement et chimiquement comme dans nos laboratoires. L'idée est à la fois infantile et insensée.

Cette assimilation nous induit à la plus grande erreur. Le poisson-torpille ne fait pas de l'électricité comme celle de la dynamo et la lumière organique est froide. Le mimétisme du caméléon n'a rien à voir avec nos cellules photoélectriques. Quant aux merveilleuses combinaisons cellulaires qui permettent les décompositions et les reconstitutions chimiques les plus étonnantes, comme de répartir les albuminoïdes, les graisses, les sucres de l'alimentation, et de les faire converger dans une sorte de carrefour où ces substances se présentent sous une forme similaire, pour être ensuite réparties selon les nécessités vitales à venir, soit en albuminoïdes, soit en graisse, soit en sucre, *cela dépasse de beaucoup l'intelligence et l'imagination du plus fertile de nos chimistes.*

Cette manière de voir correspond donc à la tournure analytique de la pensée actuelle : Elle est une *assimilation* et non une *vérité*.

Si on avait précisé cela il n'y aurait pas quantité d'universitaires qui prennent pour du bon pain ce que leur enseigne l'université et pensent, avec une naïveté qui nous laissent pantois, que les données *analytiques* rendent fidèlement compte des processus organique, *ce qui est faux.*

La vraie philosophie nous enseigne que la découverte est qualitative.

Or depuis l'erreur de Spinoza elle est précisément *quantitative.*

Les organismes tiennent compte de la qualité : un peu d'alcool mène aux excitations, beaucoup d'alcool à la torpeur, au sommeil, à la mort.

Il n'y a pas là d'interprétations chimiques car elles ne suffiraient pas.

LA SCIENCE MODERNE EST ANALYTIQUE, QUANTITATIVE, MICROSCOPIQUE.

LA SCIENCE VERITABLE EST SYNTHETIQUE, QUALITATIVE, ET MACROSCOPIQUE.

Tous les étudiants des universités qui suivront l'effondrement judéo-cartésien connaîtront parfaitement cette réalité philosophique qui est la clef de la connaissance.

Ainsi les esprits analytiques de la science moderne ne peuvent-ils savoir si leurs découvertes (chimie, rayons, vaccins etc.) nuiront ou non à l'humanité.

L'intelligence véritable a des postulats que ne seront pas démontrables. La preuve véritablement scientifique de la folie est l'utilisation de la chimie en alimentation, en thérapeutique, les expériences génétiques, ou atomiques. *Tout* cela prouve que les hommes sont fous. C'est pourquoi ils *ne considèrent pas les déments comme fous !*

Par contre ils trouvent les gens intelligents fous : « en 1984 le plus intelligent sera le moins normal » disait Orwell dans son roman « 1984 ».

C'est seulement *après* Hiroshima et Nagasaki que Einstein et Oppenheimer ont pleuré des larmes amères sur « leur travail du diable ».

Cela n'a pas empêché Samuel T. Cohen de faire mieux encore avec la bombe à neutrons. Tous ces fous-lucides sont *des macro-criminels de lèse-humanité* que ne supporterait aucun pays ayant un régime aux valeurs traditionnelles élémentaires.

La folie continue : nous savons que les déchets radioactifs sont instockables et non neutralisables. Nous savons que les dangers du type Tchernobyl sont constants. Nous savons que les atteintes génétiques peuvent être incommensurables. Mais les Professeurs Tournesol (dont JACQUES BERGIER fut un symbole parfaitement adéquat) continuent à nous mener au pire.

À quel degré de folie faut-il parvenir pour que « la crise de l'énergie » serve d'alibi à notre suicide ? Tout cela signifie qu'il n'y a pas de dialogue possible avec une fausse élite si nous voulons sauver l'humanité.

Si un groupe humain ne se lève *pas pour neutraliser tous les paramètres du suicide mondial l'humanité est perdue.*

La science moderne est accessible à presque tout le monde, avec un diplôme universitaire, *car les perspectives analytiques sont accessibles à tout le monde et a un grand nombre de déments.*

Il y a peu de temps je lisais dans le journal qu'un inventeur remarquable avait élaboré un avion aux grands mérites. Cet homme, Colonel, avait assassiné toute sa famille à coups de hache...

Les critères de la psychiatrie sont tellement lamentables que cet homme, examiné, sur des critères analytiques aurait passé pour parfaitement sain, comme le gendarme qui a assassiné cinq personnes, dans les années quatre-vingts.

Or la vraie science n'est accessible qu'a ceux qui sont susceptibles de pratiquer les élaborations psychologiques supérieures, et à comprendre les découvertes qui découlent d'un tel potentiel.

Le Véritable homme de science n'est ni matérialiste, ni spiritualiste : il est *idéalo-matérialiste*. Il pourra embrasser un problème même dans les incidences les plus lointaines dans le temps et l'espace. Le vrai savant a la préoccupation constante de faire acte d'altruisme et de protéger l'homme de tout ce qui le détruit moralement et physiquement. *Sa finalité est la connaissance de l'homme, seule perspective ou peut se manifester le génie.*

Les autres activités ne peuvent converger que vers la célébrité, ce qui est physiologiquement tout différent. L'homme de génie est préoccupé de vérité et de probité. Il est détaché de toute considération d'intérêt personnel, comme le fut le DOCTEUR ALEXIS CARREL ; Il est impartial et indépendant, jamais démagogue, comme un juge suprême. Il observe les faits en fonction de l'importance des phénomènes. Il donne chaque phénomène sa valeur propre et établit en toute conscience *la discrimination des valeurs abstraites.*

Ces considérations sont donc valables pour la science elle-même.

La science doit être la conjugaison, la synthèse de tous les grands efforts, de toutes les belles découvertes qui vivifient l'humanité *moralement, spirituellement et matériellement.*

La science doit donc présenter toutes les qualités du génie.

Son but est la connaissance de l'homme, son perfectionnement.

Elle devra donc former des hommes de génie derrière lesquels une élite d'hommes célèbres et doués de sens moral, se trouveront.

La science s'efforcera avec toutes ses ressources, d'éloigner l'homme de toutes les tares qui s'apparentent à la démence. Elle donnera aux humains la place où ils seront le plus heureux selon leurs capacités, en servant une société digne de ce nom, et non, comme au moment où j'écris, gisant dans une effervescente putrescence.

Les élaborations psychologiques supérieures sont donc bien autre chose que les piètres élaborations analytiques de notre époque, qui convergent vers la destruction dans tous les domaines.

Ces dernières en scindant, coupant, recherchant les particularités différentielles et différentes de chaque entité à des échelons d'observations diverses, ne peuvent mener qu'à des connaissances fragmentaires uniquement bonnes à des applications industrielles, à la fabrication d'engins, d'objets, de fusées etc.

Ces perspectives ne mèneront jamais à la connaissance intrinsèque qui est seule liée au bonheur de l'homme.

Telle ne sera jamais en effet la finalité de l'analyse.

Les savants modernes ont également une autre idée comique : ils croient que l'univers a été conçu par un esprit *exclusivement mathématique*. Ainsi la nature n'aurait tenu compte que du principe mathématique pour faire fonctionner l'universel.

En appliquant des calculs a tout ce qui l'entoure le savant moderne commet une énormité. Il est exactement comme le paralytique général qui jugerait de ce qui lui est favorable ou défavorable en fonction de son état mental.

Les mathématiques correspondent exactement à la mentalité analytique, c'est à dire à une subdivision exagérée, un compartimentage à outrance.

Pour peu qu'il nous reste un peu de santé mentale, nous percevons qu'une seule pensée, une seule *conception synthétique*, a présidé à l'édification du monde qui nous entoure.

Nous avons la preuve des actions hormonales qui agissent à la fois sur une quantité d'organes pour y obtenir les fonctionnements les plus divers, selon un principe cynégétique de qualité et non de quantité.

Les scientifiques modernes ne peuvent donc pas envisager l'étude de notre personnalité même morbide car ils utilisent des conceptions *qui vont à l'encontre de notre nature.*

Une très grave conséquence de la « psychose analytique » est *la spécialisation à outrance.* Chaque catégorie de savants modernes travaille sur des questions de plus en plus circonscrites avec des échelles d'observations différentes.

Les divers spécialistes finissent par ne jamais être d'accord entre eux et à ne plus se comprendre.

Enfin les états sentimentaux qu'ils éprouvent les incitent à créer des néologismes qui accroissent l'incompréhension mutuelle. Cette tendance au néologisme que l'on trouve à foison dans les livres de psychiatrie, n'est pas une preuve de supériorité : on la trouve particulièrement développée chez les déments précoces.

LA SCIENCE MODERNE N'A NI FREIN NI FINALITÉ

Elle avance comme un homme ivre conduisant une 25CV. *Elle n'est que le produit de la frénésie inventive des techniciens qui n'ont pas la moindre idée dans leur travail, du perfectionnement moral et spirituel de l'homme.*

Noyés dans le brouillard épais de la rentabilité, ils recherchent le nouveau, l'étrange, le spectaculaire inconnu.

La faculté d'attention de l'homme de génie est exceptionnelle et lui permet l'impartialité.

Il repousse tout sentiment, toute idée préconçue qui lui voilerait la vérité. Il n'est jamais victime d'une idée-sensation qui pourrait le pousser à conclure hâtivement après un simple raisonnement analytique.

C'est ainsi, et seulement ainsi, que l'on peut accéder à la connaissance.

Étudions maintenant quelques exemples flagrants du manque d'attention des savants :

Dans de nombreux traités de psychiatrie on trouve que *les fous présentent une atrophie de la génitale interne.*

C'est donc un fait connu.

On pourrait croire que certains médecins ou physiologistes s'en seraient préoccupé.

Pas le moins du monde.

Seules *les lésions cérébrales* fort inconstantes ont inquiété les auteurs. Or :

Ces lésions se présentent chez des sujets *sains*. Elles ne sont pas spécifiques de maladies mentales. Elles sont incertaines.

Elles sont polymorphes.

Leur étendue ne correspond pas à la bénignité ou la gravité du trouble mental. Il y a donc là *une double faute d'attention*.

La psychiatrie s'est acharnée à trouver dans des lésions cérébrales fort infidèles, les causes des maladies mentales et *a délaissé le signe constant de l'atrophie de la génitale interne.*

Les conséquences sont simples et tragiques : *les psychiatres ignorent totalement ce qu'est une maladie mentale.*[13]

Ils n'utilisent donc que des procédés empiriques pour les « guérir » : chimie, mutilations etc. Ainsi règnent psychotropes pathogènes et tératogènes, lobotomies, électrochocs («qui suppriment les symptômes et aggravent la maladie » nous dit le Pr BARUK).

Ils ignorent donc les causes de la progression stupéfiante de la folie.

Aux U.S.A., Le groupe témoin des psychiatres se suicide plus que le groupe témoin constitue par leurs patients ! ! !

Voici un autre exemple de leur manque d'attention : Les biologistes ont constaté que nos membres se meuvent grâce à des excitations nerveuses très faciles à reproduire par des étincelles électriques. Ils ont constaté aussi que tous nos fonctionnements peuvent s'effectuer en raison d'instigations nerveuses, *même nos glandes endocrines.*

---

[13] Il s'agit bien sûr de la cause physiologique. Car les causes profondes sont le non-respect des lois de la vie mauvaise nutrition, ou carences, non-respect des lois psychologiques et morales, masturbation, tabac, alcool, café, abus d'amidons et de viande etc. Tous les viols des lois de la vie peuvent se génétiser. La masturbation précoce et l'alcool peuvent faire disparaître des groupes humains entiers.

Ils ont donc conclu à l'antériorité fonctionnelle du système nerveux...

Or ils ont été le jouet d'une illusion.

Quand il a fallu expliquer nombre de phénomène complexes comme :

Le Sommeil, la puberté, la reproduction, les races, l'hérédité, ils se sont aperçus que la conception de la prédominance du système nerveux *ne leur apportait aucune explication satisfaisante dans tout ce qui concerne l'homme.*

Si médecins et physiologistes avaient bien voulu ne pas se laisser obséder par leurs conclusions analytiques sur l'omnipotence du système nerveux *ils auraient considère en toute impartialité l'évolution du fœtus.*

Ils auraient alors constaté qu'au troisième mois de la vie intra-utérine, il n'existait que *trois* organes qui sont constitués et aptes à fonctionner :

Les surrénales, l'hypophyse, la thyroïde.

Cela suffit même à un enfant pour *comprendre que le système hormonal commande la totalité de l'être et le système nerveux par conséquent.*

À ce moment le système nerveux *n'est même pas à l'état d'ébauche.*

Ils auraient donc pu voir ce qui est à la portée de tous que c'est le système hormonal et *non* le système nerveux qui fonctionne *au début de la vie*.

Ils auraient constaté également que un mois plus tard, le cœur du fœtus se met à battre : *or il ne saurait être question pour cet organe d'une innervation définitive*. On y trouve en effet à peine une ébauche ganglionnaire.

On a pourtant eu la naïveté de prétendre que c'est le système nerveux qui assure les pulsations minute du cœur fœtal ! ! !

Il n'est aucunement besoin d'être médecin, physiologiste, philosophe ou psychologue *pour comprendre que c'est se moquer physiologiquement de nous.*

En fait le cœur de l'adulte bat à 70-80 pulsations minutes... et c'est précisément dans des cas d'hyperthyroïdie qu'il atteint 140 pulsations minute ! ! !

Ces observations élémentaires auraient conduit à comprendre *que le cœur fœtal bat à l'instigation d'hormones thyroïdiennes...*

Nous savons depuis longtemps que l'homme-plante de Rœsh et le myxœdémateux n'ont pas de thyroïde pour des raisons opératoires ou congénitales. Or ils possèdent tous cette particularité de ne pas avoir d'images verbales, de sensibilité, d'émotivité, de vie de relation, d'intelligence.

Une observation attentive nous révèle de la façon la plus péremptoire que toutes ces qualités viennent de la thyroïde.

Un opéré total de la thyroïde perd successivement : son intelligence,

son affectivité,

ses images verbales.

Malgré ces évidences flagrantes, bien que le système nerveux ne puisse en aucun cas pallier ces déchéances, les auteurs n'ont jamais eu l'idée d'affirmer que c'est *la thyroïde qui est la glande de nos émotions, de notre sentimentalité, de l'intelligence*.

ET FREUD ?

Il est impossible de ne pas mentionner FREUD si l'on aborde le sujet du manque d'attention des savants modernes.

Avoir pu accepter *mondialement* les délires de ce sexomane ne s'explique que par la déchéance judéocartésienne.

Nous ne nous étendrons pas sur l'effrayante perversité de cette « œuvre » qui apparaît à tout esprit demeuré sain dans la conjoncture, d'autant que les effets et conséquences du Freudisme sont évidentes pour tout un chacun : suicides après psychanalyse, aggravations, aboulisme généralisé par de nouveaux impératifs freudiens éducationnels, pornographie et masturbation encouragées etc.

Voyons simplement le peu de sérieux qui a permis d'échafauder une aussi délirante théorie. Nous nous contenterons de *parler physiologie*, ce qu'il est impossible *de ne pas faire*, si l'on parle *psychologie*.

Lorsque Freud était à la Salpêtrière il constata que des malades dont il ignorait le système fonctionnel (il s'agissait d'hyperthyroïdiennes mais on ne peut le diagnostiquer *quantitativement*), avaient des préoccupations sexuelles majeures et des tendances mythomaniaques poussées à l'extrême. Il en tira une conception qu'il étendit progressivement à toute la psychologie. Sa manière de faire est celle de certains maniaques et mélancoliques en proie à une systématisation délirante. Freud vit que la préoccupation des hystériques était le plus souvent sexuelle. Sachant que l'on trouve cette préoccupation chez certains enfants (nettement thyroïdiens ce que Freud ignorait). Il en conclut que *le facteur fondamental de la vie psychologique était le sexe !*

Certes il voyait dans son cabinet nombre d'enfants circoncis au 8ème jour et qui présentaient cette particularité, comme d'ailleurs les adolescents à la puberté.

Il finit par affirmer que les réalisations des hommes célèbres étaient dues à la sublimation de leur instinct génésique.

Freud nous a affirmé que l'homme possède un *instinct* sexuel.

Il n'a jamais cherché à identifier ce qu'est un instinct. Il n'a jamais cherché à découvrir si la pulsion sexuelle humaine *correspondait bien à l'identité foncière des instincts.* (incoercible, périodicité rigoureuse, selon l'espèce) Il n'a pas fait subir au rut des animaux un examen analogue.

Freud nous a affirmé gratuitement que l'enfant dès sa naissance avait déjà héréditairement toutes les tendances sexuelles perverses de l'adulte.

Il n'a pas cherché à connaître les raisons physiologiques pour lesquelles l'enfant tétait et quel était l'organe dont la suppression abolissait ce phénomène (la thyroïde).

Il n'a pas cherché davantage les raisons pour lesquelles il promenait ses mains sur ses parties génitales (corrosion de l'urine), pourquoi les préoccupations sexuelles étaient très vives chez certains (thyroïdiens) et nulles chez d'autres (en équilibre hormonal).

Il n'a jamais cherché à identifier l'organe qui donne à l'enfant toutes ces tendances : la glande thyroïde. Freud pour nous parler des enfants, ne s'est jamais soucié des *prédominances glandulaires*, au nombre de quatre, pas plus que les évolutions glandulaires par lesquelles il passe, c'est à dire les *trois pubertés*.

Ces états glandulaires agissent profondément sur la mentalité des enfants. Freud n'a jamais cherché à comprendre ce sentiment féminin qu'est la pudeur. En revanche son influence a pratiquement détruit cette caractéristique féminine fondamentale, si parfaitement en accord avec la nature de la vraie femme.

Il nous parle beaucoup d'homosexualité mais *il n'a jamais eu la curiosité de reconnaître les conditions dans lesquelles elle se manifeste :* insuffisance interstitielle, masturbation précoce, chimification alimentaire et thérapeutique vaccinations généralisées, carences multiples et notamment en vitamine E...

Il ne nous a jamais dit comment s'effectuait la jouissance féminine qui ne disparaît pas avec la suppression des ovaires.

Pas un mot non plus sur la jouissance masculine qui est physiologiquement très différente.

Freud nous a dit que le sommeil est un retour à la vie fœtale.

Il n'a jamais considéré avec soin le ralentissement fonctionnel de toutes les glandes. Il n'a pas même vu que la position en chien de fusil est le meilleur moyen pour mettre les muscles en état de relâchement.

Son symbolisme du rêve trahit chez lui une obsession sexuelle d'un caractère pathologique accusé.

À moins d'être obsédé sexuel (par influence freudienne !), il ne viendrait à personne l'idée d'interpréter un objet en relief comme un phallus et un objet creux comme un vagin ! Une telle interprétation trahirait pour le clinicien *un déséquilibre thyroïdien sérieux.*

Ce fut le cas de Freud comme de ceux qui admettent ses élucubrations sans le moindre esprit critique. *Ils ne peuvent méditer les faits scientifiques que nous venons d'évoquer.*

Il faut ajouter que tout état mental d'obsession sexuelle exacerbé, interdit la pensée abstraite et la méditation. Elle ne permet que la prolixité imaginaire, la verbosité torrentielle, de nos sexologues et « philosophes » officiels, ce qui est différent. Cette logorrhée est d'autant plus débridée que le frein du sens moral et du bon sens ne la limite pas.

Ce genre de symbolisme est d'ailleurs inutile car nous avons tous fait des rêves érotiques *sans nul besoin de travesti*. Nous n'avons donc nul besoin de ce symbolisme pour « procurer une soupape à un refoulement sexuel ».

Freud a d'ailleurs négligé un certain nombre de rêves curieux et intéressants. Par exemple ceux qui sont provoqués par des influences extérieures, les rêves de légèreté, de course facile ou difficile, de chute dans le vide etc.

Par sa *fabulation* Freud a rabaissé l'homme plus bas que la bête en le plongeant dans le cloaque de l'inconscient inférieur.

Comme le dit EMILE LUDWIG, un circoncis doué de sens moral, ce qui est rare parmi la pseudo-élite :

« Il joue un grand rôle dans le malheur de nos contemporains privés de sens moral et de véritable liberté »...

ATTENTION, VOLONTÉ ET SENS MORAL DES SAVANTS MODERNES

Le chapitre du manque d'attention des savants officiels est inépuisable. Le laboratoire s'est grandement développé. Il a pris une place absolue.

« *Il n'y a plus de découvertes il n'y a que des expérimentations et des conclusions* « disait naïvement un professeur à la télévision.

Aussi la naïveté générale croit-elle ce que dit journal et télévision et surtout l'école à tous les niveaux.

Ils pensent que sans le laboratoire on ne pourra rien découvrir de notre nature, ce qui est faux.

Certes le laboratoire peut rendre des services certains *dans la pratique pathologique* mais croire qu'il est la condition sine qua non de la découverte, *est une considérable illusion.*

L'Homme exige un travail synthétique pratique par des esprits de synthèse.

Carrel nous a montré que les données analytiques de laboratoire ne peuvent nous mener qu'à des poussières de renseignements en nous éloignant de plus en plus de l'homme.

Les savants de laboratoire ont abandonné des constatations millénaires faites par l'homme. Elles sont les plus importantes pour l'être humain car elles ont été faites à sa propre échelle d'observation. Aussi faut-il bien comprendre pour nous sortir de l'hypnose collective que : *Toutes les interprétations, conceptions qui parviendraient à nous expliquer un phénomène humain et se trouveraient en contradiction avec les données de laboratoire, ne perdraient rien de leur valeur. Tandis que les conceptions de laboratoire les plus brillantes qui se trouveraient en contradiction avec des constatations humaines millénaires sont nécessairement fausses.*

L'homme doit être observé avec l'œil humain, et les divers autres sens.

Nous savons que Pasteur découvrit qu'une culture microbienne atténuée pouvait conférer une *certaine* immunité (et non une immunité certaine). Ainsi furent conçus sérums et vaccins. Pourtant Pasteur mourut en disant : « C'est Claude Bernard qui a raison, *le microbe n'est rien le terrain est tout* ».

Cette phrase de Pasteur qui donne au pasteurisme une dimension raisonnable est ignorée des pasteuriens beaucoup plus pasteuriens que Pasteur lui-même...

On nous impose les vaccins sans se préoccuper du tout de notre terrain.

Pourtant chacun sait qu'il existe des ordres religieux qui ayant une vie morale et diététique saine, peuvent soigner des pestiférés ou des cholériques sans contracter ces maladies.

L'Histoire cite de nombreux cas, notamment au Moyen-Âge.

Les savants modernes ne se demandent pas du tout quelle influence pourra avoir sur notre personnalité la pénétration anormale et brutale d'une trentaine d'injection de cultures atténuées pendant l'enfance et l'adolescence. *Ces produits putrides peuvent-ils vraiment être inoffensifs sur notre organisme ?*

Cette manière de rendre obligatoire les vaccins *manque de sens moral*. Elle ne respecte ni la personnalité humaine, ni son indépendance, ni son libre-arbitre.

Elle est donc caractéristique de folie.

De telles injections peuvent perturber les métabolismes, surtout à l'âge mûr, et faciliter l'apparition de troubles fonctionnels.

De plus nous savons que la génitale interne est très sensible aux influences contrariantes. Elle se met donc en hypofonction.

Or son rôle dans l'équilibre fonctionnel et intellectuel de l'individu est immense. *Son affaiblissement facilite les perturbations cellulaires aboutissant à la dégénérescence de la race, a la formation de tumeurs, a des modifications fonctionnelles dont peuvent résulter des maladies des organes végétatifs. Enfin nous connaissons son rôle dans les déficiences de la personnalité de l'intelligence donc dans l'apparition des troubles mentaux.*

L'attention du savant moderne est donc des plus faibles. Que dire de sa volonté ?

Nous voyons comme nous l'avons dit, des savants spécialisés.

Ils creusent souvent une petite question, un minuscule problème (la formation des pattes postérieures de quelque crustacé[14]).

Aussi encombrent-ils la science de données futiles provoquant un embouteillage énorme qui gêne les esprits personnels et géniaux.

Ainsi ont-ils plus de mal encore pour parvenir à la découverte.

Le manque de volonté fige le savant actuel dans la médiocrité, dans l'absence de *connaissance de l'Homme*, au compartimentage, aux néologisme et surtout *à la confusion des hypothèses qui se contredisent.*

14 je n'invente rien

Le génie devra donc se mettre au travail, se débarrasser du robotisme de pensée que lui aura infligé le système universitaire occidental qui est la racine même de cette déchéance mondiale, *puisqu'elle ignore tous des critères de la connaissance, remplacés par un cartésianisme qu'aurait récusé Descartes.*

Il devra cesser de jouer au fort des halles de la mémoire et de l'analyse, à la portée de tout primitif. Il devra fixer son esprit sur des idées principales et majeures sur lesquelles se grefferont automatiquement les idées secondaires.

Il lui faudra renoncer à tous les concours officiels actuels *car il payera le confort matériel qu'il pourra en tirer d'une sclérose intellectuelle conformiste irréversible.*

La vraie activité intellectuelle ne peut se faire que par la volonté qui est physiologiquement la glande génitale interne.

Elle peut commander à toutes les sécrétions d'agir cérébralement.

Les surrénales pour les idées pratiques, l'hypophyse pour le raisonnement analytique, mathématique, la thyroïde pour l'imagination, l'intuition, le sens esthétique.

En un mot il n'est pas possible de dissocier l'homme pour le découvrir : *il faut le considérer tout entier d'un esprit synthétique et non éclectique.*

La volonté est indispensable à la méditation qui mène à la découverte. Elle permet de lutter contre *les idées fausses* que nous affectionnons, de remettre en cause par des informations nouvelles, celles que nous croyions avoir fixées dans notre esprit.

Il faut dire que les idées nouvelles ont toujours souffert d'incompréhension et d'ostracisme. L'être génial vit seul, incompris. Sentimental il souffre souvent de cruelles désillusions. Il ne tire de son œuvre que *difficultés, injustice, ridicule* quand il ne joue pas sa vie.

Il n'en est pas de même pour les auteurs d'idées fausses, fabuliques, perverses qui ne trouvent aucune difficulté à s'imposer dans un monde prétendu faussement « démocratique ».

Que dire encore du *sens moral* des savants modernes ?

Nous avons dit que dans l'ancienne Égypte, lorsqu'un savant faisait une découverte qui pouvait nuire à l'homme dans le temps et l'espace, la Caste Sacerdotale *le contraignait à avaler symboliquement le parchemin sur lequel elle était décrite.*

Aussi l'Égypte n'a-t-elle pas fait de grands progrès matériels mais elle n'a pas pollué son pays et son continent. Elle a su perdurer des millénaires, développer son agriculture et son élevage, construire des monuments comme les pyramides, chargées de nous transmettre des notions théoriques que nous ne sommes pas près d'acquérir.

C'est dire que ni Rothschild, ni Marx, ni Freud, ni Einstein, ni Picasso et consorts n'auraient pu nuire en Égypte. La finance hégémonique, le communisme, la folie freudienne, les bombes atomiques et à neutrons n'y avaient pas plus cours que les Tchernobyl.

Ce que nous avons connu ce sont surtout des *Hommes célèbres*.

Ils avaient bien quelques particularités interstitielles puisque leurs œuvres avaient beauté, harmonie, imagination créatrice.

Ou bien encore il avait une grande aptitude dans l'ordre scientifique analytique.

Ils ne peuvent prétendre au titre de génie car le génie doit sa mentalité a la glande génitale interne fondamentalement.

Cette glande règle dans la jeunesse les rapports du système glandulaire et du système nerveux. *D'où l'immense importance d'une bonne éducation que l'on s'attache aujourd'hui à détruire au nom du pseudo idéal laïc qui permet la production massive de délinquants, de criminels, de voyous, de terroristes, de drogués et de suicidés.*

La génitale interne établit l'exactitude et la sincérité des images verbales. Elle conditionne la proportion émotionnelle et sentimentale qui entre dans chaque image verbale et en effectue la correspondance avec la réalité, les idées. Elle participe donc à la vérité du langage et à la rectitude de l'esprit. À l'adolescence elle donne à l'être la maîtrise de ses sentiments et de sa sexualité.

Elle agit sur toutes les endocrines pour réduire leurs extravagances fonctionnelles.

Elle stabilise donc le caractère pour lui conférer courage et volonté. À l'âge adulte, elle peut conditionner l'activité des autres glandes sur la cérébralité. Elle contraint chaque hormone à agir sur les cellules nerveuses du cerveau. Elle peut donner toutes les qualités intellectuelles de l'esprit humain. Elle peut se développer grandement à la ménopause, et donner des qualités intellectuelles hors pair : *c'est ce qui explique la vénération des vieillards dans toutes les civilisations.*

En conclusion la génitale interne ou interstitielle, dans son développement maximal, porte en elle les qualités fondamentales du génie : *sens moral et élaborations psychologiques supérieures.*

Le thyroïdien-interstitiel présentera donc la développement humain dans ses qualités maximales. (Pie XII)

RÔLE PSYCHOLOGIQUE DES ENDOCRINES DITES ORGANIQUES

Voyons brièvement les hommes célèbres et rappelons ce rôle psychologique des endocrines dites organiques :

SURRÉNALES :

force attaque, objectivité, matérialisme, compilation,

sens pratique et terre-à-terre. Staline,

les lutteurs de ring.

HYPOPHYSE :

force, résistance, analyse, mathématiques, logique,

sang-froid moral. de Gaulle,

les internes des hôpitaux, les agrégés,

les savants modernes.

THYROÏDE :

intelligence pure, intuition, imagination,

sens de la beauté, sensibilité, émotions,

sentiments. Chopin,

les grands artistes longilignes,

les grands mystiques (François d'Assise).

GÉNITALE INTERNE :

synthèse, sens moral,

notion d'identité, amour de Dieu, noblesse d'esprit,

courage physique et moral,

grands sentiments altruistes et humains. Alexis Carrel,

la civilisation grecque antique en général.

***

On pourrait définir physiologiquement le génie en disant qu'il est *l'application volontaire par la génitale interne de l'hormone thyroïdienne a la cérébralité*. (Des autres hormones aussi mais la thyroïde est l'endocrine de l'intelligence, de l'intuition, de l'imagination, des sentiments).

Les surrénales ont rendu célèbres quelques compositeurs comme *Beethoven*. Elles donnent aussi une intelligence pratique, une tendance aux applications industrielles et guerrières, ainsi qu'aux recherches chimiques. Elles poussent à la compilation.

La thyroïde étant la glande de l'imagination, des images verbales, poètes, romanciers, historiens, littérateurs lui doivent beaucoup. Les artistes en arts plastiques également.

Parmi les intellectuels thyroïdiens il y eut des classiques qui firent une synthèse des particularités rencontrées chez nombre d'hommes. Leur interstitielle active commandait bien leur thyroïde. *La Fontaine* fut dans ce cas.

Ceux qui eurent une thyroïde vivace avec une interstitielle agissant PLUS sur la forme littéraire que sur l'imagination, furent des romantiques.

Ceux dont la thyroïde obéissait mal à la génitale interne, furent des indépendants, des symbolistes, des impressionnistes, et parfois des hystérico-mystiques.

L'insuffisance de la génitale interne peut mener à l'homosexualité comme ce fut le cas d'Oscar Wilde.

L'hypophyse, elle, est la glande des *sciences positives*.

C'est elle qui anime nos savants actuels. Elle a tendance à l'estimation, la comparaison, l'analyse quantitative, les calculs.

C'est elle qui mène actuellement en fonction de l'intérêt et de la fantaisie des savants l'évolution tragique de la science moderne.

Nous ne lui devons pas grand merci. *Son indépendance physiologique vis-à-vis de la génitale interne crée sa malfaisance.* Nous avons parlé de ce concepteur d'un avion extraordinaire qui tua toute sa famille à coups de hache.

On peut être parfaitement athée et créer des bombes atomiques et à neutrons car cela n'est que du ressort de l'hypophyse.

Un concepteur hypophysaire brillant peut être un fou furieux, ne rattachant ses analyses à *aucun concept supérieur, a aucune synthèse.*

Physiologiquement l'hypophyse excite principalement la génitale *reproductrice*, (organe de la reproduction) qui est en opposition avec la génitale interne. C'est pourquoi il y a aujourd'hui explosion d'esprits analytiques et pas d'esprits de synthèse.

L'homme célèbre est donc fondamentalement mené par *une* endocrine prédominante.

Elle lui confère une aptitude particulière. Malheureusement cette aptitude peut être *une outrance de l'esprit au détriment des concepts humains fondamentaux.*

L'intelligence *spéculative* est donc *l'antithèse de l'intelligence tout court.*

On comprend pourquoi *la finance ne pense pas et la science ne pense pas non plus.*

Le génie présente un esprit complet. Il est *universel* dans l'expression synthétique de sa création.

Toutes ses réalisations tiennent compte de toutes les réalités qui constituent la réalité.

Sa sentimentalité est dirigée vers des problèmes humains où converge sa finalité. L'homme célèbre lui se détourne de l'homme entité. C'est cette catégorie d'intellectuels qui règnent officiellement.

L'absence de structure spirituelle fait qu'ils travaillent fatalement comme des apprentis sorciers contre l'homme. De ce fait physique, chimie, technologie, nutrition chimique, médecine chimique convergent vers la destruction de l'homme et de son environnement.

Il est évident que l'on doit rattacher à ces derniers les constructeurs de plans sociaux qui conçoivent pour l'étatisme et l'homme-masse, sans se soucier le moins du monde de leur atteinte à la liberté et au respect de la personne humaine qu'ils trahissent sans cesse au nom des droits de l'homme.

Le concept scientifique moderne est donc suicidaire.

Ainsi l'histoire contemporaine nous montre clairement que la méconnaissance de l'ordre hiérarchique fondé sur la suprématie de l'autorité spirituelle sur le temporel, entraîne *nécessairement*, déséquilibre, anarchie sociale, confusion des valeurs, *domination de l'inférieur sur le supérieur*, dégénérescence biologique, intellectuelle, morale, esthétique, oubli des principes transcendants *puis négation de la véritable connaissance* provenant de l'esprit pénétrant notions d'identité et synthèse, et non de l'esprit dit à tort « scientifique »...

Il ne demeure qu'une alternative : le règne suicidaire de Wallstreet et Marx ou des dictatures traditionnelles remettant l'homme, la femme, l'enfant, la nutrition, la morale et l'environnement à leurs places.

Tout le reste, comme Hitler l'a dit dans Mein Kampf, *ne peut déboucher que sur une destruction totale.*

C'EST QUOI ÊTRE FASCISTE ?

> « *La dictature est la réaction normale d'un peuple qui ne veut pas mourir* »
>
> « *Les grands criminels ne sont pas dans les prisons, mais au faîte de la société libérale.* »
>
> « *Le bourgeois libéral est le frère aîné du bolchevique.* »
>
> Dr Alexis Carrel.

Si c'est avoir une religion qui enseigne le bien et le mal, à ne pas manger n'importe quoi, à pratiquer la respiration contrôlée et la prière véritable,

Si c'est respecter la famille, aimer ses enfants, leur donner une éducation qui en fait de vrais hommes et de vraies femmes,

Si c'est avoir son épouse à la maison, pour que reine du foyer, elle s'occupe de son intérieur, de son époux, de ses enfants qui ne deviendront pas des clients disco, des drogués, des chômeurs, des délinquants, des suicidés,

Si c'est refuser la violence systématique à la télévision et au cinéma, si c'est refuser les « musiques qui tuent » criminogènes par stimulation physiologique exagérée d'adrénaline, « toxicogène » par stimulation physiologique exagérée d'endorphines,

Si c'est refuser la pornographie avilissante et immonde,

Si c'est refuser le nucléaire avec ses déchets instockables et non neutralisables,

Si c'est refuser de batifoler avec les génomes et toutes les formes de manipulations génétiques monstrueuses,

Si c'est refuser les WARBURG qui financèrent simultanément l'Allemagne, les Alliés et la révolution bolchévique, pour venir en 1919 en Europe comme négociateurs de la paix, (celle du traité de Versailles !),

Si c'est refuser la vente d'armes occulte à tout ce qui s'extermine sur la planète,

Si c'est donner le droit à la parole à ceux qui ont quelque chose à dire (Faurisson, Zundel, Notin, Roques etc.), sans les contraindre à se taire par des lois staliniennes et orwelliennes, antidémocratiques et anticonstitutionnelles,

Si c'est refuser la destruction mondiale de la forêt, notamment pour les niagaras de bulletins de vote, et qui est indispensable aux équilibres écologiques,

Si c'est refuser la disparition des espèces animales et végétales,

Si c'est refuser l'anéantissement de la paysannerie, réduite à la détresse économique par de honteux spéculateurs et des politiciens vendus, alors que les paysans, comme les artisans détruits, constituent le premier corps social vital d'une nation,

Si c'est refuser la mort de la terre par la chimie de synthèse,

Si c'est refuser les vaccinations systématiques qui détruisent le système immunitaire, agençant dégénérescence, cancers, maladies cardiovasculaires et mentales,

Si c'est refuser la chimie pathogène comme principe de santé, alors qu'elle atteint l'homme au niveau chromosomique, détermine des maladies graves et est tératogène,

Si c'est refuser la dictature démoncrasseuse de Soros et tous les financiers circoncis au 8ème jour, qui possèdent des pouvoirs gigantesques dont aucun souverain n'a jamais joui dans l'Histoire,

Si c'est refuser le Marxisme (comme le Freudisme pornographieur) qui a exterminé 200 millions de victimes de par le monde et qui continue, en Afrique, en Asie, en Amérique du Sud à massacrer les populations et à les réduire à la famine,

Si c'est refuser la MAFFIA tentaculaire et monstrueuse,

Si c'est refuser la vie aux violeurs et assassins de petites filles comme à tout taré hérédoalcoolique ou syphilitique, idiots ou débiles profonds,

Si c'est refuser l'expansion normative de la pédophilie, de l'homosexualité, du laxisme sexuel et du S.I.D.A.,

Si c'est dire non au métissage institutionnalisé, générateur automatique de libanisation, et de racisme sanglant, comme de troubles sociaux incoercibles,

Si c'est dire non aux politiciens serpillières, inconditionnellement inféodé à la finance, qui vont avec leurs traités mondialistes, réduire l'Europe entière au chômage et qui sont dégagés de toute véritable discipline spirituelle et morale,

Si c'est refuser cet uniforme de la connerie internationale qu'est le blue-jeans LEVIS,

Alors oui, je suis fasciste et fier de l'être...

LE MONDE D'APRÈS DEMAIN

Nous sommes enlisés dans le *pseudo*-progrès.

L'appauvrissement des sols provoque une déchéance collective à la fois physiologique et psychique, notamment par hypotrophie des glandes endocrines, insuffisamment alimentées en substances vitales telles que iode, *magnésium* etc.

Ces carences vitales engendrent toutes les aberrations du comportement, toutes les folies collectives et individuelles, toutes les victoires des idées et des idéologies les plus insensées. *Nous sommes tous impliqués dans le matérialisme spéculatif athée.* Nous ne pouvons nous en extraire brutalement.

Il faut qu'une main soit tendue à ceux qui s'enlisent dans le marécage abyssal du *Rothschildo-Marxisme* et qui rêvent de s'en extirper insensiblement et sans douleur.

Nos pieds demeureront pour un temps dans la fange chimique du matérialisme mais nos têtes doivent tendre vers l'azur du ciel, et refuser le dialogue avec un monde de plus en plus inconscient, de plus en plus insane.

Après-demain chaque ethnie vivra dans le pays qui l'a constituée. Elle produira elle-même les éléments fondamentaux nécessaire à sa subsistance, et s'éloignera de tout ce qui est pathogène, cancérigène, tératogène, *artificiel*.

Plus de nitrates qui tuent la terre et l'homme, plus d'antibiotiques massifs qui font croître en progressions géométriques des populations quantitatives et non qualitatives dont les pays ont été vidés de leurs ressources naturelles par le colonialisme sous toutes ses formes et le mensonge du progrès. L'Homme sera alors artisan, libre de créer, avec son cœur et son esprit : qu'il soit menuisier, poète ou philosophe.

Plus de production massives d'objets sans âmes qui ne servent en rien le bonheur qui est équilibre neuro-endocrino-psychique.

L'Homme supprimera radicalement les mutilations sexuelles qui opèrent une distorsion du mental au premier mois de la naissance. L'homme s'extraira des conditionnements de tout dogmatisme sclérosé, de l'esprit doctrinaire des religions décadentes et des idéologies dégénérées qu'elles ont plus ou moins agencées. : ni la simple croyance en l'Eucharistie, ni la frénésie économique marxiste ne font un homme en bonne santé organique et mentale, un homme HEUREUX.

L'enfant apprendra depuis le plus jeune âge une diététique convenable tendant vers le cru, le végétal, l'hygiène, la santé naturelle, la respiration contrôlée, car le souffle est l'agent divin de la prière et du contrôle de soi.

Il apprendra la méditation.

L'Homme retrouvera une nourriture simple, d'où seront bannis les toxiques tels que alcool, café, tabac, sucre blanc, pain blanc, Coca-Cola etc., et fondamentalement axée sur les fruits et légumes surtout crus et un peu de fromage frais et d'œuf tant qu'il ne sera pas régénéré.

Il évitera les mélanges alimentaires.

L'Homme renforcera son immunité naturelle par la présence constante de la mère au foyer, la mère, épicentre *irremplaçable* de l'équilibre familial. Il utilisera le germe de blé, le pollen, le magnésium naturel contenu dans les fruits secs par exemple.

On formera le caractère de l'enfant par l'application des lois de la vie, le courage, la noblesse de sentiments, l'idéal spirituel, la tolérance pour tout ce qui est grand, beau, vrai et aucunement pour toutes les formes de putrescence qui prêchent une intolérable tolérance.

Ce sont donc ces moyens naturels qui monteront la garde au seuil de la santé et non des procédés physico-chimiques radicalement étrangers au concept de la santé.

L'Homme refusera le matraquage des média, il cherchera la vérité en étant un révisionniste permanent par-delà tous les procédés d'abrutissement subliminaux et hypnotiques de la presse, de la radio, de la télévision de la publication et d'un enseignement pervers et conditionnant.

Après-demain l'homme ne perdra plus jamais de vue les concepts générateurs de bonheur qui sont *synthèse et sens moral.*

Il saura que seul un esprit intellectuel désintéressé est soumis à la rectitude et non à l'opportunité et aux formes élémentaires du profit.

Il désertera une science involutive *microscopique, analytique, quantitative* pour une science évolutive, *macroscopique, synthétique, qualitative.*

L'Homme saura *qu'il n'y a pas de liberté sans autorité.*

Il se soumettra à l'autorité du transcendant aux lois divines, conçues pour préserver la santé de son corps et de son esprit, car il saura que si l'on s'abaisse servilement vers une pseudo liberté on subit l'écrasant totalitarisme de ses bas instincts, du matérialisme avec sa pornographie, sa drogue, ses goulags et sa pulvérisation du psychisme...

Ubu Empereur

Un professeur Juif à la retraite, très malade et très âgé, victime d'un accident vasculaire cérébral, a été inculpé d'antisémitisme et condamné à 500€ d'amende.

Ce professeur appartient à la famille internationale de Ménasce, qui possédait cent cinquante milliards de francs au début du siècle dernier (coton, banque égyptienne).

Le professeur avait écrit une lettre au fils d'une amie pianiste de concert. Le fils incarcéré, un malade hormonal (pédophile) lui avait écrit une lettre géopolitiquement lucide à laquelle il avait répondu.

Dans la lettre figurait la phrase : « *les goyim ont choisi mes congénères comme maîtres, ils vont en crever* ». Très légitimement, le directeur de la prison ouvrit le courrier et la phrase lui déplaisant, envoya la lettre au procureur de Châteauroux qui fit inculper le professeur. La conséquence fut une amende pour antisémitisme. Ce professeur a, en plus, une fille adoptive rendue handicapée à vie par une vaccination, dont il est le seul soutien et qui ne jouit même pas du statut d'accidentée du travail !

Le professeur impécunieux emprunta à des amis le montant de l'amende dont il s'acquitta.

Or, il ne s'agit dans cette affaire, ni de religion ni de race.

Tous ses congénères de la haute bourgeoisie sont agnostiques ou athées. Il est lui-même agnostique.

La race ? Elle n'existe pas hormis les races blanche, noire, jaune et rouge.

Il n'existe que les ethnies qui sont le résultat de l'adaptation hormonale pendant un millénaire à un environnement géographique fixe. Or, les « Juifs » – terme utilisé pour la commodité et qui sera précisé plus tard – sont répandus sur toute la planète et n'ont jamais séjourné dans un lieu géographique fixe : même en Palestine où ils n'ont pas excédé trois siècles. Ils prennent l'aspect physique du pays dans lequel ils se trouvent.

Leur particularisme constant dans le temps et l'espace, leurs traits parfois caricaturaux, leurs pouvoirs spéculatifs énormes privés de sens moral et d'esprit de synthèse, jaillit essentiellement d'une opération hormonale mal comprise : **la circoncision au 8ème jour après la naissance**, c'est-à-dire au premier jour de la première puberté qui dure 21 jours. La circoncision au premier jour de la première puberté hypotrophie l'**interstitielle** (glande du sens moral, de l'esprit de synthèse, de l'altruisme), mais du fait de son incapacité d'harmoniser l'ensemble équilibré du système glandulaire, sur stimule l'hypophyse.

C'est cette hyperactivité hypophysaire qui fomente les financiers et les idéologues : il faut être un circoncis au 8ème jour, et cela obligatoirement, pour extorquer sans scrupules 50 milliards de dollars, sans oublier sciences, bombes atomique, à hydrogène et à neutrons, médecine spécialisée. La thyroïde est aussi la glande de l'imagination et des automatismes : il faut être un circoncis au 8ème jour pour être un pianiste aussi extraordinaire que Horowitz ou un violoniste d'une virtuosité inégalable comme Yehudi Menuhin.

Il faut donc dire, à l'exclusion de tous concepts racial et religieux : **la secte des circoncis au 8ème jour dirige le Monde.**

C'est cette circoncision particulière qui a fait un groupe de prédateurs, persécutés et chassés de tous les pays où ils se sont trouvés, **sans exception**, et cela, **bien longtemps avant l'avènement du Christianisme**. (Voir le livre de Bernard Lazare : *l'antisémitisme*).

Au moment de cette grotesque affaire d'un Ménasce inculpé d'antisémitisme, a éclaté l'effondrement économique. L'écrivain israélien Shamir, stigmatise des milliardaires juifs américains, qu'il accuse d'avoir effondré la pyramide dans un article publié sur Internet et intitulé sans ambiguïté « *gibiers de potence* »[14]...

Madoff est alors allé rejoindre les autres financiers milliardaires circoncis, en extorquant 50 milliards de dollars –phénomène unique au monde et qui bat tous les records de l'usure juive de l'histoire.

Seul un circoncis au 8ème jour peut être capable d'une aussi effrayante prouesse. **Les circoncis au 8ème jour sont donc des prédateurs** comme l'avait compris historiquement *Benjamin Franklin*.

---

[14] Les circoncis au 8ème jour sont coupables, mais ils ne sont pas **responsables** : leur déterminisme hormono-spéculatif est absolu.

Ainsi, M. Madoff va payer sa caution et son amende avec l'argent volé, et l'état se fera son complice en endossant !

Pendant ce temps, Monsieur Zundel est enlevé de force chez sa femme aux U.S.A. Et pour avoir prouvé l'imposture de l'holocauste, il est condamné à six ans de prison ferme.

Le Droit est devenu la caricature boursouflée et l'antithèse de la Justice.

La loi Fabius (un circoncis au 8e jour) par son existence même, est la preuve par neuf de l'imposture. Quand on a en main télévision et média, on n'a pas besoin de *lois orwelliennes* pour exposer la vérité : preuves et arguments suffisent.

La loi Fabius Gayssot (un communiste qui ne traîne derrière lui que quelque 200 millions de cadavres, victimes du marxisme) est la loi la plus révisionniste qui soit puisqu'elle est l'aveu de l'imposture... !

Cette loi a été déclarée anticonstitutionnelle, anti droits de l'Homme, anti démocratique par de nombreux juristes, et M. Toubon qui devint ministre de la Justice, a déclaré qu'elle faisait reculer le droit et l'histoire et ne serait jamais appliquée !

Elle est appliquée par des robots aux ordres, plus préoccupés de leurs mangeoires que de la vérité et de leur honneur.

Si jamais Madoff avait l'idée miraculeuse de dénoncer sa judéité, il serait inculpé d'antisémitisme !

Tout est bien tricoté par la dictature *démoncrasseuse* servie par les larves hédonistes du monde entier.

Mais, un fantaisiste peut devant des milliers de spectateurs faire répéter : « *le pape enculé* »... Plusieurs fois de suite, bien sûr...

L'extrémité du doigt de tous les procureurs de France ne bouge pas !!!

Là, il n'y a pas de protection de la religion !

Décidément, ce monde de larves, complices de leur propre suicide comme le professeur en eut une conscience aiguë lors de son interrogatoire par la police –dont l'ignarité et l'inconscience dépassaient toutes les bornes– mérite de disparaître, pour de simples raisons d'asepsie...

La loi Fabius-Gayssot est une loi radicalement dictatoriale, catégoriquement antidémocratique et n'a par conséquent aucune existence constitutionnelle. Elle est incapable de faire face aux arguments et aux preuves énoncées magistralement par le révisionnisme international...

Elle est la preuve par neuf d'une imposture absolue.

La justice elle-même finira par s'effondrer devant son château de cartes[15]...

---

[15] Les professeurs et intellectuels révisionnistes ont autant de droits que la pornographie qui s'étale dans le monde et les milliardaires en dollars escrocs majeurs de la circoncisocratie au 8ème jour.

Vous avez dit antisémite ? Non ?

> *"Les Juifs, cette poignée de déracinés, ont causé le déracinement de tout le globe terrestre."* – Simone Weil
>
> *"Le mensonge du progrès, c'est Israël."* – Simone Weil
>
> *"Quant à la circoncision au 8ème jour, ne t'en inquiète pas : cela dépasse l'entendement."* – Le Talmud
>
> *"Qui aurait pu penser qu'un rite put aller si loin et risquer de tout détruire à la frontière des nations."* – Dominique Aubier (à propos de son livre sur la circoncision au 8ème jour exclusivement destiné aux Juifs)[16]

Tout ce qui suit a été soumis au crible de l'exactitude la plus absolue de l'histoire et de l'actualité. Seule la déséducation internationale totalitaire peut plonger le monde dans l'ignarité la plus radicale.

Les Juifs ont été expulsés pendant des millénaires avant le Christianisme, de tous les pays où ils se trouvaient, de par le **vampirisme** et **l'usure exorbitante qu'ils pratiquaient**. Alors

---

[16] Ce livre aboutit aux mêmes résultats que l'endocrinologie quant à la judéopathie.

que le Christ n'existait pas, ce n'est pas la crucifixion qui leur fut imputée. Lorsque pendant le Moyen-Âge ils furent encore exclus de tous les pays où ils se trouvaient, ce ne fut pas la crucifixion qui fut la cause de leur éviction générale, celle-ci ne fut que la cerise sur le gâteau. Les mêmes causes.

SYNTHÈSE ULTIME DE LA GÉOPOLITIQUE DE CES DERNIERS MILLÉNAIRES

Les mêmes effets, **vampirisme et usure étaient la racine pérenne du mal**. Il est parfaitement évident que tous les pays, dans des langues différentes, à des époques différentes, dans des lieux différents ne se sont pas donné le mot pour expulser les Juifs : la racine de l'antisémitisme est donc **dans** le Juif et aucunement dans l'antisémite.

Quelles sont les causes de cette expulsion universelle des Juifs, aussi bien dans l'Antiquité que dans l'ère Chrétienne ?

Un survol de l'Histoire nous l'enseigne.

Les Juifs non seulement accaparaient le commerce du change, mais la véritable source de leur fortune était l'usure ou le prêt à intérêt sur gage qui leur apportaient de grands avantages. Ils en vinrent à être peu à peu les vrais banquiers de l'époque et les bailleurs de fonds de toutes les classes sociales. En prêtant à l'empereur comme au simple artisan et à l'agriculteur, ils exploitèrent grands et petits **sans le moindre scrupule**. On peut se faire une idée approximative des proportions qu'atteignit leur trafic en examinant le taux d'intérêt autorisé par la loi aux XIVe et XVe siècles.

En 1338, l'empereur Louis de Bavière accorda aux bourgeois de Francfort, « *afin de protéger les Juifs de la ville et de veiller de meilleur cœur à leur sécurité* », un privilège spécial, grâce auquel ils pourront obtenir des prêts des Juifs à 32,5% par an, tandis qu'aux étrangers ils sont autorisés à prêter jusqu'à 43%. Le conseil de Mayence contracta un emprunt de mille florins et on leur permit de réclamer 52%.

À Ratisbonne, à Augsbourg, à Vienne, et autres lieux, l'intérêt légal montait fréquemment à 86%. Mais, les intérêts les plus vexatoires étaient ceux qu'exigeaient les Juifs pour des prêts mineurs contractés à court terme, prêts auxquels étaient obligés de recourir les petits commerçants et les paysans.

« *Les Juifs pillent et dépiautent le pauvre homme* », dit le rimailleur Erasmem d'Erbach (1487) ; « *cela devient vraiment intolérable, que Dieu ait pitié de nous. Les Juifs usuriers s'installent aujourd'hui en lieu fixe dans les villes les plus petites; quand ils avancent cinq florins, ils prennent des gages qui représentent six fois les sommes prêtées.*

Ensuite, ils réclament les intérêts des intérêts puis encore ceux des intérêts nouveaux. Ainsi, le pauvre homme se voit dépossédé de tout ce qu'il possédait ».

Tritème, à la même époque dit : « *il est facile de comprendre que chez les petits comme chez les grands, chez les hommes instruits comme chez les ignorants, chez les princes comme chez les paysans, il s'est enraciné une profonde aversion contre les Juifs usuriers...* ».

Tous les Juifs de l'ANTIQUITÉ ont été expulsés, c'est un fait historique indéniable et le Christ n'y était pour rien. Pendant l'ère chrétienne, le phénomène continue et tous les pays de la

Chrétienté finirent par être chassés par les Juifs pour les mêmes raisons : accaparement, vampirisme, usure majeure et sans pitié.

En 1789, en vue du discours préliminaire à la rédaction de la Constitution américaine, Benjamin Franklin, démocrate et franc-maçon, s'exprima sans ambiguïté :

"Dans tout pays où les Juifs se sont fixés en nombre, et cela, sans exception, ils ont avili sa grandeur morale, déprécié son intégrité commerciale, tourné en ridicule ses institutions, ne se sont jamais assimilés, ont bâti un état dans l'état, tourné la religion en ridicule et l'ont minée. Lorsqu'on a tenté de contrecarrer leurs plans, ils ont étranglé financièrement le pays, comme ils l'ont fait en Espagne et au Portugal.

Si vous accordez la citoyenneté aux Juifs, vos enfants vous maudiront dans vos tombes. Si vous n'excluez pas les Juifs dans la Constitution des États-Unis, dans moins de deux siècles ils fourmilleront, domineront votre patrie et changeront la forme du gouvernement...

"Si le monde civilisé voulait leur rendre la Palestine, ils trouveraient un motif pressant pour ne pas y retourner parce que ce sont des vampires et que les vampires ne peuvent vivre sur le dos d'autres vampires..."

Israël, le seul pays où il n'y a pas de Juifs ! Ils demeurent dans toutes les banques du monde, et particulièrement aux États-Unis et n'ont aucune envie d'aller en Israël qui n'est pour eux qu'une tête de pont pour dominer le Moyen-Orient et prendre son pétrole.

Tout ce qu'a dit Benjamin Franklin s'est réalisé intégralement.

Vingt-deux (22) ministres de Bush étaient aussi juifs que le gouvernement actuel.

L'effondrement général de l'économie est fustigée par un Juif, Isaac Shamir, juif honnête, qui condamne « *l'effondrement de la pyramide* » par les Juifs milliardaires U.S.A. L'article concernant ces Juifs milliardaires a un titre sans ambiguïté : « *Gibiers de potence* ». Parmi ceux qu'il stigmatise se trouvent : Tom Friedman, Henri Paulson, Ben Bernanke, Alan Grennsberg, Maurice Grennsberg, **Lehman Brothers**[17] Merrill Linch, Goldman Sachs, Marc Rich, Michael Milen, Andrew Fastow, George Soros et consort...

Cerise sur le gâteau, Maddof, escroc juif, subtilise 50 milliards de dollars : il ne s'agit que d'un malencontreux accident— les dépositaires voulaient se faire rembourser. Si tel n'avait pas été le cas, Maddof continuerait à œuvrer sournoisement dans le silence international ouaté.

La *Federal Reserve* est **un organisme privé**, à la puissance gigantesque (à laquelle appartiennent certains milliardaires précités) qui dirige toutes les guerres, de la Première mondiale en 1914-1918 à l'invasion de l'Irak moins de 100 ans plus tard. Toute la Finance internationale participe aux guerres modernes. Les membres sont toujours cooptés : en 1913 ils s'appelaient :

---

[17] L'affaire des frères Lehmann : effondrement financier et 28.000 chômeurs a été évoquée aux informations télé, de même que les crimes de guerre et les crimes contre l'humanité d'Israël envers les Palestiniens. (septembre 2009)

Rothschild, Lazard, Israël Moses, Warburg, Lehman brothers, Kuhn Loeb, Chase Manhattan Bank, Goldman Sachs…

Tous Juifs. Ces gens-là exigent que l'on paye des intérêts à des emprunts fictifs et peuvent tout confisquer.

La révolution bolchevique fut entièrement juive : elle va compter des dizaines de millions de morts. Tout y était juif : les banquiers juifs américains, les politiciens juifs, les administrateurs juifs, les bourreaux carcéraux et concentrationnaires tels que Frankel, Yagoda, Firine, Appeter, Jejoff, Abramovici et cinquante autres avec Kaganovitch en tête.

Un Juif, Laurent Fabius, fait promulguer la loi qui porte son nom. La loi interdit de parler de « *chambres à gaz et de six millions* » de par l'absoluité du tribunal de Nuremberg, qui était bien faillible puisque le massacre de Katyn qui fut imputé aux Allemands, était soviétique comme l'a dénoncé un président russe, révisionniste ! (Gorbatchev).

Un futur ministre de la justice affirme que cette loi si elle était votée serait anticonstitutionnelle, anti droits de l'homme, anti-démocratique et que jamais la Justice ne l'appliquerait. Elle fut promulguée et appliquée par les larves tremblantes de magistrats à plat ventre devant cette Justice à l'envers et les totalitaires qui les font promulguer démocratiquement.

La suite est encore plus cuisante : Ernst Zündel, un convaincu de l'imposture de la Shoah qui avait participé à plusieurs procès au Canada, avait épousé une américaine aux U.S.A.

Sous un prétexte fallacieux de pièce d'immigration non à jour (il était américain par le mariage), il est enlevé, incarcéré au

Canada, expédié en Allemagne sans la moindre démarche juridique officielle (donc illégalement) et condamné à 5 ans de prison pour avoir voulu prouver l'imposture de l'holocauste.

Une centaine d'écrivains, d'ingénieurs, d'avocats, de professeurs, d'historiens, sont emprisonnés sans avoir la moindre chance d'exprimer leur défense, de donner des preuves irréfutables de leur exposé :

C'est ce qu'on appelle **la liberté d'expression démocratique.**

Parmi eux : Mahler, Sylvie Stolz, Wolfgand Fröhlich, Gerd Honsik, Walter Lüftl, Vincent Reynouard, le professeur Faurisson, German Rudolf, Dirk Zimmerman, Kevin Kälter, Fredrick Töben, Arman Amaudruz, René Louis Berclaz, Jürgen Graf, etc.

Un livre intitulé *La mafia juive* montre que les mafias russe et américaine sont juives. Parmi les Juifs mafieux, il y en a un parmi d'autres qui possède à lui seul 170 milliards de dollars.

Tous les possesseurs de pétrole russe sont juifs. Un des plus importants, Kodorkovski, a été envoyé en Sibérie par Poutine.

Tous les écrivains parmi les plus célèbres ont dénoncé les Juifs, même Napoléon Ier, pourtant mandaté par la Révolution et par Rothschild pour liquider les monarchies d'Europe, a parlé des Juifs comme étant *« cette nuée de corbeaux »*. (D'ailleurs, un livre sur l'empereur s'intitule *Napoléon antisémite*)

Parmi les grands écrivains qui ont dénoncé les Juifs on peut trouver :

Karl Marx (« *Supprimez le trafic, vous supprimez le Juif* »), Jaurès, Ronsard, Voltaire, Kant, Malesherbes, Érasme, Luther, Schopenhauer, Vigny, Balzac, Proudhon, Michelet, Renan, Dostoïevski, Hugo, Drumont, Wagner, Maupassant, Jules Vernes, Simenon, Jean Giraudoux, Marcel Aymé, Céline, Montherlant, Léon Bloy, Mauriac, Proust, Musset, Chateaubriand, Mme de Sévigné, Racine, Molière, Shakespeare, Dickens, Walter Scott, etc.

À la décharge d'Israël, il faut dire que la conjoncture économico technique de ces derniers siècles a favorisé les exactions juives dont les goyim, véritables larves hédonistes, **ont une grande responsabilité**.

Les Juifs en font trop du fait **des possibilités spéculatives énormes**, privées de sens moral et d'esprit de synthèse que leur confère la circoncision au 8e jour.

Car, **toute la pathologie juive vient de là** et il est facile de le comprendre si l'on connaît la grande découverte de **l'antériorité fonctionnelle du système hormonal sur le système nerveux et l'existence de la première puberté qui commence au 8ème jour et dure 21 jours.**

> Après tout, si vous connaissez
> ces paramètres élémentaires
> de l'histoire et de l'actualité,
> pourquoi diable,
> seriez-vous antisémite ???

* * *

> "Si les Juifs, avec leur profession de foi marxiste prennent les rennes de l'humanité, alors l'homme disparaîtra de la planète qui recommencera à tourner dans l'éther comme il y a des millions d'année."
>
> – Adolphe Hitler

C'est là que nous en sommes, et, sommet de l'horreur, les lois juives (Fabius) condamnent en justice les véritables élites qui tentent vainement de clamer la vérité (Faurisson, Zundel, etc.).

Genrikh Yagoda

Frenkel

Ouritski Moisséi Salomonovitch

Paul Warburg

Armand Hammer

Edgar Bronfman

Mayer Carl von Rothschild

Sir Zacharias Basileios

Carl Djerassi *Simone Veil*

Bernard Maddoff *Thomas Friedman*

Pablo Picasso

Sigmund Freud

Albert Einstein et Oppenheimer

Adolf Hitler

Karl Marx

AUTRES OUVRAGES DE ROGER DOMMERGUE

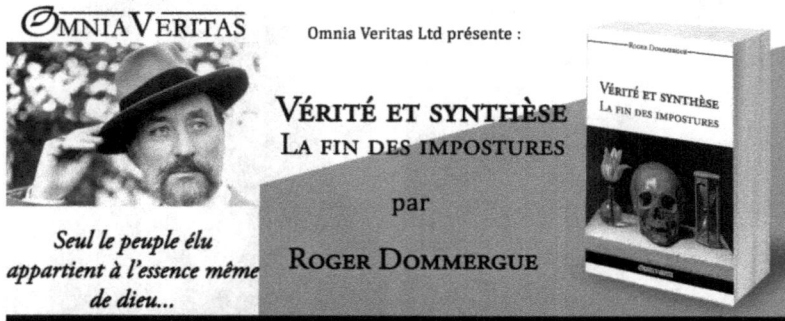

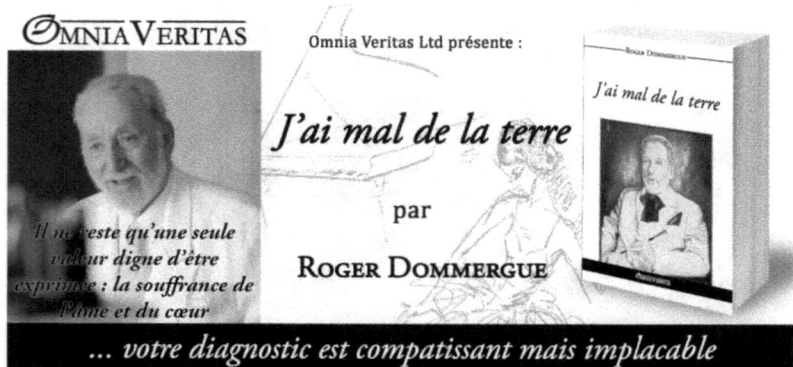

OMNIA VERITAS

www.omnia-veritas.com

www.ingramcontent.com/pod-product-compliance
Lightning Source LLC
Chambersburg PA
CBHW050122170426
43197CB00011B/1677